本书受华东政法大学文化产业管理学科建设项目资助出版

中国文化产业政府补助研究

臧志彭 著

中国社会科学出版社

图书在版编目（CIP）数据

中国文化产业政府补助研究/臧志彭著 . —北京：中国社会
科学出版社，2015.6
ISBN 978 - 7 - 5161 - 6430 - 3

Ⅰ.①中…　Ⅱ.①臧…　Ⅲ.①文化产业—政府补贴—研究—
中国　Ⅳ.①G124

中国版本图书馆 CIP 数据核字（2015）第 138942 号

出 版 人	赵剑英
责任编辑	卢小生
特约编辑	林　木
责任校对	周晓东
责任印制	王　超

出　　版	中国社会科学出版社
社　　址	北京鼓楼西大街甲 158 号
邮　　编	100720
网　　址	http://www.csspw.cn
发 行 部	010 - 84083685
门 市 部	010 - 84029450
经　　销	新华书店及其他书店

印　　刷	北京市大兴区新魏印刷厂
装　　订	廊坊市广阳区广增装订厂
版　　次	2015 年 6 月第 1 版
印　　次	2015 年 6 月第 1 次印刷

开　　本	710×1000　1/16
印　　张	15.25
插　　页	2
字　　数	262 千字
定　　价	59.00 元

前　　言

　　文化产业近些年来获得了蓬勃发展，对国民经济增长的贡献率不断上升。根据中宣部和国家统计局《中国文化及相关产业统计年鉴》（2013）数据，2004 年，全国文化产业增加值仅为 3440 亿元，占 GDP 比重为 2.15%[1]；2012 年文化产业增加值则达到了 18071 亿元，占 GDP 比重达到 3.48%。2015 年 1 月发布的国家统计局依据第三次全国经济普查资料的测算数据显示，2013 年全国文化产业增加值达到 21351 亿元，占 GDP 比重达到 3.63%。[2]

　　文化产业之所以能够取得如此迅猛的发展，一方面得益于国民经济的整体提升带来的市场需求推动，《2014 年国民经济和社会发展统计公报》显示，2014 年，全年国内生产总值（GDP）已经达到 63.65 万亿元人民币，折合美元已经实现人均 GDP 超过 7000 美元的水平。按照国际上的一般规律，人均 GDP 超过 3000 美元，人们在精神层面、娱乐休闲层面的消费需求会开始激增，进而带动文化产业的快速增长。另一方面则要归功于中央政府和各级地方政府对文化产业大力度且持续性补助扶持。作者根据中宣部和国家统计局发布的《中国文化及相关产业统计年鉴》（2013）中披露数据分析发现，2007—2012 年全国文化体育与传媒公共财政支出规模呈现大幅增长态势，2007 年接近 900 亿元，到 2012 年则突破了 2000 亿元规模，年均增速达到 20% 以上。有关媒体披露信息显示，中央财政 2010 年设立了 10 亿元的文化产业专项资金，截至 2014 年 11 月，该专项资金已累计达到 192 亿元规模，扶持文化类项目 3300 余个。从地方来看，

---

　　[1]　国家统计局的数据统计口径为"文化及相关产业"。考虑到学术界对于"文化及相关产业"与"文化产业"的涵盖范围在一般情况下并没有特别区分，为了行文一致性，本书统一称为"文化产业"。

　　[2]　张翼、李慧：《2013 年我国文化产业增加值超 2 万亿》，《光明日报》2015 年 1 月 24 日第 4 版。

北京市在2012—2015年每年安排100亿元专项资金扶持补助文化发展；上海市2012年设立文化创意产业发展财政扶持资金，2013年财政扶持力度达到3.9亿元；深圳市从2011年以来每年至少投入5亿元用于文化创意产业发展专项资金。

巨额的财政资金是如何落地的？各个地方具体情况、结构比例怎样？各个行业的受惠程度如何？不同所有制企业的受扶持状况有没有显著差异？有没有实际绩效？存在哪些问题亟须解决？等等。一系列问题都亟待系统研究，从而为国家和各级地方政府制定和优化文化产业补助扶持政策提供研究支撑。

通常情况下，学术界研究文化产业的政府扶持问题，往往采用的都是"财政政策"、"税收政策"等宏观维度，选用的数据一般来自国家文化部、财政部、统计局以及各地方政府有关部门发布的官方数据。这一研究维度有很多的优点，可以从国家宏观层面自上而下地分析把握文化产业政府扶持的有关状况，从各地区各行业的统计数据中分析存在的问题；不足之处在于缺乏对企业微观层面的深入了解和现实状况的把握。

本书首先从宏观、中观和微观三大层面对2003年以来中国文化产业政府补助有关政策进行了系统梳理、考察，进而利用官方发布的统计数据从宏观层面对全国、各地区文化产业及细分行业政府补助概况进行了分析。在第一章和第二章基础上，从第三章开始采用了与现有研究不同的维度——利用微观企业层面（主要是文化产业上市公司）披露的政府补助数据进行研究。这一研究维度的好处在于从文化产业扶持政策落地执行层面的第一手数据资料出发，自下而上地归纳呈现政府补助在不同所有制企业层面、不同文化细分行业层面、不同地区层面的落地执行状况，从而更为深入、直接地反映国家和各个地方政府的扶持补助政策在基层企业微观层面的实施情况。第四章从企业微观维度对政府补助进行了归类整理，分析了中国文化产业政府补助内容结构特征和发展趋势。这一章还特别梳理了文化产业上市公司在技术扶持、产业扶持、项目扶持、对外扶持、人才扶持、无形资产扶持和金融扶持等方面获得的政府补助细项条目。2014年年底国务院出台了《关于清理规范税收等优惠政策的通知》（国发[2014] 62号），指出目前国内关于财政、税收等各种扶持政策、优惠政策过繁过滥，亟须清理整顿。本章的梳理工作可以为国家和各级地方政府在文化产业扶持补助政策方面的清理整顿工作提供参考。第五章提出了中国文化产业价值链模型，并根据该模型对文化企业层面获得的政府补助力度和频度进行了系统梳理，从而以更加清晰的视角考察了当前国家和各级地方政府补助扶持在落地执行层面显现出的主要关注点和着力点。通过这一章的数据，可以从现实层面分析研究各级政府文化产业政策的执行偏差和存在问题。研究政府补助，一大关键问题就是如此巨额的政府补助究竟是否有效促进了文化企业和文化产业的发展，即政府补助的绩效评估问题。本书通过采用2011—2013年161家文化产业上市公司年度报告披露的有关数据，结合计量经济研究方法，对中国文化产业政府补助绩效进行了实证评估。第六章主要从政府补助对中国文化产业的经营绩效维度进行评估。第七章主要研究了政府补助对文化产业研发投入的促进效应。第八章重点探析了政府补助对于中国文化产业的就业促进效应。第九章研究了政府补助与中国文化产业无形资产的关系。在上述研究基础上，本书第十章提出了中国文化产业政府补助模式创新与优化路径，以供学术界和政府部门研究参考。

综上所述，本书主要提出了关于中国文化产业政府补助的微观研究思路、框架，指出了中国文化产业政府补助的微观现实和绩效状况，希望本书的研究能够为学术界开展文化产业政府补助相关研究提供新的维度和视角，为政府有关决策部门制定文化产业政府补助政策提供有价值的研究依据。限于作者的时间和能力，本书的研究仍然存在诸多不足，敬请专家、学者批评、指正！

臧志彭

2015年3月·上海

目　　录

第一章 中国文化产业政府补助政策的系统考察

2000 年 10 月中国共产党第十五届五中全会通过的《中共中央关于制定国民经济和社会发展第十个五年计划的建议》中提出"完善文化产业政策,加强文化市场建设和管理,推动有关文化产业发展"。这是中央文件第一次出现"文化产业"和"文化产业政策"的提法,标志着党和国家正式开始从产业维度思考中国文化发展的问题,从政策领域规划中国文化产业的未来。从这一时间点至今,经过十五年的努力,中国已经形成了一个较为系统完整的文化产业政策体系,关于文化产业的政府补助举措正是中国文化产业政策体系中至关重要的内容。

概括来讲,支持文化产业发展的政府补助相关政策主要集中在三个维度:一是在宏观层面,政策主要定位于推动文化体制改革的深入开展,实现经营性文化事业单位转制为文化企业,确保改革的成果;推动文化产业快速发展、文化产业增加值倍增的短、中期文化规划。二是在中观层面,聚焦文化行业发展,推动电影产业、动漫产业、数字出版等重点行业发展的财税政策。三是在微观层面,聚焦文化企业的健康成长,包括扶持小微文化企业发展,支持文化企业"走出去"的扶持政策等。本章将在政府补助基本内涵及相关研究综述基础上,对中国文化产业政府补助相关政策进行一次全面系统的梳理、考察,为文化产业政府补助问题研究提供政策基础。

第一节 政府补助基本内涵及相关研究综述

一 政府补助的定义、特点与内容

为了规范政府补助的确认、计量和相关信息的披露,根据《企业会计准则——基本准则》，国家财政部制定了《企业会计准则第 16 号——政府补助》，明确规定"政府补助，是指企业从政府无偿取得货币性资产或非货币性资产，但不包括政府作为企业所有者投入的资本"。

从政府补助的计量方式来看，主要包括两种类型：一是属于货币性资产，"应当按照收到或应收的金额计量"。二是属于非货币性资产，"应当按照公允价值进行计量；公允价值不能可靠取得的，按照名义金额计量"。其中，"与资产相关的政府补助，应当确认为递延收益，并在相关资产使用寿命内平均分配，计入当期损益。但是，按照名义金额计量的政府补助，直接计入当期损益。""与收益相关的政府补助，应当分别下列情况处理：'（一）用于补偿企业以后期间的相关费用或损失的，确认为递延收益，并在确认相关费用的期间，计入当期损益。（二）用于补偿企业已发生的相关费用或损失的，直接计入当期损益'。"①

根据《〈企业会计准则第 16 号——政府补助〉应用指南》的规定，可以概括出政府补助的两大特点：一是无偿性，政府补助是政府无偿地向企业提供的补助，"具有无偿性的特点"，"政府并不因此而享有企业的所有权，企业未来也不需要以提供服务、转让资产等方式偿还"。二是条件性，政府补助通常附有两类条件：其一，"政策条件"，即"企业只有符合政府补助政策的规定，才有资格申请政府补助。符合政策规定不一定都能够取得政府补助；不符合政策规定、不具备申请政府补助资格的，不能取得政府补助"。其二，"使用条件"，即"企业已获批准取得政府补助的，应当按照政府规定的用途使用"。

从政府补助内容来看，主要包括四种类型，如图 1 - 1 所示。一是财政拨款，即由"政府无偿拨付企业的资金，通常在拨款时明确规定了资金用途"。二是财政贴息，即"政府为支持特定领域或区域发展，根据国家宏观经济形势和政策目标，对承贷企业的银行贷款利息给予的补贴"。三是税收返还，即"政府按照国家有关规定采取先征后返（退）、即征即退等办法向企业返还的税款，属于以税收优惠形式给予的一种政府补助"；四是无偿划拨非货币性资产。②

① 笔者根据财政部《企业会计准则第 16 号——政府补助》整理。
② 参见财政部《〈企业会计准则第 16 号——政府补助〉应用指南》。

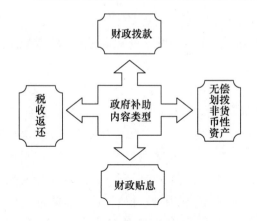

图 1 - 1 政府补助的内容类型

二 文化产业政府补助相关研究梳理

鉴于文化产业的意识形态属性和社会价值属性，世界各国政府普遍对文化产业采取了补助扶持政策，有关文化产业的政府扶持问题也受到了学术界关注。概括而言，学者们对于文化产业政府扶持问题的研究主要集中在如下几个方面：

（一）关注文化产业政府扶持的必要性问题

国外学者对于文化艺术领域的政府补助持不同观点。有研究指出政府补贴的不合理问题，强调商业与艺术领域不应该给予政府补贴（Alistair，2010）[①]；甚至有学者认为，正是政府监管的不当，政府补贴电影产业一定程度上助长了青少年吸烟问题（Christopher，2011）。[②] 与此同时，Bertelli（2014）发现，有些区域用于文化艺术的政府补贴的分配反映了社区与利益相关者的政治意图。[③] 从国内来看，齐勇锋（2014）认为，公共财政政策是我国文化产业发展战略的重要组成部分，推动文化产业发展既需要发挥市场配置资源的基础性作用，也离不开政府的宏观调控与公共财政的投入扶持。公共产品理论、外部性理论、幼稚产业理论、可持续发展理

---

① Alistairs，"Arts & Business Should be Stripped of Subsidy – Starr". *The Stage*，No. 30，2010.

② M. Christopher et al.，"Government Inaction on Ratings and Government Subsidies to the US Film Industry Help Promote Youth Smoking"，*PLoS Medicine*，Vol. 8，No. 8，2011.

③ Bertelli，Anthony M.，Connolly，Jennifer M.，Mason，Dyana P.，"Politics，Management，and the Allocation of arts Funding：Evidence From Public Support for the arts in the UK"，*International Journal of Cultural Policy*，Vol. 20，No. 3，2014，pp. 341 – 359.

论等都对政府扶持文化产业发展提供了理论基础（杨京钟，2013）。① 从文化产品的特点来看，作为一种优质品，文化消费者的需求与偏好难以真实把握，所以税收政策可以有效降低文化生产企业的生产成本与风险，从而顺利实现文化产品供给活动（肖建华，2010）。② 文化产品具有外部性、准公共产品属性以及高投入、高风险、高产出的行业特征，在市场存在缺陷与市场失灵状况下，政府扶持政策成为有效理由（杨京钟，2012③；杜小伟，2013④）。从政府扶持政策的内在价值来看，有助于降低文化产业的投资风险与成本，增加产业发展的资本，拓宽政府税源基础从而创造更多税收收入，带来政府更大的税收优惠，进一步降低文化产业投资风险的循环往复，形成促进文化产业发展的良性激励机制模式（马衍伟，2008）⑤；同时，也有助于降低文化产业的外部性、非竞争性，保障文化产品的社会效益（路春城等，2008）。⑥ 从产业现实诉求来看，政府补助文化产业是国际公约的要求，并不必然构成世界贸易组织意义上禁止和可诉性补贴，对处于成长初期的文化产业给予资助是作为缔约国的中国政府应当履行的责任（郭玉军、李华成，2013）。⑦ 其理由是，一方面，我国文化产业的规模较小，属于幼稚产业，需要国家在经济政策上给予财政税收与融资政策的扶持，特别是基于区域不平衡的状况，西部地区发展文化产业给予必要扶持尤为重要（王家新、宋文玉，2004）⑧；另一方面，伴随我国政府直接从文化模式向市场机制调节模式转变，客观上要求建立有效的扶持政策和完善的文化法律体系来加强对文化产业的扶持与监管（陈志楣，2008）⑨，换言之，政府对文化产业领域的介入与扶持具有天然

① 杨京钟：《文化产业财税支持：理论依据与调控机理》，《河北工业大学学报》（社会科学版）2013 年第 1 期。

② 肖建华：《发展我国文化产业的税收政策思考》，《税务研究》2010 年第 7 期。

③ 杨京钟：《中国文化产业财税政策研究》，厦门大学出版社 2012 年版。

④ 杜小伟：《促进文化产业发展的财税政策——理论基础及政策设计》，《会计之友》2013 年第 7 期。

⑤ 马衍伟：《税收政策促进文化产业发展的国际比较》，《涉外税务》2008 年第 9 期。

⑥ 路春城、綦子琼：《促进我国文化产业发展的税收政策研究》，《山东经济》2008 年第 5 期。

⑦ 郭玉军、李华成：《国际文化产业财政资助法律制度及其对中国的启示》，《河南财经政法大学学报》2013 年第 6 期。

⑧ 王家新、宋文玉：《关于财政支持文化体制改革的思考》，载张晓明等主编《中国文化产业发展报告》，社会科学文献出版社 2004 年版。

⑨ 陈志楣：《中国文化产业发展的财政支持研究》，经济科学出版社 2008 年版，第 44 页。

的制度合理性（魏鹏举，2006）。[1]

（二）探究文化产业政府扶持的方式方法

根据 Cumraings 与 Schuster（1989）的研究，政府资助文化政策的模式主要包括四种类型。一是提供便利型政策模式，政府采用免税等优惠政策促进文化产品的生产，不直接提供政府资助。二是庇护者型政策模式，定位于提高艺术活动的质量，由独立运作的委员会分配资金，政府扮演文化庇护者角色；三是建筑师型的政策模式，政府直接资助各级文化团体的运作经费；四是工程师型政策模式，政府资助只提供给那些符合政治要求的文化艺术生产，并直接负责艺术的生产与分配。[2] 然而，克雷克（Craik，2005）研究认为，对文化艺术领域的政府补助进入了一个困境，回到了形式上以赞助为中心的模式，开始强调公平和自给自足。[3] 从国内来看，目前的文化产业政府扶持力度呈现逐年增加的良好态势，关注对文化企业技术创新、内容原创的扶持，鼓励发展文化服务贸易和文化"走出去"，鼓励开发与弘扬传统文化等（张皓，2010）。[4] 学者们重点研究政府对文化产业扶持补助的模式：吴庆华（2010）研究指出，发达国家采用直接动用财政资金、通过税收杠杆与综合运用各种经济政等扶持本国文化产业发展。[5] 例如，实施文化产业研发税收抵免、针对文化企业采取低税率所得税制度、特定文化企业所得税免征、捐助文化产业者减免所得税、文化产业人员享受所得税优惠（纳税年度直接减免税、数年所得平均收入纳税法、高比例 60% 特定费用扣除）等（郭玉军、李华成，2012）。[6] 美国为艺术产业的某些部门提供直接的资金支持，州与城市的政府对音乐厅、剧院、博物馆、公园的建设和维修提供资助，免费给艺术

---

[1]　魏鹏举：《公共财政扶持文化产业的合理性及政策选择》，《国外社会科学》2006 年第 1 期。

[2]　Cummings, M. C., Schuster, J. M. D., "Who's to Pay for the Arts: The International Search for Models of Arts Support", New York: ACA Books, 1989. 转引自莫挺《支持浙江文化产业发展的财税金融政策研究》，硕士学位论文，厦门大学，2014 年。

[3]　Craik, J., "Dilemmas in Policy Support for the Arts and Cultural Sector", Australian Journal of Public Administration, Vol. 64, No. 4, 2005, pp. 6 – 19.

[4]　张皓：《支持文化体制改革和文化产业发展的财税政策分析》，《税务研究》2010 年第 7 期。

[5]　吴庆华：《国外文化产业财税政策借鉴与启示》，《财会月刊》2010 年第 5 期。

[6]　郭玉军、李华成：《欧美文化产业税收优惠法律制度及其对我国的启示》，《武汉大学学报》（哲学社会科学版）2012 年第 1 期。

家提供工作室与公寓的补助资金（苑洁，2005）①；针对特殊文化产业行业实施特别税收优惠政策，鼓励电视电影的生产，通常规定其制作费用的15%—30%进行税收扣除，还对如录音棚等方面的电影基础产业允许税收抵扣，形成了对电影相关产业采取投资税收抵扣、支付工资税收抵扣、生产开支税收抵扣等税收优惠政策（兰相洁、于骁骁，2012）。② 法国政府也同样采用税收优惠政策与财政资助支持文化产业发展，中央政府直接提供赞助、补助与奖金等鼓励与引导企业支持文化发展（辛文，2010）③，除了对文化企业与事业单位给予直接支持，还对各种有利于文化产业发展的重要活动提供资助（兰相洁、焦琳，2012）。④ 另外，成立专门资助协会与组织。金元浦等（2001）指出，西方各国成立企业资助艺术协会资助企业，并享受政府的税收抵免优惠政策来降低成本，例如利用"赠券计划"给予具有艺术潜在需求的观众赠券或减价凭证，提高其参与艺术活动的积极性，艺术团体将凭证给政府，政府按照大众需求给予艺术团体资助，培育和涵养文化市场。⑤ 韩国建立文化产业政府扶持机制，除了每年度国家公共财政预算投资于文化产业部门，还由官方机构（财政资金）和民间机构（非营利性资金）共同出资扶持文化产业发展，设立官方和半官方文化产业专项基金扶持机制，并构建完善的文化产业政府财政奖励机制（杨京钟，2013）。⑥ 此外，鼓励多元社会资本进入文化产业领域。法国积极鼓励企业对文化产业发展进行赞助，对赞助企业减免税收、抵免优惠政策，通过国家电影中心对电影业的生产发行和放映等各个环节给予扶持性资助（刘昕，2012）。⑦ 美国除鼓励个人向非营利性的艺术组织捐款外，还规定对非营利性文化团体和机构免征所得税，企业向非营利性艺术组织捐款在应纳税所得额10%的部分予以免除（王苏，2011）。⑧ 日本政府出资设立各种文化奖项，与非营利民间团体共同捐助组建各种文化产

---

① 苑洁：《文化产业行业界定的比较研究》，《理论建设》2005 年第 1 期。
② 兰相洁、于骁骁：《美国文化产业的税收支持政策及借鉴》，《中国财政》2012 年第 6 期。
③ 辛文：《国外文化产业投融资体系简析》，《文化月刊》2010 年第 3 期。
④ 兰相洁、焦琳：《文化产业财税支持政策的国际比较及启示》，《中国财政》2012 年第 15 期。
⑤ 金元浦：《开创中国文化产业发展的新纪元》，《文艺研究》2001 年第 4 期。
⑥ 杨京钟：《文化产业财税政策：韩国的经验与启示》，《学习与实践》2013 年第 8 期。
⑦ 刘昕：《当前中国文化产业财税金融政策研究》，硕士学位论文，华东政法大学，2012 年。
⑧ 王苏：《文化产业国际税收竞争的态势分析与政策启示》，《涉外税务》2011 年第 2 期。

业扶持基金，以鼓励培养文化产业创新人才（张明娥，2013）。[1]

（三）探讨中国政府扶持文化产业发展的问题与改善对策

有学者指出，目前政府支持文化产业发展的力度、财政拨款内部结构以及文化产业融资渠道等问题制约了文化产业的发展，存在资助政策的延续性与稳定性差，资助规模偏小与资助体系不健全，资助范围不合理与效率低下等问题，公共财政缺位与越位问题也时有发生（王德高等，2011[2]；刘吾康，2011）。[3] 曲顺兰、路春城等（2010）也指出，政府支持力度不够、扶持范围小，只有极少数单位与项目获得资助，且资助金额少；文化产业税收优惠政策公平性不够、对中小文化企业扶持力度小，这与中小文化企业占据较大比例的事实相反；文化产业税收政策存在真空，没有对文化产业从业者给予适当税收优惠政策，而且数字内容、动漫行业、会展、新闻媒体等行业缺乏体现行业特点的税收政策体系。[4]

从对策建议来看，我国文化产业政府扶持体系的建立应遵循公平税负、平等竞争原则，改变制定税收优惠政策的传统思路，税制设置要有自动更新机制，增强文化产业税收政策的信息透明度，制定针对中小型文化企业的财政税收优惠政策，营造公平的政府扶持环境（陈莹莹，2012）。[5] 从总量上说，要加大政府对文化产业的扶持投入，并按照一定比例建立陪同投入机制，设立专门的文化产业发展基金，鼓励社会捐赠（马洪范，2012）。[6] 从政府扶持投入指标来看，根据文化产业不同行业的特点实施差别税率，重点激励文化企业技术创新的财税政策，并规避政府财税政策扶持对文化产业市场机制造成的冲击（贾康、马衍伟，2008）。[7] 增强政府扶持的针对性，优先对优秀的、国内外文化市场前景广阔的文化产品的生产与经营给予财政补贴（刘吉发、陈怀平，2005）[8]，建立动态财税支

---

① 张明娥：《完善我国文化产业财税政策的国际经验借鉴》，《涉外税务》2013 年第 4 期。

② 王德高、陈思霞、卢盛峰：《促进中国文化产业发展的财政政策探析》，《学习与实践》2011 年第 6 期。

③ 刘吾康：《发展我国文化产业的财税政策研究》，《财政监督》2011 年第 6 期。

④ 曲顺兰、路春城：《促进文化产业发展的财税政策研究》，《财政经济评论》2010 年第 2 期。

⑤ 陈莹莹：《我国文化产业税收政策研究综述》，《经济研究参考》2012 年第 36 期。

⑥ 马洪范：《文化观、文化发展与财税政策选择》，《地方财政研究》2012 年第 1 期。

⑦ 贾康、马衍伟：《进一步促进文化产业发展的税收政策选择》，《中国税务报》2008 年 12 月 3 日第 5 版。

⑧ 刘吉发、陈怀平：《关于文化产业发展的经济学分析》，《长安大学学报》（社会科学版）2005 年第 4 期。

持机制，在文化企业发展的不同阶段实施差异化的财税优惠政策等，对于重点扶持的文化产业允许其税前据实扣除各类准备金和加速折旧，对资金周转暂时困难的文化企业可暂缓征收税款或以税利返还形式设立各种文化基金或专项资金，对文化企业用于再投资的所得退还其已缴税款，对科技含量高的文化产业实施免征进口关税（梁云凤等，2010）。① 从实施机制来说，要切实落实文化产业相关税收政策，包括增值税优惠、营业税优惠、特别税收优惠、税利返还政策和差别税率政策，提高对"小型微利文化企业"的所得税优惠幅度，建立更具针对性的文化企业所得税优惠体系（岳红记等，2007②；安体富、张新，2012③）；同时，文化产业发展资金要面向各类文化企业，通过资本投入（参股）、无偿资助、贷款贴息等方式引导文化产业发展方向，支持文化企业的发展（叶菊华，2011）。④

（四）关于文化产业政府扶持绩效问题的初步探索

政府补助是一种重要的制度性基础设施，其对强化市场经济体制良好运行发挥着被称作"治理的质量"的重要作用（唐清泉、罗党论，2007）。⑤ 一方面，很多研究认为政府补助等扶持政策有助于帮助企业降低创新风险，降低资本成本（Lee and Cin，2010⑥；吴晓园、钟俊娟，2010）。⑦ 也有诸多研究强调企业获得政府资助是其成为优秀企业的标签。罗宾·克利尔（Robin Kleer，2009）⑧ 指出，政府资助可以理解为政府向外界发出的信号，即拿到政府补助的企业将是政府青睐的企业，从而对企业获得银行贷款或非银行类资金具有重要引导作用，有利于企业吸引新的

---

① 梁云凤、孙亦军、雷梅青：《促进文化产业发展的财税政策》，《税务研究》2010 年第 7 期。

② 岳红记、何炼成、刘吉发：《试论文化产品的价值与价格》，《经济师》2007 年第 4 期。

③ 安体富、张新：《关于促进我国文化产业发展的财税政策研究》，《经济研究参考》2012 年第 52 期。

④ 叶菊华：《文化产业发展的财政扶持研究综述》，《财经界》2011 年第 8 期。

⑤ 唐清泉、罗党论：《政府补贴动机及其效果的实证研究——来自中国上市公司的经验证据》，《金融研究》2007 年第 6 期。

⑥ Euiyoung Lee, Beom Cheol Cin, "The Effect of Risksharing Government Subsidy on Corporate R&D Investment: Empirical Evidence from Korea", *Technological Forecasting and Social Change*, No. 6, 2010, pp. 881 – 890.

⑦ 吴晓园、钟俊娟：《政府补贴与企业技术创新：文献综述》，《科技与产业》2010 年第 12 期。

⑧ Robin Kleer, "Acquisitions in a Patent Contest Model with Large and SmallFirms", *Journal of Industry, Competition and Trade*. Vol. 9, No. 4, 2009, pp. 307 – 328.

投资（Feldman and Kelley，2010[①]；高艳慧，2012）。[②] 另一方面，很多研究指引了政府补助的无效应或者负向作用。例如，顾元媛（2011）利用1998—2008 年中国省级面板数据得出了政府补助低效应的结论，即无论经济效益还是社会效益都是负值[③]；还有研究指出，是否受到政府资助与企业的创新溢出受益并无关联（Arlemaen，2007）[④]，不仅不能达到培优的目标，政府补助也不能显著帮助那些处于破产边缘的公司成功起死回生（黄蓉、赵黎鸣，2011）[⑤]，而且过度的政府干预与高额政策补贴反而会产生一系列的负面效应，扭曲市场机制的资源配置功能，降低资源配置效率（费友海，2006）。[⑥] 在文化产业政府扶持绩效问题的研究方面，Lee&Yoon（2013）研究指出了文化产业政府扶持政策评估的重要性。[⑦] 叶菊华（2011）研究指出由于机制创新缺乏导致文化产业财税政策效应低的状况。[⑧] 刘鹏、杜啸尘（2014）在对中国文化产业扶持政策进行梳理的基础上指出文化产业财政扶持资金仍然存在"重项目申报、轻项目跟踪评价及考核"等问题。[⑨] 作者曾基于 161 家文化产业上市公司面板数据研究了政府补助对文化产业就业的绩效问题，得出"政府补助对文化企业就业具有直接促进效应，又能产生带有滞后性的促进效应，但效应强度都明显偏弱，且全行业就业贡献率仅为 1.58%"的结论（臧志彭，2014）。[⑩]

综上所述，学术界在文化产业政府扶持的必要性、方式方法、存在问

---

①　Maryann P. Feldman，Maryellen R. Kelley，"The Extant Assessment of Knowledge Spillovers：Government R&D Policy，Economic Incentives and Private Firm Behavior"，*Research Policy*，No. 35，2006，pp. 1509 – 1521.

②　高艳慧、万迪昉、蔡地：《政府研发补贴具有信号传递作用吗》，《科学学与科学技术管理》2012 年第 1 期。

③　顾元媛：《寻租行为与 R&D 补贴效率损失》，《经济科学》2011 年第 5 期。

④　Arlemaen，"R&D Spillovers from Subsidized Firms Thatfail：Tracing Knowledge by Following Employees Across Firms"，*Research Policy*，No. 36，2007，pp. 1443 – 1464.

⑤　黄蓉、赵黎鸣：《政府补助：保壳还是培优》，《暨南学报》2011 年第 1 期。

⑥　费友海：《农业保险属性与政府补贴理论探析》，《广东金融学院学报》2006 年第 3 期。

⑦　Lee，Yoonshik，Yoon，Jong Hyun，"A Study on the Policy Change Processes of Culture and Arts Support System：Focusing on Strategic Policy Belief System of Advocacy Coalitions"，*Korean Journal of Policy Analysis and Evaluation*，Vol. 23，No. 3，2013，pp. 69 – 91.

⑧　叶菊华：《文化产业发展的财政扶持研究综述》，《财经界》2011 年第 8 期。

⑨　刘鹏、杜啸尘：《我国文化产业财政政策的历史演变及分析》，《地方财政研究》2014 年第 7 期。

⑩　臧志彭：《政府补助、公司性质与文化产业就业——基于 161 家文化上市公司面板数据的分析》，《中国人口科学》2014 年第 5 期。

题与改善对策方面进行了大量探讨，形成了较为丰富的成果。然而，目前学者们的关注点主要集中在财政政策、税收政策等宏观维度，如何从企业层面分析把握宏观的政府扶持政策的具体执行状况，分析挖掘政府补助扶持的微观现实与存在的问题，尚缺乏足够的创新性探索。与此同时，学术界对于文化产业政府扶持绩效问题的研究尚处于起步阶段，亟须加强。

第二节　宏观层面文化产业政府补助相关政策

一　深入推动文化体制改革的政府补助相关政策

《文化体制改革试点中支持文化产业发展的规定》（2003）、《关于进一步做好文化系统体制改革工作的意见》（2006）、《关于支持文化企业发展若干税收政策问题的通知》（2009）和《关于文化体制改革中经营性文化事业单位转制为企业的若干税收优惠政策的通知》（2009）等一系列政策陆续出台，对转企改制的文化企业给予一系列税收优惠政策，包括"政府给予补贴、贴息，自转制注册日起免征企业所得税、房产税，并对在转制过程中资产评估增值涉及的企业所得税及资产划转或转让涉及的增值税、营业税、城市维护建设税等给予适当的税收优惠"等，激励与加快了文化单位转企改制的步伐，加快了文化产业的产业化进程。从政策导向上可以看出，自2009年开始，我国对国有文艺演出院团体制改革给予了重点关注，陆续出台了《关于深化国有文艺演出院团体制改革的若干意见》（2009）、《关于加快国有文艺院团体制改革的通知》（2011）、《关于支持转企改制国有文艺院团改革发展的指导意见》（2013），从"深化"、"加快"、"支持"等用词可以看出国家推动文艺院团转企改制给予的政府补助力度加大。也表现出活跃演艺市场的决心。由此，以文艺院团改革为切入点，在政府补助政策上强化了"免征企业所得税政策，扩大文化产业发展专项资金规模"等举措，推动了整个经营性文化事业单位转企改制进程。此外，最新出台的《文化体制改革中经营性文化事业单位转制为企业和进一步支持文化企业发展两个规定的通知》（2014）则在保留和延续各项财政优惠政策基础上，强调进一步扩大文化产业发展专项资金规模，对扩大文化产业总规模、释放文化产业活力、推动文化产业发展壮大提供了政策保障。

表1－1　　　　　　　**关于推动文化体制改革的政府补助相关政策**

政策名称/颁布部门/文号	政策要点
文化体制改革试点中支持文化产业发展的规定（国办发［2003］105号）	试点地区可安排文化产业发展专项资金，并制定相应使用和管理办法，采取贴息、补助等方式，支持文化产业发展
关于进一步做好文化系统体制改革工作的意见（文政法函［2006］1329号）	对于从事高雅艺术演出的单位，在转制的同时，为培育市场，政府要给予一定补贴。对主要面向农村演出的国办基层艺术表演团体，继续给予政策扶持。承担公益性创作演出任务，政府要给予支持；创作的优秀作品，政府要给予奖励；面向农村或者未成年人的公益性演出，政府要给予补贴
关于文化体制改革中经营性文化事业单位转制为企业的若干税收优惠政策的通知（财政部、国家税务总局/财税［2009］34号）	对经营性文化事业单位转制中资产划转或转让涉及的增值税、营业税、城建税等给予适当的优惠政策；经营性文化事业单位转制为企业，自转制注册之日起免征企业所得税；对经营性文化事业单位转制中资产评估增值涉及的企业所得税给予适当的优惠政策；党报、党刊将其发行、印刷业务及相应的经营性资产剥离组建的文化企业，自注册之日起所取得的党报、党刊发行收入和印刷收入免征增值税等
关于转制文化企业名单及认定问题通知（财税［2009］105号）	明确转制文化企业的范围、认定，以及税收优惠的备案要求
关于深化国有文艺演出院团体制改革的若干意见（文政法发［2009］25号）	确保院团转制后原有正常事业经费继续拨付，并通过文化产业发展资金等予以支持。推进有条件的地方探索建立文化艺术发展基金，采取项目补贴、定向资助、贷款贴息和以奖代补等办法，加大对转企改制院团的资金支持力度
关于加快国有文艺院团体制改革的通知（文政法发［2011］22号）	中央财政和地方财政通过安排文化产业发展专项资金、宣传文化发展专项资金等渠道，对转制文艺院团重点产业发展项目予以支持；鼓励以政府购买服务或按场次补贴等方式，支持转制文艺院团深入基层、深入群众，培育和引导农村演艺市场
关于支持转企改制国有文艺院团改革发展的指导意见（文政法发［2013］28号）	财政部门安排一定的资金，通过政府购买服务、项目补贴、定向资助、以奖代补等方式，鼓励和引导转制院团参与公共文化服务；建立健全财政投入激励约束机制，把实现良好社会效益和经济效益作为财政扶持的重要标准，提高财政资金使用效益；落实税收优惠政策，转制院团可按现行税收政策规定享受有关税收优惠政策

续表

政策名称/颁布部门/文号	政策要点
文化体制改革中经营性文化事业单位转制为企业和进一步支持文化企业发展两个规定的通知（国办发［2014］15号）	保留和延续原有给予转制企业的财政支持、税收减免、社保接续、人员分流安置等多方面优惠政策，特别是保留了免征企业所得税政策，支持力度不减；扩大文化产业发展专项资金规模，将有线数字电视增值税免税政策重新明确再延长3年，新增对农村有线电视、城市电影放映等增值税优惠政策

二　加快文化建设的政府补助相关政策

2000年开始，国务院出台了《关于支持文化事业发展若干经济政策的通知》，在对文化事业属性较强的出版物落实"先征后退"税收政策的同时，强调对电影、宣传文化事业的财政投入，并在2001年提出，"中央和地方财政对文化事业的投入应当随着经济的发展逐年增加，增加幅度不低于财政收入增长的幅度"，确保文化投入增长与文化事业发展的同步。这一政策导向在之后出台的《关于进一步支持文化事业发展若干经济政策的通知》(2006)、《关于宣传文化所得税优惠政策的通知》(2007)、《宣传文化发展专项资金管理办法》(2007)中也充分体现出来，而且政策中的"专项资金用于新技术、新兴媒体和重点出版物的引进和开发以及发行网点和信息系统建设"、"宣传文化专项拨款主要用于宣传文化单位的公益性项目或技术改造、设备更新等"等政策条目，突出了对新技术、新媒体等领域的扶持。实际上，自2012年以来，国家层面对文化建设的扶持方式日益多元化与科学化。所谓多元化，体现为由单纯地强调财政税收优惠政策变成采用"财政、税收、金融、用地"等多元的政策扶持方式；而科学化则是指在遵循"同国力相匹配、同人民群众文化需求相适应的政府投入"原则基础上，财政投入由2001年的"增加幅度不低于财政收入增长的幅度"转向"保证公共财政对文化建设投入的增长幅度高于财政经常性收入增长幅度"，确保了财政投入的稳健持续增长。

表 1 - 2 关于加快文化建设的政府补助相关政策

政策名称/颁布部门/文号	政策要点
关于支持文化事业发展若干经济政策的通知（国发〔2000〕41号）	继续征收文化事业建设费；对列出的七大类出版物的增值税继续实行先征后退的办法；全国县（含县级市）及县以下新华书店和农村供销社销售出版物的增值税，继续实行先征后退的办法；继续实施发展电影事业的免征增值税、免征营业税、建立"国家电影事业发展专项资金"、建立"电影精品专项资金"的政策；继续增加对宣传文化事业的财政投入；建立健全专项资金制度；继续鼓励对宣传文化事业的捐赠
关于"十五"期间文化建设的若干意见（文政法发〔2001〕45号）	进一步加大财政对文化事业的扶持力度。中央和地方财政对文化事业的投入，应当随着经济的发展逐年增加，增加幅度不低于财政收入增长的幅度。根据国家财政体制改革的要求，通过专项资金、转移支付等手段，增强各级财政对文化建设的宏观调控能力
关于实施人才兴文战略进一步加强文化人才队伍建设的意见（文人发〔2004〕10号）	增加对文化人才培养和开发的资金投入，积极争取设立国家文化人才发展专项资金。文化人才发展专项资金分高层次文化人才发展资金、青年优秀人才培养资金和优秀人才奖励资金。高层次文化人才发展资金用于扶持专业拔尖、业绩突出的艺术骨干和具有深刻理论功底和较高学术造诣的高级专家及具备先进管理水平、有较突出成绩的文化企业家。青年优秀人才培养资金用于选拔培养全国文化系统各领域工作突出、有较大潜力的青年人才。优秀人才奖励资金用于奖励在国内外重大比赛中获得重要奖项的人员，以及奖励对文化事业做出重大、杰出贡献的优秀人才
关于进一步支持文化事业发展若干经济政策的通知（国办发〔2006〕43号）	继续征收文化事业建设费；继续对宣传文化单位实行增值税优惠政策，对电影发行单位实行营业税优惠政策；继续实施促进电影事业发展的有关经济政策，从电影放映收入中提取5%建立"国家电影事业发展专项资金"，实行基金预算管理方式，用于电影行业的宏观调控；继续增加对宣传文化事业的财政投入
关于宣传文化所得税优惠政策的通知（财税〔2007〕24号）	对宣传文化企事业单位按照《财政部国家税务总局关于宣传文化增值税和营业税优惠政策的通知》（财税〔2006〕153号）有关规定取得的增值税先征后退收入和免征增值税、营业税收入，不计入其应纳税所得额，并实行专户管理，专项用于新技术、新兴媒体和重点出版物的引进和开发以及发行网点和信息系统建设

续表

政策名称/颁布部门/文号	政策要点
宣传文化发展专项资金管理办法（财教［2007］157号）	专项拨款主要用于宣传文化单位的公益性项目或技术改造、设备更新等。专项贴息主要用于宣传文化单位临时性资金不足及有偿还能力的技术改造、设备更新等项目借款的利息补助。包括：技术改造等临时性资金不足借款的利息补助；有偿还能力的技术改造、设备更新等项目借款的利息补助
文化部"十二五"时期文化改革发展规划（2012）	加大政府投入力度，建立健全同国力相匹配、同人民群众文化需求相适应的政府投入保障机制。保证公共财政对文化建设投入的增长幅度高于财政经常性收入增长幅度；设立国家文化发展基金，扩大有关文化基金和专项资金规模；加大财政、税收、金融、用地等方面对文化产业的政策扶持力度，对文化内容创意生产、非物质文化遗产项目经营实行税收优惠
国家艺术基金章程（文化部［2014］）	国家艺术基金的资助方式分为三类：项目资助，即根据项目申报类别及评审情况予以相应资助；优秀奖励，即对优秀作品、杰出人才进行表彰与奖励；匹配资助，即为引导和鼓励社会力量支持艺术发展，对获得其他社会资助的项目进行有限陪同资助

三　推动文化产业快速发展的政府补助相关政策

从政策导向来看，2000 年出台的《文化产业发展第十个五年计划纲要》开始关注专门的文化产业扶持资金的重要性，提及要"安排一定数量的财政预算资金、文化事业建设费作为加快发展文化产业的引导资金"；同样，《关于支持和促进文化产业发展的若干意见》（2003）也强调要"争取一定数量的政府投资，作为文化产业引导资金"，但对文化产业引导资金的数量与落实缺乏明确的规定。随着《关于非公有资本进入文化产业的若干决定》（2005）的出台，非公资本可以进入更多文化产业领域，增强了文化产业发展的活力。直到 2009 年《文化产业振兴规划》的出台，提出"大幅增加中央财政扶持文化产业发展专项资金和文化体制改革专项资金规模"，才将文化产业发展专项资金问题明确落实下来，并在后续出台的《文化产业发展专项资金管理暂行办法》（2010）中提出"贷款补贴、项目补助、补充国家资本金、绩效奖励、保险费补助"五种扶持办法，2012 年为规范与加强文化产业发展专项资金管理，提高资金使用效益，对其进行了修正，并提出专项资金六大重点扶持的方向。与此同时,《"十二五"时期文化产业倍增计划》(2012)则强调"提高文化产业支出占财政支出比例,扩大文化产业发展专项资金和文化产业投资基金规模,极力争取中央财政国有资本经营预算加大对文化产业的扶持力度",再次明确政府购买服务、项目补贴、以奖代补等多元扶持方式,形成了系统的文化产业发展扶持资金体系。此外,国家对示范性强的文化产业园区、文化科技项目、文化产业"走出去"的财政扶持力度也不断加大。特别是《关于加快发展对外文化贸易的意见》(2014)的出台,在提高文化产业发展专项资金支持力度的基础上,又强调"加大对文化出口的支持力度,对国家重点鼓励的文化产品出口实行增值税零税率、对国家重点鼓励的文化服务出口实行营业税免税与增值税零税率",可见扶持力度之大,也恰好契合了我国建设文化强国、提升文化软实力、提高文化产业国际影响力与话语权的目标。

表 1 - 3　　　　关于加快文化产业发展的政府补助相关政策

政策名称/颁布部门/文号	政策要点
文化产业发展第十个五年计划纲要(2000)	要调整财政投入结构和投入方式,在逐步增加财政对文化投入的基础上,安排一定数量的财政预算资金、文化事业建设费作为加快发展文化产业的引导资金,逐步建立起符合社会主义市场经济规律的文化产业投资机制。文化产业发展资金面向各类文化企业,采取资本金投入(参股)、无偿资助、贷款贴息等方式引导文化产业的投资方向,支持文化企业的发展
关于支持和促进文化产业发展的若干意见(文产发〔2003〕38号)	扶持发展具有示范性、导向性的重点文化产业项目。争取一定数量的政府投资,作为文化产业引导资金,对重点文化产业项目的开发与运营,特别是内容产业文化产品的生产给予资金补助和信贷贴息等支持
关于非公有资本进入文化产业的若干决定(国发〔2005〕10号)	鼓励和支持非公有资本从事文化产品和文化服务出口业务。鼓励和支持非公有资本参与文艺表演团体、演出场所等国有文化单位的公司制改建,非公有资本可以控股
文化产业振兴规划(国办发〔2009〕30号)	加大政府投入。大幅增加中央财政"扶持文化产业发展专项资金"和文化体制改革专项资金规模,不断加大对文化产业发展和文化体制改革的支持力度

政策名称/颁布部门/文号	政策要点
文化产业发展专项资金管理暂行办法（财教〔2010〕81号）	专项资金的支持范围：骨干文化企业培育、国家级文化产业园区和文化产业示范基地建设、重点文化体制改革转制企业发展、大宗文化产品和服务出口、其他文化产业发展领域。专项资金的支持方式：1）贷款贴息，每个项目的贴息年限一般不超过3年，补贴额最高不超过实际利息发生额的80%；2）项目补助；3）补充国家资本金；4）绩效奖励；5）保险费补助
关于加强文化产业园区基地管理、促进文化产业健康发展的通知（文产函〔2010〕1169号）	对国内外影响大、文化含量高、规模效益好、管理规范、示范引导辐射作用强的文化产业园区、基地及园区内文化企业要重点扶持，按照财政部《文化产业发展专项资金管理暂行办法》（财教〔2010〕81号）积极支持和帮助其申报贷款贴息、项目补助、绩效奖励等资金
文化产业发展专项资金管理暂行办法（财文资〔2012〕4号）	专项资金支持方向为推进文化体制改革、培育骨干企业、构建现代文化产业体系、促进金融资本与文化资源对接、推进文化科技创新与文化传播体系建设、推动文化企业"走出去"，支持项目分为重大项目和一般项目，支持方式包括项目补助、贷款贴息、保费补贴、绩效奖励等
"十二五"时期文化产业倍增计划（文产发〔2012〕7号）	增加公共财政对文化产业的投入力度，提高文化产业支出占财政支出比例，充分发挥财政资金杠杆作用；扩大文化产业发展专项资金和文化产业投资基金规模，合理确定支持方向，提高文化产业发展专项资金的使用效率；创新政府投入方式，通过政府购买服务、项目补贴、以奖代补等方式；积极争取中央财政国有资本经营预算加大对文化产业的扶持力度；鼓励和支持有条件的地方设立文化产业投资引导基金
文化部"十二五"文化科技发展规划（科技发〔2012〕18号）	加强文化科技战略研究，支持300项左右文化科技基础科研项目，系统部署150项左右文化领域重要核心技术、关键技术和集成技术攻关，制定30项左右文化行业技术标准，转化推广75项左右先进适用技术

政策名称/颁布部门/文号	政策要点
关于加快发展对外文化贸易的意见（国办发〔2014〕13号）	进一步完善《文化产品和服务出口指导目录》，定期发布《国家文化出口重点企业目录》和《国家文化出口重点项目目录》，加大对入选企业和项目的扶持力度；鼓励和引导文化企业加大内容创新力度，在编创、设计、翻译、配音、市场推广等方面予以重点支持；加大文化产业发展专项资金等支持力度，加大对文化出口的支持力度；对国家重点鼓励的文化产品出口实行增值税零税率，对国家重点鼓励的文化服务出口实行营业税免税，对纳入增值税征收范围的文化服务出口实行增值税零税率或免税；在国务院批准的服务外包示范城市从事服务外包业务的文化企业，符合技术先进型服务企业相关条件的，经认定可享受减按15%的税率征收企业所得税和职工教育经费不超过工资薪金总额8%的部分税前扣除政策
推动中国特色文化产业发展的指导意见（文产发〔2014〕28号）	加大财政对特色文化产业发展的支持力度，把特色文化产业发展工程纳入中央财政文化产业发展专项资金扶持范围；充分发挥财政资金杠杆作用，重点支持具有地域特色和民族风情的民族工艺品创意设计、文化旅游开发、演艺剧目制作、特色文化资源向现代文化产品转化和特色文化品牌推广；认真落实国家扶持文化产业发展的各项税收政策，加强税收政策跟踪问效

四　关于推动文化产业与金融结合的补助扶持政策

由于文化产业具有高风险、高成本、高文化消费偏好的多元性与易变性，文化企业面临资金短缺问题，投资风险时有发生。综观全球文化产业与创意产业发达的国家，中小型文化企业的数量几乎占据文化企业总体量的九成，在我国，同样如此。针对这一事实，在给予中小型文化企业资金扶持的同时，更应该鼓励金融机构以多元化方式支持文化产业发展。2009年，《关于金融支持文化出口的指导意见》出台，提出了"为文化企业提供包括文化产品和服务（含动漫）出口信贷、旅游文化国际化贷款"为代表的多种信贷业务产品，满足了文化企业的多元融资诉求，开始了文化产业与金融业协同发展的历程。2010年再出新政《关于金融支持文化产业振兴和发展繁荣的指导意见》，提出"通过文化产业发展专项资金等对符合条件的文化企业，给予贷款贴息和保费补贴，并支持设立文化产业投资基金"；同时，保险业对文化产业的支持也同步跟上，出台了《关于保险业支持文化产业发展有关工作的通知》（2010），"鼓励保险公司投资文化企业发行的债券，支持符合条件的保险公司投资符合条件的文化产业投资基金"，实现了保险机构和信贷、债券、信托等多种金融工具相结合扶持文化产业发展的格局。此外，为了切实发挥金融对文化产业的推动作用，2014年，《关于深入推进文化金融合作的意见》出台，一方面，强调加大对小微型文化企业的融资支持；另一方面，进一步实现文化融资服务的多样化，鼓励银行、保险、投资基金等机构联合采取投资企业股权、债券、资产支持计划等多种形式为文化产业提供金融服务，从而确保我国文化产业获得财政与金融扶持的系统性。

表1-4　　　　　　　关于推动文化产业与金融结合的补助扶持政策

政策名称/颁布部门/文号	政策要点
关于金融支持文化出口的指导意见（商服贸发［2009］191号）	进出口银行本着独立审贷的原则，为文化企业提供包括文化产品和服务（含动漫）出口信贷、旅游文化国际化贷款、国际会展服务设施建设贷款、境外投资贷款、高新技术产品出口卖方信贷、进口信贷等信贷类业务产品以及结算、结售汇、贸易融资、对外担保、财务顾问等中间业务产品，以提供便捷全面的融资服务满足文化企业的多元化融资需求
关于金融支持文化产业振兴和发展繁荣的指导意见（银发［2010］94号）	中央和地方财政可通过文化产业发展专项资金等，对符合条件的文化企业，给予贷款贴息和保费补贴。支持设立文化产业投资基金，由财政注资引导，鼓励金融资本依法参与
关于保险业支持文化产业发展有关工作的通知（保监发［2010］109号）	在遵循市场原则和风险可控前提下，鼓励保险公司投资文化企业发行的债券，中国出口信用保险公司对符合《文化产品和服务出口指导目录》条件、文化主管部门重点扶持的文化出口企业和项目，应给予积极的支持；支持符合条件的保险公司投资符合条件的文化产业投资基金；保险机构可与信贷、债券、信托、基金等多种金融工具相结合，为文化企业提供"一揽子"金融服务
关于鼓励和引导民间资本进入文化领域的实施意见（文产发［2012］17号）	会同有关部门逐项落实鼓励和引导民间资本进入文化领域的各项政策措施，针对不同领域，研究制定具体扶持办法，加大财政、税收、金融、用地等方面的扶持力度，完善民间资本进入文化领域的政策保障机制，切实保护民间资本的合法权益

续表

政策名称/颁布部门/文号	政策要点
关于深入推进文化金融合作的意见（文产发［2014］14号）	综合运用统贷平台、集合授信等方式加大对小微文化企业的融资支持；鼓励银行、保险、投资基金等机构联合采取投资企业股权、债券、资产支持计划等多种形式为文化企业提供综合性金融服务；鼓励大中型文化企业采取短期融资券、中期票据、资产支持票据等优化融资结构

第三节　中观层面文化产业政府补助相关政策

近年来，为扶持重点文化产业行业的快速发展，国家在中央层面出台了一系列财税优惠政策，主要包括扶持电影产业、动漫产业、数字出版产业、旅游产业等政策举措。

一　推动影视动漫行业发展的政府补助相关政策

电影产业方面。2004年颁布了《关于加快电影产业发展的若干意见》与《电影数字化发展纲要》。一方面，进一步落实了财税优惠政策，加大对电影企业进入市场运营的力度，建立了若干电影专项基金；另一方面，重点强调电影的数字化，充分使用好政府扶持发展数字电影的专项资金，促进数字电影的发展与繁荣。在动漫产业发展方面，侧重扶持传统文化原创。例如，2004年出台的《关于实行优秀国产动画片推荐播出办法的通知》，强调扶持优秀国产动画，其制作收入、发行收入、出口收入、特许权使用费收入免征营业税，争取安排促进我国影视动画产业发展的资金；而出台的《关于推动我国动漫产业发展若干意见的通知（国办发）》（2006）提出，"中央财政设立扶持动漫产业发展专项资金主要用于支持优秀动漫原创产品的创作生产、民族民间动漫素材库建设，经认定的动漫企业自主开发、生产动漫产品可以享受增值税、所得税优惠政策"，足见对动漫原创的扶持力度之大；2008年实施的《关于扶持我国动漫产业发展的若干意见》，同样鼓励原创，扶持各类所有制企业创作的富有中国文化精神、承载中华优秀传统文化的动漫原创作品。从2009年开始，《关于扶持动漫产业发展有关税收政策问题的通知》加大了对动漫产业的财税扶持力度，对"动漫软件出口免征增值税，重点扶持自主开发的动漫作品，所得税优惠与减按3%税率征收营业税"。从最新政策来看，2011年颁布的《动漫企业进口动漫开发生产用品免征进口税收的暂行规定》，提出对进口环节的税收优惠，对认定获得进口税资格的动漫企业实行年审制度的规定。此外，还关注对广播影视人才的扶持，《关于进一步加强广播影视人才工作的意见》（2004）提出要"设立人才培训专项资金，加大广播影视人才的培养投入力度，建立多渠道投入的人才培训经费保障机制"，为广播影视行业的发展提供了文化人才保障。

表1-5　　　关于推动影视动漫行业发展的政府补助相关政策

政策名称/颁布部门/文号	政策要点
关于加快电影产业发展的若干意见（广发影字[2004] 41号）	落实电影产业优惠政策。进一步通过财税政策调节并加大对电影企业进入市场运营的力度。设立专项资金加大对国家鼓励的重点影片、少数民族影片、农村影片（包括农村实用科教片）、儿童影片和动画片等进行长期扶持，对国产动画片专业制作机构争取免税政策。利用国债资金扶持历史悠久、影响深远的大型国有制片基地进行改造。经批准对新成立的电影制作、发行、放映企业，免征1—3年的企业所得税；作为文化体制改革试点单位的电影集团，可合并缴纳企业所得税；电影企业纳税确有困难的，可申请减免经营用土地和房产的城镇土地使用税、房产税。采取贷款贴息或补助政策扶持城镇电影院改建。依法建立若干电影专项基金
电影数字化发展纲要（广发影字[2004] 257号）	充分使用好政府扶持发展数字电影的专项资金，建立符合市场经济规律的商业运营模式和营利模式；为鼓励电影数字化发展，促进胶转数技术的应用，国家每年将对部分优秀国产影片的数字化放映予以适当补贴。同时，为鼓励社会多出数字电影精品，将在电影"华表奖"中增设优秀数字电影奖，以促进数字电影的发展和繁荣
关于进一步加强广播影视人才工作的意见（2004）	要加大人才培养投入力度，设立人才培训专项资金，探索建立多渠道投入的经费保障机制
关于实行优秀国产动画片推荐播出办法的通知（广发编字[2004] 1587号）	对从事国产动画片制作发行机构取得的制作收入、发行收入、出口收入、特许权使用费收入免征营业税。对从事国产动画片研发、生产机构，凡符合国家关于高新技术企业税收优惠政策规定的，鼓励其申请税收优惠政策。争取安排促进我国影视动画产业发展资金，专项用于重点影视动画基地的设备更新改造和用于重点动画剧目的拍摄；争取从电视台上缴的文化事业建设经费中，安排一定资金专项用于重点影视动画片的创作、制作、发行的资助和贴息；争取从电影专项资金中安排一定资金用于重点动画电影的创作、制作、发行的资助和贴息

政策名称/颁布部门/文号	政策要点
关于推动我国动漫产业发展若干意见的通知（国办发［2006］32号）	中央财政设立扶持动漫产业发展专项资金。专项资金主要用于支持优秀动漫原创产品的创作生产、民族民间动漫素材库建设，以及建立动漫公共技术服务体系等动漫产业链发展的关键环节。经国务院有关部门认定的动漫企业自主开发、生产动漫产品，可申请享受国家现行鼓励软件产业发展的有关增值税、所得税优惠政策，确需进口的商品可享受免征进口关税及进口环节增值税的优惠政策；动漫企业自主开发、生产动漫产品涉及营业税应税劳务的（除广告业、娱乐业外），暂减按3%的税率征收营业税
关于扶持我国动漫产业发展的若干意见（文市发［2008］33号）	鼓励扶持各类所有制企业创作、推广和传播贴近实际、贴近生活、贴近群众，富有中国文化精神、承载中华优秀传统文化、饱含时代特点的动漫产品
关于鼓励数字电视产业发展若干政策的通知（国办发［2008］1号）	对属于《外商投资产业指导目录》及《产业结构调整指导目录》范围内的数字电视领域投资项目，在投资总额内进口的自用设备和按照合同随设备进口的技术（含软件）及配套件、备件，免征关税和进口环节增值税
关于扶持动漫产业发展有关税收政策问题的通知（财政部、国家税务总局［2009］65号）	对动漫软件出口免征增值税；经国务院有关部门认定的动漫企业自主开发、生产动漫直接产品，确需进口的商品可享受免征进口关税和进口环节增值税的优惠政策；经认定的动漫企业自主开发、生产动漫产品，可申请享受国家现行鼓励软件产业发展的所得税优惠政策；对动漫企业为开发动漫产品提供的动漫脚本编撰、形象设计、背景设计、动画设计、分镜、动画制作、摄制、描线、上色、画面合成、配音、配乐、音效合成、剪辑、字幕制作、压缩转码劳务，在2010年12月31日前暂减按3%税率征收营业税
动漫企业进口动漫开发生产用品免征进口税收暂行规定（财关税［2011］27号）	经认定获得进口免税资格的动漫企业，凭本年度有效的"动漫企业证书"及证书上标注的享受本规定的进口税收优惠政策的相关规定，向主管海关申请办理享受进口税收优惠政策的手续。对经认定获得进口免税资格的动漫企业实行年审制度

二　推动出版与传媒业快速发展的政府补助相关政策

在出版领域，财政扶持政策呈现两个趋向。一是扶持新闻出版单位开展转企改革。例如,《关于下发音像(电子)出版业体制改革实施方案的通知》(2009)、《关于进一步推动新闻出版产业发展的指导意见》(2010),强调"用好用足国家支持文化单位转制和文化企业发展的一系列优惠政策"。二是重点扶持数字出版产业发展。从 2006 年出台《新闻出版业"十一五"发展规划》就开始关注扶持新媒体、新技术、新业态的出版物发行,并陆续出台了《关于加快我国数字出版产业发展的若干意见》(2010)、《关于加强数字出版内容投放平台建设和管理的指导意见》(2013)、《关于推动新闻出版业数字化转型升级的指导意见》(2014),强调利用各级财政扶持数字出版产业的发展,并进一步加大对重点数字出版工程项目、数字出版内容平台技术研发的投入,把新闻出版业数字化转型升级列入中央文化产业发展专项资金重点扶持对象。在现有政策的扶持下,数字出版业将是我国传统出版产业的未来生存形态,也将是出版产业的主力军。在传媒行业,《中央补助地方文化体育与传媒事业发展专项资金管理暂行办法》(2007)、《中央补助地方文化体育事业发展专项资金管理暂行办法》(2008)陆续出台,明确了由中央财政设立专项资金,一次性补助地方文化、文物、体育、广播电视、新闻出版等事业发展的规定。

表1-6 关于推动出版传媒行业发展的政府补助相关政策

政策名称/颁布部门/文号	政策要点
新闻出版业"十一五"发展规划(新出计[2006]1365号)	要加强新媒体、新技术、新业态、农村出版物发行、中国出版"走出去"、游戏动漫产品的制作与出版等方面鼓励扶持政策的研究制定工作,促进内容产业加快发展
中央补助地方文化体育与传媒事业发展专项资金管理暂行办法(财教[2007]83号)	专项资金由中央财政设立,用于支持地方文化、文物、体育、广播电视、新闻出版等事业发展。专项资金对地方文化体育与传媒事业的支持均为一次性补助。各地应积极筹措资金,逐步加大投入,推动地方文化体育与传媒事业健康快速发展
中央补助地方文化体育与传媒事业发展专项资金管理暂行办法(财教[2008]141号)	明确专项资金的补助范围:县级及县级以上公益性文化、文物、体育、广播电视、新闻出版事业单位基础设施维修改造、设备购置等;明确了专项资金的申请条件

续表

政策名称/颁布部门/文号	政策要点
关于继续实行宣传文化增值税和营业税优惠政策的通知（财税［2009］147号/［2011］92号）	对列入的 6 类出版物在出版环节实行增值税 100% 先征后退的政策；对除了上述出版物之外的在出版环节实行增值税先征后退 50% 的政策；对少数民族文字出版物的印刷或制作业务，新疆维吾尔自治区印刷企业的印刷业务实行增值税 100% 先征后退的政策。2011 年的 92 号文件则将税收优惠的时间延长至 2012 年 12 月 31 日
关于下发音像（电子）出版业体制改革实施方案的通知（新出字［2009］331 号）	对实力较强、基础条件较好的音像（电子）企业进行重点培育，在上市融资、出版资源配置、重点项目安排等方面予以支持和倾斜；重点支持 20 家导向正确、主业突出、特色鲜明、实力雄厚、管理规范、运行高效、核心竞争力强的独立音像（电子）出版、制作企业
关于进一步推动新闻出版产业发展的指导意见（新出政发［2010］1 号）	用好用足国家支持文化单位转制和文化企业发展的一系列优惠政策；加大对新闻出版产业发展的投入，积极争取各级财政支持，采取贴息、补助、奖励等方式，支持新闻出版产业发展；用好宣传文化发展专项资金、国家出版基金、民文出版专项资金、农家书屋工程专项资金、扶持动漫产业发展专项资金、"走出去"专项资金等财政专项资金。加强财政资金的管理和使用，提高资金的使用效率
新闻出版总署关于发展电子书产业的意见（新出政发［2010］9 号）	推动实施一批具有战略性、示范性的电子书产业项目，将电子书生产企业纳入国家数字出版基地重点支持领域
关于加快我国数字出版产业发展的若干意见（新出政发［2010］7 号）	积极争取各级财政对数字出版产业发展的扶持，加大对重点数字出版工程项目的资金投入；充分发挥文化产业发展专项资金、宣传文化发展专项资金、科技创新资金和现代信息服务业专项资金的扶持导向作用，面向全社会，推动设立扶持数字出版专项资金，重点用于数字出版公共服务平台和骨干项目建设
关于加强数字出版内容投放平台建设和管理的指导意见（新出政发［2013］11 号）	对认定为国家级投送平台的核心技术研发，予以政策、项目、技术等多方面扶持；遴选 5—8 家获得消费者好评、社会认知度广、市场占有率高的企业，支持其做大做强
关于推动新闻出版业数字化转型升级的指导意见（新广出发［2014］52 号）	加大财政对新闻出版业数字化转型升级的支持力度，将新闻出版业数字化转型升级项目作为重大项目纳入中央文化产业发展专项资金扶持范围，分步实施、逐年推进。发挥财政资金杠杆作用，推动重点企业的转型升级工作，引导企业实施转型升级项目

续表

政策名称/颁布部门/文号	政策要点
新闻出版行业标准化管理办法（国家新闻出版广电总局 ［2014］ 14 号）	对列入新闻出版领域行业标准制定、修订计划中的标准制定、修订项目给予适当经费补贴。补贴经费的使用，须按新闻出版广电总局相关经费管理办法的规定专款专用

三 推动文化旅游业快速发展的政府补助相关政策

国家层面对旅游产业的扶持力度越来越大。一方面，加大了财政政策扶持旅游产业的力度与范畴。在农业旅游方面，出台了《关于促进农村旅游发展的指导意见》（2006）强调，"加大对农村旅游发展的扶持力度，积极利用规划、扶贫、环保、培训、基建等专项支持政策"。2009 年颁布的《关于加快发展旅游业的意见》则提出，"地方各级政府要加大对旅游基础设施建设的投入，重点支持中西部地区重点景区、红色旅游、乡村旅游等的基础设施建设，安排中央财政促进服务业发展专项资金、扶持中小企业发展专项资金、外贸发展基金以及节能减排专项资金扶持旅游企业"。另一方面，财政政策推动旅游产业与文化融合的趋势明显，强化了文化旅游的概念。例如，2009 年出台的《关于促进文化与旅游结合发展的指导意见》，对列入《国家文化旅游重点项目名录》的文化旅游项目给予重点扶持，推动文化旅游企业集团化与规模化的发展进程。

表1-7   关于推动旅游及相关产业快速发展的政府补助相关政策

政策名称/颁布部门/文号	政策要点
关于促进农村旅游发展的指导意见（2006）	加大对农村旅游发展的扶持力度。要依靠各级党委和政府加强领导，把发展农村旅游纳入各地社会主义新农村建设的整体布局中，积极利用规划、扶贫、环保、培训、基建等专项支持政策
关于加快发展旅游业的意见（国发 ［2009］ 41 号）	地方各级政府要加大对旅游基础设施建设的投入。各级财政要加大对旅游宣传推广、人才培训、公共服务的支持力度。中央政府投资重点支持中西部地区重点景区、红色旅游、乡村旅游等的基础设施建设。国家旅游发展基金重点用于国家旅游形象宣传、规划编制、人才培训、旅游公共服务体系建设等。安排中央财政促进服务业发展专项资金、扶持中小企业发展专项资金、外贸发展基金以及节能减排专项资金时，要对符合条件的旅游企业给予支持

政策名称/颁布部门/文号	政策要点
关于促进文化与旅游结合发展的指导意见（2009）	对列入《国家文化旅游重点项目名录》的文化旅游项目在行业政策、项目审批、信息服务和市场开拓等方面给予重点扶持；给予一批以资本为纽带的文化旅游企业必要的政策扶持，支持其向集团化和品牌化方向发展

第四节　微观层面文化产业政府补助相关政策

从微观层面来看，近些年，政府补助政策主要体现在扶持文化企业发展、鼓励与支持文化企业"走出去"等方面。

一　重点扶持小微文化企业的政府补助相关政策

对小微文化企业的财政扶持可以归纳为以下三个方面：首先，减轻小微文化企业负担、扶持小微型文化企业快速发展。2014年出台的《关于支持小微文化企业发展的实施意见》第一次以小微型文化企业为政策核心对象给予一系列财政扶持，强调"完善与落实项目补助、贷款贴息、保费补贴等措施，提高增值税和营业税起征点、暂免征收部分小微企业增值税和营业税、小型微利企业所得税减半征收等"，意味着作为文化产业领域的弱势群体的小微文化企业将会迎来新契机、进入发展的快车道。从演出企业来看，2009年出台的《关于促进民营文艺表演团体发展的若干意见》，提出"设立民营文艺表演团体专项扶持资金，采用以奖代补的方式扶持优秀民营文艺表演团体"，推动了弱势民营文艺表演团体的发展壮大。其次，政策偏向支持高新技术型文化企业的发展。一般来说，对于认定的高新技术文化企业减按15%征收企业所得税。从历年的政策内容看，2009年出台的《关于支持文化企业发展若干税收政策问题的通知》，就突出了"有线电视免征营业税、为生产重点文化产品而进口国内不能生产的自用设备及配套件备件等按现行税收政策有关规定免征进口关税"等技术导向的扶持政策。而为推动文化产业与科技的融合发展，2012年出台的《国家文化科技创新工程纲要》特别强调了"文化科技类企业符合相关条件的，按规定享受高新技术企业税收优惠政策和现行有关鼓励企业技术创新和科技进步的税收优惠政策"。实际上，在这一政策导向下，伴随文化产业与科技的融合发展，越来越多的文化企业可以享受文化科技企业的税收优惠政策。最后，重点支持文化企业的原创。从 2009 年开始实施的《关于做好动漫企业认定有关工作的通知》，每年一度对重点动漫企业进行认定，到 2014 年年底为止已经实施了 6 年，从政策导向可以看出，对动漫企业的财政扶持，主要是通过重点动漫企业认定与重点动漫产品的认定，突出了鼓励、引导动漫企业致力于原创动漫作品开发、打造动漫品牌的政策取向。

表 1 - 8 　　　　关于扶持中小文化企业发展的政府补助相关政策

政策名称/颁布部门/文号	政策要点
动漫企业认定管理办法（试行）（文市发 [2008] 51 号）	按照本办法认定的动漫企业，方可申请享受《通知》规定的有关优惠和扶持政策；重点动漫产品、重点动漫企业优先享受国家及地方各项财政资金、信贷等方面的扶持政策
关于支持文化企业发展若干税收政策问题的通知（财政部、海关总署、国家税务总局 [2009] 31 号）	2010 年年底前，广播电视运营服务企业按规定收取的有线数字电视基本收视维护费，经省级人民政府同意并报财政部、国家税务总局批准，免征营业税，期限不超过 3 年；文化企业在境外演出从境外取得的收入免征营业税；属于列举的《免征营业税的有线数字电视网络企业名单》中所列举的单位根据省级物价部门有关文件规定标准收取的有线数字电视基本收视维护费，自 2010 年 1 月 1 日起 3 年内免征营业税；经广电主管部门批准的从事电影制片发行放映的电影集团公司、电影制片厂及其他电影企业取得的销售电影拷贝收入、转让电影版权收入、电影发行收入以及在农村取得的电影放映收入免征营业税与增值税；为生产重点文化产品而进口国内不能生产的自用设备及配套件备件等按现行税收政策有关规定免征进口关税
关于促进民营文艺表演团体发展的若干意见（文市函 [2009] 15 号）	积极争取设立民营文艺表演团体专项扶持资金，努力协调金融机构为民营文艺表演团体提供贷款，运用扶持资金为民营文艺表演团体提供贷款贴息服务，对优秀民营文艺表演团体实行以奖代补，大力扶持其繁荣发展
国家文化科技创新工程纲要（国科发高 [2012] 759 号）	文化科技类企业符合相关条件的，按规定享受高新技术企业税收优惠政策和现行有关鼓励企业技术创新和科技进步的税收优惠政策。综合运用资助、贷款贴息、政府购买服务等中央和地方财政投入支持方式，通过政府资金引导，带动社会资本、金融资本参与文化科技相关领域的研发和产业化

政策名称/颁布部门/文号	政策要点
关于做好动漫企业认定有关工作的通知（2009—2014）	部署动漫企业认定、重点动漫企业认定、重点动漫产品认定、动漫企业进口税收免税资格申请及动漫企业年审相关工作
关于支持小微文化企业发展的实施意见（文产发〔2014〕27号）	加大中央财政文化产业发展专项资金支持力度，完善和落实项目补助、贷款贴息、保费补贴等措施；落实提高增值税和营业税起征点、暂免征收部分小微企业增值税和营业税、小型微利企业所得税减半征收，以及免征部分小微文化企业文化事业建设费、部分艺术品进口关税减免等各项已出台的税费优惠政策。落实支持动漫企业发展的相关税收优惠政策；结合营业税改征增值税改革试点，逐步将文化服务行业纳入"营改增"试点范围

二 支持文化企业"走出去"的政府补助相关政策

2004年开始，我国就通过文化财税政策扶持文化产品出口、鼓励文化企业进入国外文化市场。例如，《关于进一步加强和改进文化产品和服务出口工作的意见》（2005）在政策导向上表明扶持外向型文化企业出口的鲜明态度，颁布了"有关部门对书报刊、影视音像制品、电子出版物、动漫和网络游戏等文化产品和服务出口采取资助方式，对战略性投资项目给予重点支持，对企业在境外提供文化劳务获得的境外收入不征营业税"等举措。总体来看，对文化企业"走出去"的扶持力度上不大、具体扶持细则不明确。而2006年颁布的《关于鼓励和支持文化产品和服务出口的若干政策》，改变了2005年的用词"加强与改进"，而鲜明提出更为积极的"鼓励与支持"，要求"中央和省级宣传文化发展专项资金与文化走出去专项资金加大对文化产品和服务出口的支持"，除了奖励开发国际文化市场的外向型文化企业，还进一步拓宽了享受免征营业税的范围。从最新政策来看，2014年实施的《推进文化创意和设计服务与相关产业融合发展的若干意见》特别强调"对国家重点鼓励的文化创意和设计服务出口实行营业税免税，对纳入增值税征收范围的国家重点鼓励的文化创意和设计服务出口实行增值税零税率或免税，对国家重点鼓励的创意和设计产品出口实行增值税零税率"的扶持举措，表明我国推动文化创意和设计服务企业提升竞争力、进入国际主流文化市场的决心。此外，支持文化产业"走出去"的相关政策还包括，对优秀的文化出口企业、优秀出口文化产品和服务项目给予 5 万—15 万元不等的奖励，对港澳文化交流重点项目给予经费扶持等。

表1-9　　　　关于推动文化企业"走出去"的政府补助相关政策

政策名称/颁布部门/文号	政策要点
关于促进商业演出展览文化产品出口的通知（文外发［2004］54 号）	对列入《国家商业演出展览文化产品出口指导目录》的项目，文化部优先考虑派出赴国外及香港、澳门特别行政区和台湾地区执行官方交流任务一次，提供项目人员、演出道具及展品自国内离境口岸到国外及香港、澳门特别行政区和台湾地区第一个演出或展览目的地及自国外及香港、澳门特别行政区和台湾地区最后一个演出或展览目的地回国的部分国际往返旅运费（经济舱、海运），负担国内文化企事业单位因推广列入指导目录项目的需要而邀请的国外及香港、澳门特别行政区和台湾地区人员在华的住宿费。项目列入指导目录并立项后，先预拨资助总额的 60% 给项目实施文化企事业单位，项目完成并验收合格后再下拨 40%
关于进一步加强和改进文化产品和服务出口工作的意见（中办发［2005］20 号）	中央有关部门和有条件的地方部门对书报刊、影视音像制品、电子出版物、动漫和网络游戏等文化产品和服务出口采取资助等方式予以支持。财政部会同有关部门通过现有经费渠道支持文化产品和服务出口的政策措施，进一步加大投入，对战略性投资项目给予重点支持。各地可利用中小企业国际市场开拓资金资助文化企业单位赴国外参展等相关活动，对企业在境外提供文化劳务获得的境外收入不征营业税；对纳税人在境外已缴纳所得税款，按现行有关规定抵扣
关于鼓励和支持文化产品和服务出口的若干政策（国办发［2006］88 号）	中央和省级宣传文化发展专项资金、文化走出去专项资金，要加大对文化产品和服务出口的支持，奖励开发国际文化市场成绩突出的企业，资助电影和音像制品的翻译、外文配音和字幕的打印制作、重点出口图书的翻译，对参加境外文化商业性演出的人员和道具的国际旅运费、参加境外博览会的场馆租金可给予一定补贴。对参加境外文化节的文化单位，可根据情况给予经费资助。利用中央外贸发展基金支持文化产品和服务出口。利用中小企业国际市场开拓资金支持文化企业在境外参展、宣传推广、培训研讨和境外投标等市场开拓活动。对企业在境外提供文化劳务取得的境外收入不征营业税，对企业向境外提供翻译劳务和进行著作权转让而取得的境外收入免征营业税，对在境外已缴纳的所得税款按现行有关规定抵扣。对从事广播影视节目在境外落地的集成播出企业，从境外取得的收入免征营业税

续表

政策名称/颁布部门/文号	政策要点
关于奖励优秀出口文化企业、优秀出口文化产品和服务项目的通知（文产发［2007］40 号）	对 9 家优秀出口文化企业给予 5 万—15 万元奖励、对 18 个优秀出口文化产品和服务项目（演出、展览类）给予 5 万—10 万元奖励
对港澳文化交流重点项目扶持办法（试行）的通知（文港澳台发［2013］34 号）	扶持领域包括演出展、人员交流、人才合作、产业贸易；每年 11 月 30 日前确定《年度对港澳文化交流重点项目》，并在文化部网站上公示后正式立项。重点项目扶持经费的使用范围主要包括：赴港澳出访项目的创作费用、策展费用、制作费用和推介费用等；人员往返港澳旅费、展品、道具等的运输费用；港澳来访项目的内地接待费用等；展品、道具等的保险费用
推进文化创意和设计服务与相关产业融合发展的若干意见（国办发［2014］10 号）	增加文化产业发展专项资金规模，加大对文化创意和设计服务企业支持力度。对经认定为高新技术企业的文化创意和设计服务企业，减按 15% 的税率征收企业所得税。对国家重点鼓励的文化创意和设计服务出口实行营业税免税。落实营业税改增值税试点有关政策，对纳入增值税征收范围的国家重点鼓励的文化创意和设计服务出口实行增值税零税率或免税，对国家重点鼓励的创意和设计产品出口实行增值税零税率

第二章 中国文化产业政府补助发展概况①

从中国文化产业政府补助相关政策梳理可以发现，近年来中央政府和各级地方政府对文化产业的重视程度与日俱增，持续出台各种政府补助扶持文化产业发展的政策文件，文化产业所获得的政府补助总量规模大幅度提升。

本章通过宏观层面的政府补助数据分析，对中国文化产业政府补助状况有一个比较全面和结构性的把握。然而，由于多头管理体制的制约，关于文化产业政府补助数据至今没有一个统一、权威的统计口径，导致这项本来应该比较简单的工作却变得有些困难。就目前关于中国文化产业的统计数据，相对而言，中宣部和国家统计局发布的《中国文化及相关产业统计年鉴》（2013）最为权威，本章就以该年鉴中能够收集到的文化产业政府补助相关数据为主进行定量分析。但是由于该年鉴关于中国文化产业政府补助相关数据并不系统完整，而是散落在不同的细目表格中，甚至也并不是完整口径的数据，因此，本章仅能给出一个大概的情况描述。

第一节 文化体育与传媒公共财政支出概况分析

一 全国：总量2000亿元以上，年均增速20.47%

2007年以来，全国文化体育与传媒公共财政支出规模呈稳步增长态势。其中，2007年用于文化体育与传媒领域的公共财政规模达898.64亿元；2008年则突破千亿元，增长率达到21.92%；2009年，中国文化体育与传媒领域的公共财政支出呈现更大幅度增长，达到1393.07亿元，比上年度增长

---

① 感谢华东政法大学文化产业管理专业刘伟同学在本章图表制作中给予的帮助。为了对中国文化产业政府补助相关数据有更为全面详细的了解，笔者将《中国文化及相关产业统计年鉴》（2013）中的有关政府补助的原始数据进行了整理，详见附录。

了 27.14%，是 2007—2012 年间增速最快的一年，这与 2009 年国家层面陆续出台了《关于支持文化企业发展若干税收政策问题的通知》、《关于文化体制改革中经营性文化事业单位转制为企业的若干税收优惠政策的通知》、《文化产业振兴规划》、《关于扶持动漫产业发展有关税收政策问题的通知》、《关于继续实行宣传文化增值税和营业税优惠政策的通知》等一系列鼓励文化产业发展的财税扶持政策有很大关系。2012 年也是中国文化产业发展的重要一年，出台了《文化部"十二五"时期文化改革发展规划》、《文化部"十二五"时期文化产业倍增计划》、《文化部"十二五"文化科技发展规划》、《国家文化科技创新工程纲要》等加快文化产业发展的制度保障，财务部等其他相关部门还出台了一系列专门财税政策，如《文化产业发展专项资金管理暂行办法》、《关于鼓励和引导民间资本进入文化领域的实施意见》等，都为文化产业领域公共财政支出规模的稳步扩大提供了保障。从数据来看，2012 年全国文化体育与传媒领域公共财政支出规模首次突破 2000 亿元，高达 2268.35 亿元（其中，中央财政支出为 193.56 亿元，地方合计为 2074.79 亿元），比 2007 年高出 152.42%。从各年间的平均增速来看，2007—2012 年的平均增速为 20.47%。

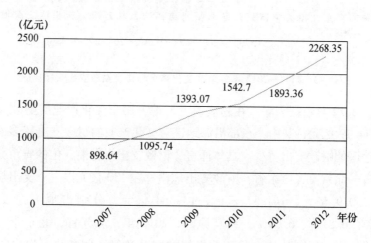

（亿元）

图 2-1　2007—2012 年全国文化产业财政支出规模比较

二　地区：广东总量最多，上海近年偏低且增速最低

2007—2012 年，不同省市在文化体育与传媒财政支出总规模上存在较大差异，财政支出规模达到 400 亿元以上的有 5 个省市，其中，广东省对文化体育与传媒的财政投入总额最多，高达 705.61 亿元，是宁夏回族自治区财政支出的 50 倍；江苏省与北京市分列第二、第三位，文化体育与传媒财政支出规模分别为 548.51 亿元、497.22 亿元；山东省与浙江省处于第四、第五位，文化体育与传媒财政支出总额在 400 亿元以上，分别为 449.6 亿元、433.61 亿元；四川省、上海市、辽宁省、河南省的文化体育与传媒财政支出规模则都在 300 亿元以上；而西藏、青海、海南与宁夏四个省份/自治区的文化体育与传媒财政支出规模介于 60 亿—90 亿元，均不足百亿元。可见，不同省市对文化体育与传媒财政支出的总量差异很大，反映出东部、中部、西部不同区域经济水平差异与文化体育与传媒财政投入的不同。

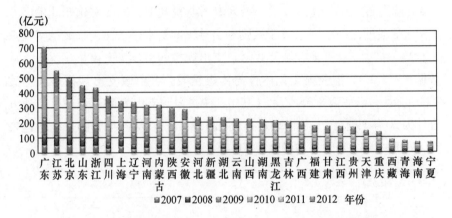

图 2-2 2007—2012 年各地区文化体育与传媒财政支出规模比较

从 2012 年数据来看，在总规模上，地方用于文化产业的财政支出共计 2074.79 亿元，其中，东部沿海地区对文化产业的财政支出较多，西部内陆地区的财政支出偏少。具体而言，财政支出排在前三位的省市分别是江苏省、北京市、广东省，财政支出规模都在 130 亿元以上，支出规模依次为 150.9 亿元、141.37 亿元、137.64 亿元，分别占地方总支出的 7.27%、6.81%、6.63%。究其原因，2012 年，江苏省、北京市、广东省都出台了一系列扶持文化产业发展的财政政策，例如北京出台了《发挥文化中心作用加快建设中国特色社会主义先进文化之都的意见》、实施了"北京市 2012 年科技与文化融合专项"、"北京市文化创新发展专项资金"，其中颁布的《关于支持文化产业创新发展的 23 条工作意见》，提出了"加快文化企业集团化发展的财政支持，扩大文化事业单位转企改制资金来源"的举措；江苏省陆续实施了《江苏省"十二五"文化发展规划》、《江苏省政府关于加快文化产业振兴若干政策的通知》；广东省出台了《广东省建设文化强省规划纲要（2011—2020年）》、《广东省"十二五"时期文化产业振兴规划》等。四川省、山东省位列第四、第五，支出规模实现了上百亿元，分别为120.70亿元、114.27亿元。特别是四川省近年加大了对文化产业发展的财税扶持力度，在顶层设计制度方面，出台了《中共四川省委关于深化文化体制改革加快建设文化强省的决定》、《四川省"十二五"文化改革发展规划》，并在出台的《四川省关于加快推进文化产业发展的意见》中提出包括"增加省级文化产业发展专项资金、设立文化产业发展专项资金……"21条鼓励与扶持文化产业发展的具体举措。与北京相比，上海、天津、重庆直辖市对文化产业的财政支出明显过低，财政支出规模分别为72.51亿元、35.85亿元、33.08亿元，其中上海对文化产业的财政支出约为北京市财政支出的一半，明显与上海文化产业发展规模与发展程度不相匹配。

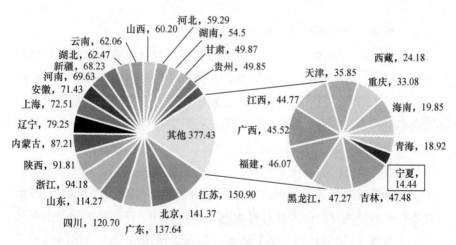

图2-3　2012年各地区文化体育与传媒财政支出规模比较

从年均增速来看，2007—2012年全国各个地方政府在文化体育与传媒方面的公共财政支出增长幅度也表现出一定的差异。辽宁、海南、陕西和四川4个省份六年来在文化体育与传媒方面的公共财政支出方面的年均增速都达到了30%以上，其中辽宁省增速最快，达到了37%。西藏、甘肃、贵州、重庆、内蒙古、云南、青海、江苏、广东、新疆10个省、市、自治区的年均增速达到了25%以上。宁夏、山西、黑龙江、天津、河南、广西、吉林、浙江和上海9个省、市、自治区地方政府在文化体育与传媒

方面的公共财政支出六年增长幅度低于 20%，其中上海市和浙江省年均
增速不足 15%，上海最低，仅为 11%。

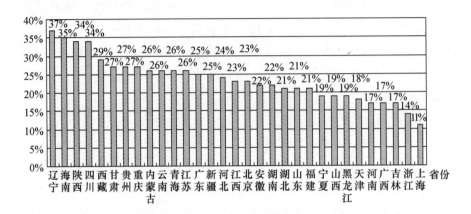

图 2 - 4　2007—2012 年各地区文化体育与传媒财政支出年均增幅

三　行业：文化类最高，新闻出版类最低

从全国历年公共财政投入文化体育与传媒不同行业的情况来看：在增
长趋势指标上，新闻出版、广播影视、文化、文物、体育及其他等行业都
呈现逐年增长趋势；但从财政支出占比指标来看，不同行业差异悬殊。以
2012 年各分行业财政投入所占比例为例，从图 2 - 5 可以看出，文化类的财
政支出比重最高，达到 35.20；排名第二的是广播影视，占比 23.18%；
而新闻出版类最低，占比仅为 3.57%，约为文化类的 1/10。具体来看，一
方面，无论就财政投入总规模而言，还是看公共财政投入增长幅度指标，
文化类行业的公共财政投入都是最大的，2007—2012 年，对文化类的财政
投入从 326.98 亿元增长到 757.1 亿元，实现了倍增，与这一期间实施了
《中央补助地方文化体育与传媒事业发展专项资金管理暂行办法》（2007）、
《中央补助地方文化体育与传媒事业发展专项资金管理暂行办法》（2008）、
《关于继续实行宣传文化增值税和营业税优惠政策的通知》（2009）、《关于
继续实行宣传文化增值税和营业税优惠政策的通知》（2011）等相关政策息
息相关。其中，2012 年增长尤为明显，比 2011 年增长了 138.36 亿元，增长
幅度达 22.36%。另一方面，对广播影视行业的财政支出规模位于第二，从
2007 年的 206.46 亿元增加至 2012 年的 537.31 亿元。其中 2011 年的财政支
出规模的增长幅度最大，高达 47.89%。此外，国家对新闻出版行业的财政

支出规模是最低的，2007 年仅支出了 47.41 亿元，占同年度总支出规模的 5%，虽然 2012 年的财政支出规模增加至 126.42 亿元，但仍然远远低于其他行业；而从 2007—2012 年财政支出规模总发展趋势看，也呈现逐年增长趋势，其中 2010 年的增长幅度最大，高达 42.29%，源于 2010 年出台的《关于进一步推动新闻出版产业发展的指导意见》、《新闻出版总署关于发展电子书产业的意见》、《关于加快中国数字出版产业发展的若干意见》等一系列财政扶持政策的助推作用。

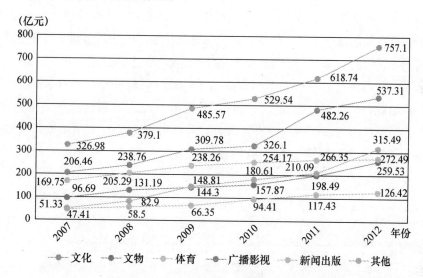

图 2－5　2007—2012 年文化体育与传媒不同行业财政支出规模比较

第二节　艺术与旅游景区财政拨款概况分析

一　艺术表演财政拨款和补贴情况分析

从全国对艺术表演机构的财政拨款总量来看，2012 年，中国对 7321 个艺术表演机构拨款 114.07 亿元，占全国艺术表演机构收入的比重高达 64.01%，足见政府对艺术表演行业的重视，另外也说明中国艺术表演行业的市场运作能力亟须提升。

从 2012 年不同地区对艺术表演行业财政拨款情况来看，财政拨款最高的地区是浙江省与四川省，财政拨款规模高达 7 亿元以上，居于第一阶梯，分别为 7.70 亿元、7.18 亿元，显示出这两大地区对艺术表演行业的扶持力度之大；北京市与上海市的财政拨款金额则达到 6 亿元以上，分别位列第三、第四位，财政拨款金额依次为 6.74 亿元、6.28 亿元，位居第二阶梯，这与北京、上海演艺产业发达、演艺企业竞争力较强相关；内蒙古、安徽、山东则居于第三阶梯，财政拨款金额均达到 5 亿元以上，其中内蒙古作为西北地区其经济发展水平较低，但对艺术表演行业的财政拨款规模如此之大，一方面，显示出政府对文化产业的高度重视；另一方面，内蒙古素有"歌乡舞海"的美誉，是西部演出联盟的"盟主"，因此民族演艺产业是内蒙古的特色产业，近些年加大对演艺产业的扶持正迎合了发展特色产业的政策导向；最后，对艺术表演给予财政拨款数量最少的省份/自治区是青海、海南与宁夏，财政拨款金额均未达到亿元。此外，在政府采购的公益演出活动中，不同省市给予的政府财政补贴也存在较大差异。政府财政补贴收入最高的是安徽省，高达 4.17 亿元，远远高于其他省市；其次是浙江省与四川省，政府财政补贴收入分别是 3.11 亿元、2.93 亿元；最后，贵州省与湖南省的政府财政补贴收入也较高，分别为 1.26 亿元、1.22 亿元，体现这些地区对文化建设的大力扶持（见图 2-6）。

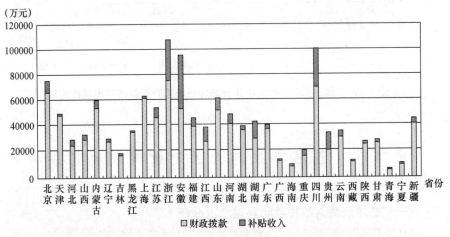

图 2-6 各地区艺术表演行业财政拨款收入与政府采购补贴收入情况

《中国文化及相关产业统计年鉴》（2013）还公布了全国各地区艺术表演场馆收入情况，其中包含财政拨款收入和艺术演出收入两个部分。据此数据可以对全国各地区政府扶持艺术表演场馆状况有一个宏观了解。统计分析显示，2012 年全国对 2364 个艺术表演场馆的财政拨款总额达到 1.33 亿元，占艺术表演场馆总收入的 19.54%。从各地区对艺术表演场馆的财政拨款规模来看，东部区域远远高于中西部区域。一方面，北京、江苏、广东、浙江、上海五大地区对艺术表演场馆的财政拨款规模大，均突破了亿元人民币。其中，北京对艺术表演场馆的财政拨款最高，高达2.20亿元，是上海对艺术表演场馆财政拨款规模的2倍；江苏省对艺术表演场馆的财政拨款规模居第2位，为1.59亿元；广东、浙江与上海对艺术表演场馆的财政拨款规模相差不大，分别为1.11亿元、1.06亿元、1.05亿元。另一方面，海南、广西对艺术表演场馆的财政拨款规模最小，均不足百万元，特别是海南，对艺术表演场馆的财政拨款仅为10万元，是所有省市最低的。此外，天津、黑龙江、青海、贵州等地区对艺术表演场馆的财政拨款也较小，均不足500万元，说明天津虽然是一个发达的直辖市，但是，对艺术表演场馆的财政扶持力度却非常低。究其原因，关键在于天津与北京距离太近，导致天津大量演艺资源向北京集聚，而天津的大量文化消费实际上也向北京转移，造成天津即使大量增加财政扶持力度可能也收效甚微。基于这一问题的分析，笔者建议在当前京津冀一体化协同发展战略背景下，应尽快对北京、天津与河北的文化产业发展进行整体思考、科学定位，对三个地区的文化产业资源进行充分整合，实现优势互补，打造京津冀一体化的文化产业发展新格局。

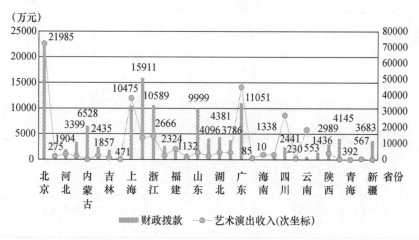

图2-7　各地区艺术表演场馆的财政拨款与艺术演出收入情况（2012年）

二　国家级风景名胜区财政拨款情况分析

《中国文化及相关产业统计年鉴》（2013）公布了国家级风景名胜区财政拨款状况，据此数据分析可以对旅游景区行业财政扶持状况有大体的把握。从国家对全国国家级风景名胜区财政拨款总量来看，2012 年拨款总额达 54.06 亿元，占国家级风景名胜区经营收入的 13.7%，可见，国家对文化旅游产业还是比较重视的。从各地的国家级风景名胜区获得国家拨款的情况来看，不同地区之间的差异较大，而且也反映出不同区域的文化旅游资源的多寡。具体来看，获得国家级风景名胜区财政拨款最多的省是浙江省，高达 10.23 亿元，突破十亿元，远远高于其他省市，这与浙江拥有数量最多的国家级风景名胜区有关（占全国的 9%，居全国首位）①；湖北省获得的国家级风景名胜区财政拨款规模居于第二位，为 8.25 亿元，从湖北省文化旅游资源来看，风景名胜区众多，拥有 6 家 5A 景区、60 余家 4A 景区与 3A 景区；四川省与湖南省分别居于第 3、第 4 位，这两个省获得的国家级风景名胜区财政拨款的规模分别为 5.32 亿元、4.62 亿元，其中四川省拥有国家级风景名胜区的面积最大，占到总面积的 17.63%；而西藏的国家拨款最少，仅有 10 万元，与其拥有较大的国家级风景名胜区的面积形成鲜明落差；此外，云南、广西、天津、甘肃获得国家级风景名胜区财政拨款的规模也较少，均不足千万元（见图 2 - 8）。

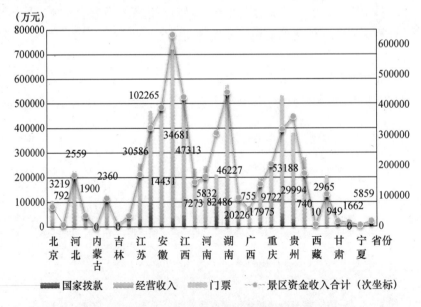

图 2 - 8　2012 年各地区国家级风景名胜区国家拨款情况

① 陈文文：《浙江拥有国家级风景名胜区的数量为全国最多》，《浙江日报》2010 年 12 月 29 日。

第三节　文化制造业财政补贴概况分析

　　从总量来看，2012 年，全国 15940 个规模以上文化制造业企业获得政府财政补贴收入规模达到 33.31 亿元，但行业间存在较大差异。2012 年，政府财政补贴规模达到 4 亿元人民币以上的有 4 个细分行业。具体来看，获得政府财政补贴规模最多的是文化用纸制造业，高达 6.88 亿元，占 2012 年总补贴规模的比重为 20.64%；位于第 2、第 3 位的则是印刷复制服务业、视听设备制造行业，获得的政府财政补贴规模分别为 5.86 亿元，5.33 亿元，占总补贴规模的比重依次是 17.60%、15.99%；工艺美术品的制造行业的政府财政补贴规模为 4.37 亿元，占 13.12%，居第 4 位。此外，获得政府财政补贴规模最小的文化制造业行业是办公用品制造业、园林与陈设艺术及其他陶瓷制品制造业，两个行业的政府财政补贴规模均不足 500 万元，仅为 293 万元、428 万元，占政府财政补贴总量的比重仅为 0.09%、0.13%。可见，从事文化制造业的高端制造领域以及相关服务行业，政府财政补贴力度相对会大一些，这反映出政府财政补贴政策引导传统的文化制造业向新技术领域、高端文化制造业发展的导向（见图 2−9）。

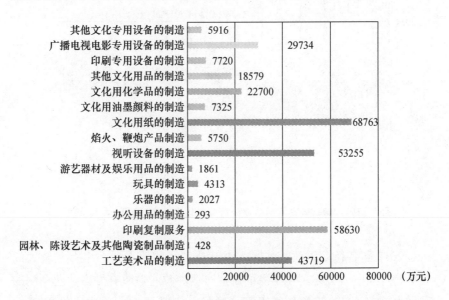

图 2−9　2012 年文化制造业分行业财政补贴情况

　　《中国文化及相关产业统计年鉴》（2013）还公布了每个行业中调查统计的企业单位数量，据此数据可以计算得到各个行业中平均每个单位获得的财政补贴收入规模，即财政补贴在各个细分行业文化制造企业中的投入强度。从图 2 - 10 可以看出，文化用化学品的制造行业是单位企业财政补贴强度最大的，平均每家企业获得的政府财政补贴收入为 120.11 万元；印刷复制服务行业总体财政补贴规模排在第 2 位，但单位企业获得财政补贴强度为 14.74 万元，则排在第 8 位；反差最大的是工艺美术品的制造行业，该行业虽然获得的财政补贴总量排在第 4 位，但是单位企业财政收入仅为 12.39 万元，排在第 11 位，这其中的原因在于该行业企业规模都相对不大而企业数量较多。鉴于此种状况，建议有关部门适度加大对工艺美术品的制造相关企业的财政补贴强度。

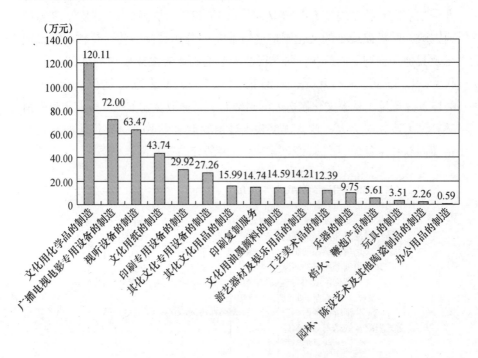

图 2 - 10　2012 年文化制造业分行业单位企业财政补贴收入情况

　　从 2012 年各行业财政补贴收入占营业利润的比重看，也存在较大的行业差异。其中，文化用化学品的制造行业的政府财政补贴占营业利润的比重最大，高达 12.37%，位于第一阶梯，究其原因，首先，根据 2012

年出台的《文化及相关产业分类》，所谓文化用化学品的制造行业主要是指文化用信息化学品的制造，与新技术的应用密不可分。其次，排在第二阶梯的是广播电视电影专用设备的制造和印刷专用设备的制造，分别占比4.22%、3.13%，均在3%以上。再次，排在第三阶梯的是政府财政补贴占营业利润比重介于2%—3%的文化用纸制造、视听设备制造业（包括电视机制造、音响设备制造与影视录放设备制造），这与上文提到的这两个行业获得的政府财政补贴总量排在第1、第3位形成鲜明对比，由此说明这两个行业的营业利润规模较大，从统计数据也可以看出，分别高达254.04亿元、248.05亿元，从而拉低了政府财政补贴占营业利润的比重。最后，2012年政府财政补贴占营业利润比重最低的三个行业是园林与陈设艺术及其他陶瓷制品制造、焰火与鞭炮产品制造、玩具制造，分别占比0.38%、0.58%、0.62%，均不足1%（见图2–11）。

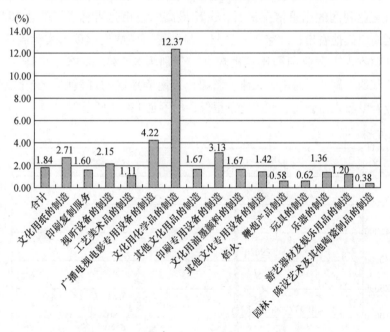

图2–11 2012年文化制造业分行业财政补贴占营业利润比重情况

从不同区域来看，规模以上文化制造企业获得的政府财政补贴收入差异也很大。总体来看，仍然呈现出东部沿海地区文化制造业获得政府财政补贴收入高于中部、西部地区状况，这与东部地区经济发达、文化制造业企业较发达有关。从区域比较来看，补贴收入最高的首先是广东省，规模以上文化制造业企业的政府财政补贴规模高达 6.64 亿元，稳稳位于第一阶梯。其次是浙江省，规模以上的文化制造业企业多达 1904 家，获得政府财政补贴的规模为 5.76 亿元，处于第二阶梯，仍然远远高于其他省市；浙江省也是文化制造业强省，特别是以浙江义乌为载体的现代制造业集聚区，开始了由"传统制造"到"现代化创造"的转型。再次是山东省、江苏省、上海市，规模以上的文化制造业企业获得政府财政补贴规模介于2 亿—3 亿元，分别为 3.49 亿元、2.96 亿元与 2.14 亿元，处于第三阶梯，这三个地区的共性是文化产业较发达，拥有规模以上的文化制造业企业数量较多，例如，江苏省拥有 2160 家规模以上文化制造业企业，山东省的规模以上文化制造业企业达 1589 家，而且还涌现出一批综合实力强的文化制造企业。最后是相对欠发达的地区青海与西藏，这两个省的政府财政补贴规模均未达到百万元。此外，从规模以上文化制造业企业补贴收入占营业利润的比重情况来看，占比最高的省市是吉林省，高达 18.5%，远远高于其他省市；北京市、贵州、新疆等区域的规模以上文化制造业企业补贴收入占营业利润比重也较高，分别为 8.4%、6.3%、6.1%；内蒙古、江西、湖北、海南、天津、新疆、云南等地区的规模以上文化制造业企业补贴收入占营业利润的比重很低，均不足 1%（见图 2 – 12）。

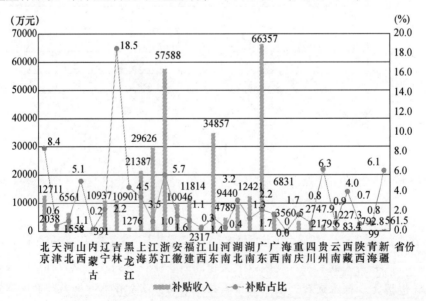

图 2 – 12　各地区规模以上文化制造业企业补贴收入与占比情况

　　然而，仅仅观察各个地区的补贴总量情况是不够的，还需要分析各个地区单位企业的财政补贴强度，以更为客观地把握实际情况。从图2－13可以看到，很多地区的单位企业排名与之前的总量排名出现了较大的差异。其中差异最大的地区是西藏，在文化制造业财政补贴收入总量排名中排在第30位，而文化制造业单位企业财政补贴收入排名大幅提升到了第6位，上升了24位；其次是新疆，上升了19位；然后是甘肃和贵州，都上升了17位；宁夏也上升了14位。显然，上述地区都是西部地区，规模以上文化制造业企业数量本身就比较少，因而在单位企业财政补贴均值排名方面有了优势。从下降情况来看，湖南省、江苏省、广东省、福建省、河南省、山东省、江西省及四川省分别下降了18位、17位、15位、14位、13位、12位和10个位次，特别是其中的江苏省和广东省，在文化制造业财政补贴收入总量排名中分别排在第4位和第1位，但是在单位企业财政补贴均值排名方面却排在了第21位和第16位。这实际上也反映出上升两个地区的文化制造业较为发达，规模以上文化制造业数量众多，因而单位企业获得政府财政补贴收入较低。

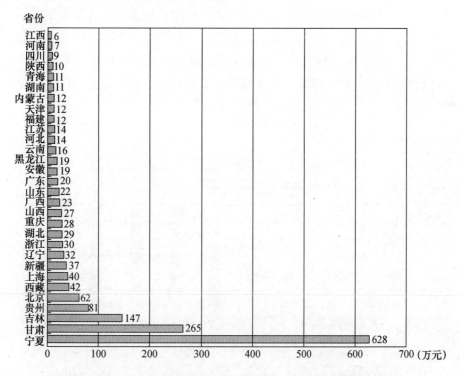

图2－13　2012年文化制造业分地区单位企业财政补贴收入情况

第四节　文化产业固定资产投资与
专项资金概况分析

一　文化产业固定资产投资国家预算资金概况

按照《中国文化及相关产业统计年鉴》（2013）中发布的文化产业固定资产投资实际到位资金看，国家预算资金总量呈现逐年增长的趋势，从 2005 年的 103.1 亿元增长到 2008 年的 285.9 亿元，即国家预算资金总量突破两百亿元用了三年时间；而从 2008 年开始，每年以百亿元的规模增加，至 2011 年已经突破 500 亿元，为 562.8 亿元，其中，2011—2012 年的涨幅最大，高达 48.7%，达到了 2012 年的 836.9 亿元。总的来看，2005—2012 年，在 8 年的时间，国家预算资金投入文化产业固定资产的规模增长了 733.8 亿元。

此外，国家预算资金在总的固定资产投资额中的比重也持续增长，2005—2012 年的国家预算资金占总固定资产投资额的比重介于 3.56%—5.15%，特别是 2010 年以来，基本稳定在 5% 左右，其中 2010 年国家预算资金占文化产业固定资产投资规模的比重最高，为 5.18%，而 2011 年国家预算资金占总固定资产投资额的比重出现小幅度回落，2012 年又呈现小幅度上升，但仍然未回到 2010 年的最高点。

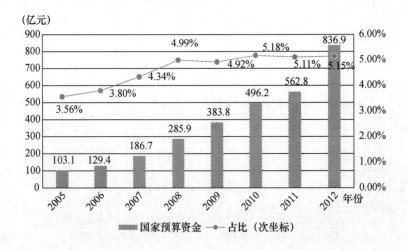

图 2-14　2005—2012 年文化产业固定资产投资及占比

二　文化产业发展专项资金概况

文化产业发展专项资金是国家和各级地方政府扶持文化产业发展最为重要的政府补助方式之一。然而由于《中国文化及相关产业统计年鉴》（2013）中没有公布文化产业发展专项资金的有关情况，这里作者根据有关的信息披露进行汇总整理基本情况如下：

中央层面，2010年，中央财政设立了文化产业专项资金10亿元。为扶持中央文化企业发展，2011—2012年，中央财政累计拨付10.6亿元支持52个央企的文化项目。① 2013年度，中央财政下拨文化产业发展专项资金48亿元，比上年度增加了41.18%，增长幅度明显，显示出加快推动文化产业成为国民经济支柱性产业的决心与扶持力度。② 2014年度，财政部下发文化产业发展专项资金50亿元扶持800个文化项目（中央文化企业191个、地方文化企业609个），比上年度增加4.2%；截至2014年11月，文化产业发展专项资金累计达192亿元，支持文化项目3300余个，对推动文化产业快速发展、优化文化资源配置与产业布局起到了重要作用。③

从地方来看，北京、上海、深圳等对文化产业的财政资助力度逐年加大。北京于2012年出台《北京市文化创新发展专项资金管理办法》，设立文化创新发展专项资金，提出"2012—2015年每年安排100亿元专项资金助力文化发展"，对事业和产业的投入比例各占50%。上海从2012年起设立上海促进文化创意产业发展财政扶持资金，重点扶持文化创意产业领域的创意设计、文化艺术、信息技术和现代服务四个方面的重点文化项目，2012年扶持122个项目（不含课题），扶持金额为2.9亿元；2013年给予245项平台项目与课题项目高达3.9亿元的财政扶持。④ 深圳2011年出台《深圳文化创意产业振兴发展规划（2011—2015年）》提出，2011—2015年每年投入5亿元用于文化创意产业发展专项资金。2012—2013年，共投入10.88亿元实施扶持计划7批次，资助988个文化项目。⑤

---

① 详见中央政府门户网站《2012年，中央财政拨付了5亿资助中央文化企业发展》，http://www.gov.cn/gzdt/2013-01/08/content_2307361.htm，2015年2月9日访问。

② 崔文苑：《中央财政48亿元支持2013年度文化产业发展》，《经济日报》2013年11月20日。

③ 怡梦：《50亿元中央财政专项资金，支持文化产业发展》，《中国艺术报》2014年11月17日。

④ 数据来自东方文创网公开的年度统计。

⑤ 数据来自2013年11月深圳文化创意产业发展专项资金扶持计划。

第三章 中国文化产业上市公司政府补助特征分析

通常情况下，学术界研究文化产业的政府扶持问题，往往从高处着眼，采用官方发布的产业统计数据进行宏观层面的分析，从而对全国以及各地区、文化产业各细分行业政府扶持状况有比较全面、综合的把握，如第二章的分析模式。然而，这种分析路径存在一个很大的问题，就是缺乏对于中国文化产业政府扶持微观企业层面的深入理解。根据国家财政部颁布的《企业会计准则第16号——政府补助》的界定，政府对于文化产业的扶持，落脚到微观企业层面，实际上主要部分都归入了政府补助范畴。要分析把握中国文化产业政府扶持状况，就必须对中国文化企业的政府补助情况进行深入分析研究。

文化产业上市公司很大程度代表了文化企业中最为先进的生产力主体，文化产业上市公司的发展状况也在很大程度上代表了中国文化产业的发展与繁荣程度。作为上市公司，在企业经营绩效和政府补助的数据披露方面，虽然也有一定的水分，但毕竟受到来自证监会、会计师事务所、各类股东、媒体及社会公众的多方监督，客观来讲，上市公司年度报告中披露的数据要比一般的产业统计数据更为真实、准确。因此，本书从本章开始，将重点结合上市公司年度报告中披露的有关数据，对中国文化产业政府补助状况及其相关重要问题进行定量研究，希望能够为社会各界认识中国文化产业政府补助问题提供新的结论和参考。

关于文化产业上市公司的研究，一些学者采用的是中国证监会对上市公司的行业分类标准。然而，该分类标准目前主要依据的是国家统计局2011年颁布的《国民经济行业分类》。在此分类中，并没有直接的文化产业类，最相关的分类是"文化、体育和娱乐业"，按照目前上市公司的业务覆盖情况，仅包含新闻和出版业，广播、电视、电影和影视录音制作业，以及文化艺术业三个细分行业。显然，这一分类并不符合当前"深化文化体制改革推动社会主义文化大发展大繁荣"的战略要求。2012 年 7 月 11 日，国家统计局正式发布《文化及相关产业分类（2012）》，对中国文化及相关产业的边界进行了重新廓清，正式从国家层面对文化及相关产业提供统一定义和明确的统计范围。因此，本书在文化产业上市公司研究样本的选取上，主要遵循国家统计局《文化及相关产业分类（2012）》的分类标准进行研究样本的甄选和数据的采集工作。

考虑在如今国际风云变幻、市场波诡云谲的时代，企业发展具有很大的偶然性，三年度的数据分析可以相对平稳地反映产业演化的趋势与规律。本书主要采用 2011—2013 年三年的国内 A 股市场文化产业上市公司的有关数据。根据国家统计局《文化及相关产业分类（2012）》的分类标准，作者对 2011—2013 年上海证券交易所和深圳证券交易所 A 股全部上市公司年报披露信息进行一一比对甄选。甄选标准主要包括三个方面：一是披露信息标准：上市公司年报披露信息"所属行业"属于文化及相关产业范畴；二是主营业务标准：在上市公司年报披露信息"主营构成"中含有文化及相关产业业务收入，并占较大比重；三是事实认定标准：某些公司虽然从严格意义上是否属于文化及相关产业存在争议，但是该公司所属地方政府在实践中将其作为当地文化及相关产业发展的重点鼓励和扶持企业。本书也将此类企业纳入研究样本。根据上述标准甄选得到中国文化产业上市公司数量为：2011 年 161 家文化产业上市公司；2012 年 171 家；2013 年 171 家。[①] 本书所使用的数据，除特别说明外，全部来自于 2011—2013 年上市公司年度报告。所有年度报告从上海证券交易所、深圳证券交易所及中国证监会指定信息披露网站"巨潮网"下载。此外，部分研究数据源于国泰安数据库（CSMAR），并参考了大智慧、网易财经、同花顺、金融界、凤凰财经等机构网站关于上市公司的披露信息。

---

① 2013 年文化产业上市公司数量与 2012 年相同的原因在于，2012 年 12 月 28 日中国证监会发布《关于做好首次公开发行股票公司 2012 年度财务报告专项检查工作的通知》，开启了号称"史上最严格"的 IPO 公司财务审查，自此至 2013 年 11 月，中国证监会 IPO 审核空窗期长达一年之久。2013 年 11 月 30 日，《中国证监会关于进一步推进新股发行体制改革的意见》发布，12 月 13 日中国证监会修订并发布《证券发行与承销管理办法》，12 月 30 日晚间有 5 家企业获得 IPO 发行批文，A 股终于告别史上最长 IPO 暂停。但搭上 2013 年 IPO 末班车的 5 家企业中并没有文化产业公司。

第一节 文化产业上市公司政府补助总体特征

一 总量与演化态势

通过对 2011 年 161 家、2012 年和 2013 年 171 家文化产业上市公司年度报告披露的政府补助数据统计汇总发现，2011 年中国文化产业上市公司合计获得 42.50 亿元政府补助，平均每家公司获得 2890.91 万元；2012 年合计获得 62.62 亿元，平均每家企业获得 3841.93 万元；而 2013 年该数字攀升到 66.41 亿元，平均每家企业获得 4000.69 万元。政府补助总量三年增长 56.28%，均值三年增长 38.39%（见表 3 - 1）。

表 3 - 1　　　　　2011—2013 年文化产业上市公司政府补助　　　单位：万元

年份	个案数	总量	均值
2011	147	424964	2890.91
2012	163	626234	3841.93
2013	166	664114	4000.69

资料来源：笔者根据上市公司年报披露数据统计整理。

二 文化产业上市公司政府补助 50 强

2011—2013 年，获得政府补助最多的前 50 家文化产业上市公司排名如表 3 - 2 所示。从表中可以发现，获得政府补助最多的企业是 TCL 集团，其次是京东方，排在第 3 位的是歌华有线；其中 TCL 集团和京东方两家公司所获政府补助三年合计总额都达到 20 亿元以上，平均每年达到 8000 万元以上，远远高于其他公司。

从 2013 年 TCL 集团公司年报财务报表附注之"五、合并财务报表项目附注"中可以发现，TCL 集团政府补助主要源于增值税退税收入（16.69%）、惠民工程节能补贴（0.01%）、废弃家电拆解补贴（5.06%）、液晶面板项目水电费补贴（9.48%）、液晶面板项目贷款贴息（7.88%）、科技发展基金及挖潜基金（17.08%）、液晶面板项目建设补贴（17.06%）、液晶产业链补贴（17.06%）、其他（8.09%）。经过合并汇总分析可以发现，退税收入和补贴收入占 TCL 集团政府补助的近 75%，而用于科研项目的比例则不足 25%。

从 2013 年京东方公司年报合并财务报表项目附注中发现，该公司政府补助主要源于与资产相关的项目贷款贴息（3.62%）、与收益相关的项目贷款贴息（18.46%）、与资产相关的其他科研项目政府补助（31.36%）和与收益相关的其他科研项目政府补助（46.56%）四个方面。合并分析发现与资产相关和与收益相关的科研项目等占 78%。进一步分析该公司年报可以发现，2013 年京东方新增专利申请 4282 件，累计可使用专利数量更是超过了 18000 件，而且该公司研发人员人均新增专利申请量已经成为全球业内第一名。因此可以初步认为，政府补助在京东方公司科技创新方面起到了重要推动作用。

表 3-2　　　2011—2013 年获政府补助最多的 50 家上市公司　　单位：万元

序号	证券代码	证券名称	企业性质	注册地址	产业分类第二层	三年合计	三年平均
1	000100	TCL 集团	国有企业	广东省	九、文化用品的生产	270961.47	90320.49
2	000725	京东方 A	国有企业	北京市	九、文化用品的生产	243049.31	81016.44
3	600037	歌华有线	国有企业	北京市	四、文化信息传输服务	114048.11	38016.04
4	000050	深天马 A	国有企业	广东省	十、文化专用设备生产	71974.98	23991.66
5	000488	晨鸣纸业	国有企业	山东省	九、文化用品的生产	64630.37	21543.46
6	600100	同方股份	国有企业	北京市	十、文化专用设备的生产	62583.41	20861.14
7	600050	中国联通	国有企业	上海市	四、文化信息传输服务	48013.90	16004.63
8	600690	青岛海尔	集体企业	山东省	九、文化用品的生产	42164.86	14054.95
9	600069	银鸽投资	国有相对控股企业	河南省	九、文化用品的生产	40355.61	13451.87
10	000069	华侨城 A	国有企业	广东省	六、文化休闲娱乐服务	38675.51	12891.84
11	600163	福建南纸	国有企业	福建省	九、文化用品的生产	37871.40	12623.80
12	601928	凤凰传媒	国有企业	江苏省	一、新闻出版发行服务	31998.44	10666.15
13	600308	华泰股份	民营企业	山东省	九、文化用品的生产	30763.31	10254.44
14	002078	太阳纸业	民营企业	山东省	九、文化用品的生产	25390.49	8463.50
15	600373	中文传媒	民营企业	江西省	一、新闻出版发行服务	25331.87	8443.96
16	000016	深康佳 A	国有相对控股企业	广东省	九、文化用品的生产	20552.22	6850.74
17	600757	长江传媒	国有企业	湖北省	一、新闻出版发行服务	18316.30	6105.43

续表

序号	证券代码	证券名称	企业性质	注册地址	产业分类第二层	三年合计	三年平均
18	002230	科大讯飞	民营企业	安徽省	九、文化用品的生产	17932.05	5977.35
19	300027	华谊兄弟	民营企业	浙江省	二、广播电视电影服务	17214.01	5738.00
20	601098	中南传媒	国有企业	湖南省	一、新闻出版发行服务	15803.06	5267.69
21	600567	山鹰纸业	民营企业	安徽省	九、文化用品的生产	12639.71	4213.24
22	600655	豫园商城	民营企业	上海市	七、工艺美术品的生产	12494.88	4164.96
23	601999	出版传媒	国有企业	辽宁省	一、新闻出版发行服务	12172.45	4057.48
24	002241	歌尔声学	民营企业	山东省	九、文化用品的生产	10912.30	3637.43
25	300133	华策影视	民营企业	浙江省	二、广播电视电影服务	10547.47	3515.82
26	300144	宋城股份	民营企业	浙江省	六、文化休闲娱乐服务	10250.70	3416.90
27	600707	*ST彩虹	国有企业	陕西省	十、文化专用设备的生产	9548.66	3182.89
28	002415	海康威视	国有企业	浙江省	九、文化用品的生产	8961.98	2987.33
29	600612	老凤祥	国有企业	上海市	七、工艺美术品的生产	8826.58	2942.19
30	002052	同洲电子	民营企业	广东省	十、文化专用设备的生产	8792.88	2930.96
31	600637	百视通	国有企业	上海市	四、文化信息传输服务	8776.63	2925.54
32	300058	蓝色光标	民营企业	北京市	五、文化创意和设计服务	8572.15	2857.38
33	600551	时代出版	国有企业	安徽省	一、新闻出版发行服务	8119.20	2706.40
34	000839	中信国安	国有企业	北京市	四、文化信息传输服务	8005.13	2668.38
35	600793	ST宜纸	国有企业	四川省	九、文化用品的生产	7940.27	2646.76
36	002420	毅昌股份	民营企业	广东省	五、文化创意和设计服务	7721.96	2573.99
37	600210	紫江企业	民营企业	上海市	八、文化产品生产的辅助生产	7260.12	2420.04
38	000917	电广传媒	国有企业	湖南省	四、文化信息传输服务	7006.91	2335.64
39	601519	大智慧	民营企业	上海市	四、文化信息传输服务	6918.90	2306.30
40	002315	焦点科技	民营企业	江苏省	四、文化信息传输服务	6759.54	2253.18
41	000514	渝开发	国有企业	重庆市	八、文化产品生产的辅助生产	6160.98	2053.66
42	002308	威创股份	中外合资企业	广东省	十、文化专用设备的生产	5892.69	1964.23
43	600825	新华传媒	国有企业	上海市	一、新闻出版发行服务	5797.42	1932.47
44	300079	数码视讯	民营企业	北京市	十、文化专用设备的生产	5734.93	1911.64
45	000801	四川九洲	国有企业	四川省	十、文化专用设备的生产	5696.14	1898.71

续表

序号	证券代码	证券名称	企业性质	注册地址	产业分类第二层	三年合计	三年平均
46	600832	东方明珠	国有企业	上海市	四、文化信息传输服务	5606.24	1868.75
47	002376	新北洋	国有企业	山东省	十、文化专用设备的生产	5569.69	1856.56
48	002565	上海绿新	民营企业	上海市	八、文化产品生产的辅助生产	5537.24	1845.75
49	000815	*ST美利	国有企业	宁夏回族自治区	九、文化用品的生产	5226.12	1742.04
50	002045	国光电器	民营企业	广东省	九、文化用品的生产	4773.94	1591.31

注：（1）本表综合 2011 年、2012 年和 2013 年全部上市公司获得政府补助数据得到。
（2）因某些上市公司三年政府补助数据有缺失，为保证真实性，将含有缺失值的上市公司剔除，最后实际参与比较的公司数量为 143 家。

第二节　文化产业上市公司政府补助基本特征

一　政府补助按企业所有制性质分布特征

本书对 2011—2013 年政府补助在不同所有制性质上市公司间的分布特征进行了统计分析，可以发现：

一是国有文化企业所获得的政府补助最多，占 70% 以上。虽然国有企业数量 50—60 家，并不是最多的（不含缺失企业），但是其获得的政府补助总额却将从 2011 年的近 30 亿元快速增加到 2013 年的 50.63 亿元，所占比重从将近 70% 攀升至 76.2%。平均每家企业获得的政府补助金额也从 2011 年的 5771.99 万元增加到 2013 年的 8438.67 万元。无论是总量还是均值都远远高于其他类型的企业。

二是民营企业总量排第二，增幅较大；但均值比重出现下降态势。虽然民营企业的数量最多，但其所获得的政府补助总额 2011 年仅达到 9.36 亿元，仅占到 22.01%，不足国有企业的 1/3；均值也仅有 1075.34 万元。2012 年虽然有了大幅度增长，总量达到 13 亿多元，均值提升到 1409.14 万元，但比重降至 20.93%；2013 年总量降至 12.89 亿元，均值也回落到 1342.82 万元，占比更是下降到 20% 以下。

表 3 - 3 　　　　2011 年文化产业上市公司政府补助所有制分布　单位：万元、%

企业性质	个案数	补助额合计	占比	均值
国有企业	51	294371.65	69.27	5771.99
国有相对控股企业	3	6614.64	1.56	2204.88
集体企业	2	26656.66	6.27	13328.33
民营企业	87	93554.18	22.01	1075.34
中外合资企业	4	3766.69	0.89	941.67
总计	147	424963.82	100.00	2890.91

表 3 - 4 　　　　2012 年文化产业上市公司政府补助所有制分布　单位：万元、%

企业性质	个案数	补助额合计	占比	均值
国有企业	60	440178.66	70.29	7336.31
国有相对控股企业	3	45593.35	7.28	15197.78
集体企业	2	5526.48	0.88	2763.24
民营企业	93	131050.37	20.93	1409.14
中外合资企业	5	3885.25	0.62	777.05
总计	163	626234.11	100.00	3841.93

表 3 - 5 　　　　2013 年文化产业上市公司政府补助所有制分布　单位：万元、%

企业性质	个案数	补助额合计	占比	均值
国有企业	60	506320.29	76.24	8438.67
国有相对控股企业	3	11335.67	1.71	3778.56
集体企业	2	11735.70	1.77	5867.85
民营企业	96	128911.05	19.41	1342.82
中外合资企业	5	5811.48	0.88	1162.30
总计	166	664114.19	100.00	4000.69

　　为了进一步确认上述分布特征可靠性，首先采用单因素方差分析（One - Way ANOVA）方法进行政府补助分布差异的统计分析。为了让统计意义更为显著，并且避免重复分析，这里将 2011—2013 年三年的数据合并到一起进行统计分析。单因素方差分析结果（见表 3 - 6）显示，检验统计量 F 为 8.444，对应的 P 值小于 0.001，说明差异是显著的，即不同企业所有制性质的文化产业上市公司在获得政府补助方面是不同的，而且这种不同是显著的。

表 3 - 6　　　　　　　　　　　　　　单因素方差分析

	平方和	Df	均方	F	显著性
组间	4059020762. 430	4	1014755190. 608	8. 444	0. 000
组内	56601162254. 780	471	120172319. 012		
总数	60660183017. 210	475			

　　对于国有企业、国有控股企业、集体企业、民营企业以及中外合资企业五种不同的公司企业性质,是否彼此之间都有显著性差异?还是部分之间有差异?需要进一步采用多重比较方法进行探究。

　　目前,关于多重比较的方法有很多,这里,采用最灵敏的 LSD 法(Least – Significance – Difference Method)进行研究。[1] 经过多重比较分析(结果如表 3 – 7 所示)发现,国有企业与民营企业之间的显著性水平远小于 0.001,表明差异在 1% 的显著性水平下显著,说明国有企业和民营企业在获得政府补助方面的差异具有统计学意义;同时还可以发现中外合资企业与国有企业间的 P 为 0.039,说明差异在 5% 的显著性水平下具有统计学意义。

　　由上述分析可以认为,国有文化企业在获得政府补助方面比民营文化企业和中外合资文化企业都具有明显的优势。

表 3 - 7　　　　　　　　　　　不同企业性质的多重比较

(I) 企业性质	(J) 企业性质	均值差 (I - J)	标准误差	显著性	95% 置信区间	
					下限	上限
国有企业	国有相对控股企业	196. 14655	3749. 03214	0. 958	- 7170. 7518	7563. 0449
	集体企业	- 63. 25345	4553. 18371	0. 989	- 9010. 3205	8883. 8136
	民营企业	5975. 69959 *	1066. 85006	0. 000	3879. 3249	8072. 0743
	中外合资企业	6294. 88036 *	3047. 37578	0. 039	306. 7461	12283. 0146
国有相对 控股企业	国有企业	- 196. 14655	3749. 03214	0. 958	- 7563. 0449	7170. 7518
	集体企业	- 259. 40000	5777. 64656	0. 964	- 11612. 5529	11093. 7529
	民营企业	5779. 55304	3713. 20439	0. 120	- 1516. 9433	13076. 0494
	中外合资企业	6098. 73381	4683. 61153	0. 194	- 3104. 6256	15302. 0932

　　[1]　张文彤、闫洁:《SPSS 统计分析基础教程》,高等教育出版社 2004 年版,第 267 页。

续表

（I） 企业性质	（J） 企业性质	均值差 （I－J）	标准误差	显著 性	95%置信区间	
					下限	上限
集体企业	国有企业	63. 25345	4553. 18371	0. 989	－8883. 8136	9010. 3205
	国有相对控股企业	259. 40000	5777. 64656	0. 964	－11093. 7529	11612. 5529
	民营企业	6038. 95304	4523. 72930	0. 183	－2850. 2357	14928. 1417
	中外合资企业	6358. 13381	5349. 06131	0. 235	－4152. 8434	16869. 1110
民营企业	国有企业	－5975. 69959 *	1066. 85006	0. 000	－8072. 0743	－3879. 3249
	国有相对控股企业	－5779. 55304	3713. 20439	0. 120	－13076. 0494	1516. 9433
	集体企业	－6038. 95304	4523. 72930	0. 183	－14928. 1417	2850. 2357
	中外合资企业	319. 18077	3003. 18898	0. 915	－5582. 1258	6220. 4874
中外合资企业	国有企业	－6294. 88036 *	3047. 37578	0. 039	－12283. 0146	－306. 7461
	国有相对控股企业	－6098. 73381	4683. 61153	0. 194	－15302. 0932	3104. 6256
	集体企业	－6358. 13381	5349. 06131	0. 235	－16869. 1110	4152. 8434
	民营企业	－319. 18077	3003. 18898	0. 915	－6220. 4874	5582. 1258

注：* 均值差的显著性水平为0. 05。

二 政府补助按文化产业细分行业分布特征

本书首先按照国家统计局《文化及相关产业分类（2012）》划分的十个文化及相关行业大类进行政府补助的行业分布特征分析，具体结论如下：

一是三年来四大行业在总量和均值方面始终保持前四名，分别是"九、文化用品的生产"、"十、文化专用设备的生产"、"四、文化信息传输服务"以及"一、新闻出版发行服务"。

二是三年来文化用品的生产行业始终保持第一名，而且比重都在50%以上，均值也都是所有细分行业中最高的。

三是三年来文化专用设备的生产行业均值始终保持在第二位。文化信息传输服务行业基本维持在第三位（除2012年外）。新闻出版发行服务行业均值与文化信息传输服务行业不相上下，在2012年超过了该行业。可见政府对于新闻出版发行服务行业和文化信息传输服务行业都非常重视，也都给予了重点补助。

四是"文化创意和设计服务"行业、"文化产品生产的辅助生产"行业和"工艺美术品的生产"行业排在了倒数后三位。2014年2月26日，国务院印发《关于推进文化创意和设计服务与相关产业融合发展的若干意

表3-8　　2011—2013年文化产业上市公司政府补助行业比较（产业分类第二层）

单位：万元，%

产业分类第二层	2011年			2012年			2013年			三年平均		
	总量	比重	均值	总量	比重	均值	总量	比重	均值	总量平均	比重平均	均值平均
九、文化用品的生产	230094.45	54.10	5752.36	369334.31	59.00	8589.17	333423.32	50.20	7754.03	310950.69	54.43	7365.19
十、文化专用设备的生产	51139.15	12.00	3409.28	59957.84	9.60	4282.70	73212.06	11.00	4575.75	61436.35	10.87	4089.24
四、文化信息传输服务	66552.56	15.70	2773.02	81909.47	13.10	3033.68	96694.97	14.60	3581.30	81719.00	14.47	3129.33
一、新闻出版发行服务	35241.27	8.30	2349.42	47816.23	7.60	3187.75	49087.67	7.40	3272.51	44048.39	7.77	2936.56
二、广播电视电影服务	6966.05	1.60	995.15	16224.22	2.60	1622.42	21979.58	3.30	2197.96	15056.62	2.50	1605.18
六、文化休闲娱乐服务	4735.58	1.10	473.56	11091.64	1.80	924.30	45536.97	6.90	3252.64	20454.73	3.27	1550.17
七、工艺美术品的生产	7942.98	1.90	992.87	10030.81	1.60	1253.85	13530.36	2.00	1503.37	10501.38	1.83	1250.03
八、文化产品生产的辅助生产	13717.15	3.20	1055.17	14418.89	2.30	901.18	14691.66	2.20	979.44	14275.90	2.57	978.60
五、文化创意和设计服务	8574.63	2.00	571.64	15450.7	2.50	858.37	15957.6	2.40	938.68	13327.64	2.30	789.57
总计	424963.82	100.00	2890.9103	626234.11	100.00	3841.93	664114.19	100.00	4000.69	571770.71	100.00	3577.84

见》（国发［2014］10 号），特别指出，文化创意和设计服务产业是"提升国家文化软实力和产业竞争力的重大举措，是发展创新型经济、促进经济结构调整和发展方式转变、加快实现由'中国制造'向'中国创造'转变的内在要求，是促进产品和服务创新、催生新兴业态、带动就业、满足多样化消费需求、提高人民生活质量的重要途径"。目前的该行业的政府扶持力度明显不足，需要予以加强。

为了对细分行业有一个更深入认识，这里根据国家统计局对文化及相关产业划分进一步深入到第三层，进行第三层细分行业的政府补助分布特征分析。结果发现：

"视听设备的制造"行业获得的政府补助最高，平均每家企业每年获得 5540.44 万元。该细分行业实际上属于产业分类第二层中的"文化用品的生产"行业。根据国家统计局对于该行业的界定，视听设备的制造实际上包含了电视机制造、音响设备制造和影视录放设备制造三个行业，公司排名中最高的 TCL 集团、京东方等公司都涵盖其中。

"增值电信服务（文化部分）"、"广播电视传输服务"、"文化用纸的制造"、"广播电视电影专用设备的制造"以及"出版服务"五个行业平均每家企业每年获得的政府补助金额都超过了 1000 万元。

"文化创意和设计服务"行业中，专业设计服务行业相对获得政府补助最高，每家企业年均获得 858 万元的政府补助；广告服务行业仅排在第 16位，企业年均获得 338.2 万元的政府补助；文化软件服务行业则排在了第 21 位，企业年均获得 261.92 万元的政府补助；建筑设计行业相对最低，排在了第 25 位，企业年均获得 149.56 万元的政府补助（见表 3－9）。

表 3－9　　　　　　2011—2013 年文化产业上市公司政府补助

行业比较（产业分类第三层）　　　　单位：万元、%

序号	产业分类第三层	总量	比重	均值
1	视听设备的制造	227158.16	39.73	5540.44
2	增值电信服务（文化部分）	17835.5	3.12	2229.44
3	广播电视传输服务	48143.43	8.42	2005.98
4	文化用纸的制造	76936.49	13.46	1972.73
5	广播电视电影专用设备的制造	59234.81	10.36	1518.84
6	出版服务	41149.27	7.20	1055.11
7	专业设计服务	2573.99	0.45	858

·续表

序号	产业分类第三层	总量	比重	均值
8	工艺美术品的销售	5145.75	0.90	857.63
9	电影和影视录音服务	13020.47	2.28	685.29
10	其他文化专用设备的制造	1856.56	0.32	618.85
11	景区游览服务	20101.92	3.52	609.15
12	会展服务	2173.66	0.38	543.42
13	发行服务	2899.12	0.51	483.19
14	其他文化辅助生产	823.05	0.14	411.53
15	互联网信息服务	15740.06	2.75	342.18
16	广告服务	4058.44	0.71	338.2
17	其他文化用品的制造	2006.82	0.35	334.47
18	工艺美术品的制造	4796.01	0.84	299.75
19	印刷复制服务	11279.19	1.97	296.82
20	乐器的制造	1053.03	0.18	263.26
21	文化软件服务	3404.92	0.60	261.92
22	广播电视服务	2036.15	0.36	254.52
23	文化用化学品的制造	677.94	0.12	225.98
24	园林、陈设艺术及其他陶瓷制品的制造	559.62	0.10	186.54
25	建筑设计服务	3290.3	0.58	149.56
26	办公用品的制造	857.21	0.15	142.87
27	玩具的制造	1681.41	0.29	140.12
28	娱乐休闲服务	352.81	0.06	117.6
29	印刷专用设备的制造	344.97	0.06	114.99
30	文化用油墨颜料的制造	507.2	0.09	56.36
31	文具乐器照相器材的销售	60.2	0.01	20.07
32	焰火、鞭炮产品的制造	12.24	0.00	4.08
	总计	571770.71	100.00	1201.2

三 政府补助按实际控制人分布特征

本书根据《上市公司收购管理办法》、沪深两个交易所《股票上市规则》、《中小企业板上市公司控股股东、实际控制人行为指引》等文件,结合前人研究,根据实际控制人性质将其划分为六大类:中央政府、地方政府、事业单位、国有企业、民营企业、自然人。归类为中央政府的类型包括：国务院国有资产监督管理委员会；国家部委；归类为地方政府的类型包括：地方政府（如某省政府、市政府等）；地方政府国有资产管理委员会；地方政府机关部门及其派出机构（如开发区管委会）；归类为事业单位的目前主要是中央电视台；归类为国有企业的有：公司年报中披露信息显示为公司，而且公司的性质为国有企业的，包括国有独资公司、国有控股公司等，如某某广播电视集团等；归类为民营企业的有：公司年报中披露信息显示为公司，而且公司的性质为民营企业的，如上海复星产业投资有限公司等；归类为自然人的有：公司年报中披露信息显示为一位或多位自然人的，如王忠军、王忠磊等。

统计分析显示，2011—2013 年，实际控制人为自然人的文化产业上市公司数量最多，占比都达到了 58% 以上。地方政府控制的上市公司数量次之，2012 年以来占比达到 24% 以上。国有企业控制的上市公司数量排在第三位，同时会发现 2011—2012 年的变化很大，原因在于有多家上市公司在 2011 年年报中披露的实际控制人为国有企业，但是到了 2012 年实际控制人更改为地方政府，例如粤传媒 2011 年年报披露的实际控制人为广州日报社（控制人类型为国有企业），2012 年更改为广州市国有经营性文化资产监督管理办公室（控制人类型为地方政府）。此外，还可以发现，事业单位和民营企业控制的企业数量仅有 1—2 家（见表 3 – 10）。

表 3 – 10　　　　2011—2013 年实际控制人控制的上市公司数量　　　单位：个、%

实际控制人类型	2011 年		2012 年		2013 年	
	个案数	比重	个案数	比重	个案数	比重
中央政府	7	4.79	11	6.79	9	5.49
地方政府	24	16.44	40	24.69	40	24.39
事业单位	1	0.68	1	0.62	1	0.61
国有企业	26	17.81	15	9.26	16	9.76
民营企业	2	1.37	1	0.62	1	0.61
自然人	86	58.90	94	58.02	97	59.15
总计	146	100.00	162	100.00	164	100.00

注：本表数量为去除含有缺失值的公司。

通过对 2011—2013 年文化产业上市公司获得政府补助按实际控制人分布情况的对比分析发现：

实际控制人为政府的公司获得了相对最高的政府补助。从表 3 – 11 可

表3-11　2011~2013年文化产业上市公司政府补助按实际控制人分布

单位：万元，%

控制人类型	2011年			2012年			2013年			三年平均		
	总量	比重	均值	总量	比重	均值	总量	比重	均值	总量	比重	均值
中央政府	50506.93	13.70	7215.28	79421	14.56	7220.09	128698.68	24.33	14299.85	86208.87	17.53	9578.41
地方政府	54782.89	14.86	2282.62	306774.2	56.24	7669.36	214675.06	40.58	5366.88	192077.38	37.22	5106.28
国有企业	175541.62	47.61	6751.6	44452.64	8.15	2963.51	59845.47	11.31	3740.34	93279.91	22.36	4485.15
民营企业	4339.29	1.18	2169.65	3735.82	0.68	3735.82	4469.77	0.84	4469.77	4181.63	0.90	3458.41
自然人	83347.43	22.60	969.16	110523.4	20.26	1175.78	120693.81	22.81	1244.27	104854.88	21.89	1129.73
事业单位	200.1	0.05	200.1	613.59	0.11	613.59	646.55	0.12	646.55	486.75	0.10	486.75
总计	368718.26	100.00	2525.47	545520.65	100.00	3367.41	529029.34	100.00	3225.79	481089.42	100.00	3039.56

注：黑体部分表示因实际控制人为民营企业和事业单位的上市公司只有1~2家，代表性不强，故不作分析。

以看到，中央政府作为实际控制人的文化产业上市公司获得的政府补助最高，平均每家企业的补助强度接近 1 个亿；地方政府位居第二，均值达到 5000 万以上。实际控制人为国有企业的，获得的政府补助均值为 4485.15 万元，位居第三；实际控制人为自然人的位居倒数第二，平均每家企业仅获得 1129.73 万元。

三年变化趋势显示，实际控制人为自然人的公司获得的政府补助呈现一定上升态势。从三年来的数据变化情况可以看出，2011 年自然人控制的上市公司仅获得 969.16 万元的政府补助，2012 年提升到 1175.78 万元，提升了 21.32%，到 2013 年增加至 1244.27 万元，增加了近 6%。

这里进一步通过单因素方差和多重比较研究对上述差异进行验证分析。单因素方差分析显示，F 统计量达到 8.869，对应 P 值小于 0.001，说明实际控制人的不同类型在上市公司获得政府补助方面确实引起了显著性的差异。

表 3 - 12　　　　　　　　　　单因素方差分析（实际控制人）

	平方和	Df	均方	F	显著性
组间	3017506286.356	5	603501257.271	8.869	0.000
组内	31778625322.664	467	68048448.228		
总数	34796131609.021	472			

通过多重比较分析，可以发现：

实际控制人为中央政府的企业在获得政府补助方面与其他类型企业相比具有显著性差异。从显著性水平结果可以看到，实际控制人类型为中央政府的，与实际控制人为地方政府、国有企业和自然人之间的差异都在 5% 的显著性水平下显著。

实际控制人为地方政府的企业在获得政府补助方面与中央政府和自然人两种控制人类型间存在显著差异。

实际控制人为自然人的上市公司，在获得政府补助方面明显低于政府和国有企业，该结论获得了多重比较分析的验证。从结果可以看到，实际控制人为自然人的与中央政府和地方政府间的差异显著性水平都远小于 0.001，说明差异在 1% 的显著性水平下显著；与国有企业的显著性水平小于 0.05，说明在 5% 的水平下存在显著差异。

表 3 - 13　　　　　　　　　多重比较分析（实际控制人）

(I) 企业性质	(J) 企业性质	均值差 (I - J)	标准误差	显著 性	95%置信区间	
					下限	上限
中央政府	地方政府	4038. 06958 *	1781. 74771	0. 024	536. 8342	7539. 3050
	事业单位	9092. 01667	5020. 27180	0. 071	- 773. 1024	18957. 1357
	国有企业	4735. 27833 *	1921. 86420	0. 014	958. 7061	8511. 8506
	民营企业	6442. 54333	4419. 55031	0. 146	- 2242. 1239	15127. 2106
	自然人	8443. 15091 *	1663. 12211	0. 000	5175. 0216	11711. 2803
地方政府	中央政府	- 4038. 06958 *	1781. 74771	0. 024	- 7539. 3050	- 536. 8342
	事业单位	5053. 94708	4830. 85169	0. 296	- 4438. 9507	14546. 8449
	国有企业	697. 20875	1351. 87319	0. 606	- 1959. 2988	3353. 7163
	民营企业	2404. 47375	4203. 14454	0. 568	- 5854. 9439	10663. 8914
	自然人	4405. 08133 *	948. 66974	0. 000	2540. 8914	6269. 2712
事业单位	中央政府	- 9092. 01667	5020. 27180	0. 071	- 18957. 1357	773. 1024
	地方政府	- 5053. 94708	4830. 85169	0. 296	- 14546. 8449	4438. 9507
	国有企业	- 4356. 73833	4884. 26711	0. 373	- 13954. 6004	5241. 1238
	民营企业	- 2649. 47333	6300. 39111	0. 674	- 15030. 0995	9731. 1528
	自然人	- 648. 86575	4788. 36907	0. 892	- 10058. 2828	8760. 5513
国有企业	中央政府	- 4735. 27833 *	1921. 86420	0. 014	- 8511. 8506	- 958. 7061
	地方政府	- 697. 20875	1351. 87319	0. 606	- 3353. 7163	1959. 2988
	事业单位	4356. 73833	4884. 26711	0. 373	- 5241. 1238	13954. 6004
	民营企业	1707. 26500	4264. 42976	0. 689	- 6672. 5815	10087. 1115
	自然人	3707. 87258 *	1191. 18066	0. 002	1367. 1350	6048. 6102
民营企业	中央政府	- 6442. 54333	4419. 55031	0. 146	- 15127. 2106	2242. 1239
	地方政府	- 2404. 47375	4203. 14454	0. 568	- 10663. 8914	5854. 9439
	事业单位	2649. 47333	6300. 39111	0. 674	- 9731. 1528	15030. 0995
	国有企业	- 1707. 26500	4264. 42976	0. 689	- 10087. 1115	6672. 5815
	自然人	2000. 60758	4154. 24774	0. 630	- 6162. 7250	10163. 9402
自然人	中央政府	- 8443. 15091 *	1663. 12211	0. 000	- 11711. 2803	- 5175. 0216
	地方政府	- 4405. 08133 *	948. 66974	0. 000	- 6269. 2712	- 2540. 8914
	事业单位	648. 86575	4788. 36907	0. 892	- 8760. 5513	10058. 2828
	国有企业	- 3707. 87258 *	1191. 18066	0. 002	- 6048. 6102	- 1367. 1350
	民营企业	- 2000. 60758	4154. 24774	0. 630	- 10163. 9402	6162. 7250

四 政府补助按注册地址分布特征

第二章通过对《中国文化及相关产业统计年鉴》（2013）发布的各个地区在文化产业方面的公共财政支出、财政拨款、预算资金、财政补贴等数据分析，了解了全国及各个地方政府对文化产业政府补助基本状况，这一研究路径是自上而下的。本章采用自下而上的分析路径，即通过对文化产业上市公司层面实际获得的政府补助数据，按照公司注册地址反推各个地区对文化产业的政府补助情况，希望能够对各个地区文化产业政府补助状况有更进一步的了解和把握。通过对 2011—2013 年文化产业上市公司政府补助从注册地址分布特征分析，可以发现（见表 3-14）①：

山东、北京、广东三个省市企业获得的政府补助最高。从三年均值来看，山东省达到了 7342.91 万元，位列第一，然而从变化趋势来看，却是存在逐年递减的趋势，2011—2013 年下降了 35.08%。北京市对文化产业上市公司的政府补助排在前三位，达到 6471.26 万元。广东省紧随其后，达到 5104.51 万元，而且从趋势来看，三年来广东省对文化产业上市公司的政府补助连年增长，增长幅度达到 89.44%。

上海文化产业上市公司获得的政府补助排在第 8 位，并且呈现出逐年增长态势，从 2011 年的 1930.66 万元增长到 2013 年的 3534.81 万元，增长了 83.09%。而江苏省的文化产业上市公司平均获得的政府补助为 1987.3 万元，排在第 11 位，并呈现连续下降态势，三年来下降了 37.54%。这与前面第二章分析发现的江苏省在文化制造业单位企业财政补贴不高的结论是基本一致的。

湖南、浙江、陕西、四川 4 个省的文化产业上市公司获得的政府补助相对而言，处于较低的位置，均值都不足 2000 万元。在第二章分析过程中也发现，湖南、陕西、四川等省份在文化制造业单位企业财政补贴排名同样处于相对较为落后的位置。虽然四川省在文化体育与传媒公共财政支出中的总量较高，排在第 6 位，但是结合这里对于文化产业上市公司层面的政府补助均值分析，可以认为上述省份需要进一步加强对于文化产业的政府补助扶持力度。

为了对各省市自治区在文化产业上市公司获得政府补助方面差异的统

---

① 这里仅对含有 3 家以上上市公司的省市自治区进行分析。

表3-14 2011—2013年政府补助按注册地址分布

单位：万元、%

注册地址	2011年			2012年			2013年			三年平均		
	总量	比重	均值	总量	比重	均值	总量	比重	均值	总量	比重	均值
1 山东省	73368.67	17.26	9171.08	55229.8	8.82	6903.73	53585.17	8.07	5953.91	60727.88	11.38	7342.91
2 河南省	3161.56	0.74	1580.78	37199.93	5.94	18599.97	3132.99	0.47	1566.5	14498.16	2.39	7249.08
3 北京市	121509.15	28.59	5523.14	182683.15	29.17	7026.28	178473.11	26.87	6864.35	160888.47	28.21	6471.26
4 广东省	114981.45	27.06	3709.08	155646.84	24.85	4577.85	245930.63	37.03	7026.59	172186.31	29.65	5104.51
5 江西省	1947.87	0.46	973.94	16837.01	2.69	8418.51	6099.2	0.92	3049.6	8294.69	1.36	4147.35
6 湖北省	5676.91	1.34	2838.46	7019.31	1.12	3509.66	8745.75	1.32	2915.25	7147.32	1.26	3087.79
7 安徽省	13025.73	3.07	2605.15	12647.28	2.02	2529.46	17488.24	2.63	3497.65	14387.08	2.57	2877.42
8 上海市	28959.92	6.81	1930.66	40923.68	6.53	2407.28	60091.7	9.05	3534.81	43325.1	7.47	2624.25
9 辽宁省	2968	0.70	2968	4865.53	0.78	2432.77	4630.44	0.70	2315.22	4154.66	0.72	2572
10 福建省	3873.96	0.91	553.42	39151.98	6.25	5593.14	5272.11	0.79	753.16	16099.35	2.65	2299.91
11 江苏省	21022.75	4.95	2335.86	17336.34	2.77	2167.04	11672.08	1.76	1459.01	16677.06	3.16	1987.3
12 宁夏回族自治区	1049.18	0.25	1049.18	4104.57	0.66	4104.57	72.37	0.01	72.37	1742.04	0.30	1742.04
13 湖南省	7890.59	1.86	1315.1	6575.27	1.05	1095.88	14374.57	2.16	2395.76	9613.48	1.69	1602.25
14 重庆市	3502.59	0.82	1751.3	2146.19	0.34	1073.1	1570.63	0.24	785.32	2406.47	0.47	1203.24

续表

注册地址	2011年 总量	2011年 比重	2011年 均值	2012年 总量	2012年 比重	2012年 均值	2013年 总量	2013年 比重	2013年 均值	三年平均 总量	三年平均 比重	三年平均 均值
15 贵州省	—	—	—	1412.7	0.23	1412.7	964.08	0.15	964.08	1188.39	0.19	1188.39
16 浙江省	16193.28	3.81	899.63	24690.19	3.94	1175.72	31167.71	4.69	1484.18	24017.06	4.15	1186.51
17 陕西省	1605.99	0.38	401.5	3059.96	0.49	611.99	11075.04	1.67	2215.01	5247	0.84	1076.17
18 四川省	1924.14	0.45	384.83	9204.31	1.47	1840.86	5515.65	0.83	919.28	5548.03	0.92	1048.32
19 广西壮族自治区	1139.55	0.27	1139.55	1136.53	0.18	1136.53	822.13	0.12	822.13	1032.74	0.19	1032.74
20 黑龙江省	6.2	0.00	6.2	745.65	0.12	745.65	1374.7	0.21	1374.7	708.85	0.11	708.85
21 河北省	267.3	0.06	267.3	1460.52	0.23	1460.52	306	0.05	306	677.94	0.11	677.94
22 吉林省	—	—	—	847	0.14	847	395.14	0.06	395.14	621.07	0.10	621.07
23 海南省	696.16	0.16	348.08	643.37	0.10	321.69	1082.4	0.16	1082.4	807.31	0.14	584.06
24 山西省	—	—	—	360	0.06	360	—	—	—	360	0.06	360
25 西藏自治区	188.87	0.04	188.87	—	—	—	79.6	0.01	79.6	134.24	0.03	134.24
26 云南省	4	0.00	4	307	0.05	153.5	192.75	0.03	96.38	167.92	0.03	84.63
总计	424963.82	100.00	2890.91	626234.11	100.00	3841.93	664114.19	100.00	4000.69	571770.71	100.00	3577.84

注：因河南、江西、湖北、辽宁、宁夏、重庆、贵州、广西、黑龙江、河北、吉林、海南、西藏、云南等省市上市公司不足3家，这些省份的排名仅作参考。

计学意义进行验证，这里继续采用单因素方差分析（One – Way ANOVA）方法进行检验。为了对三年全貌进行分析，也为了节省篇幅，所用数据为2011—2013 年三年合并数据，并且剔除了合并后小于 5 家上市公司的地区，比较的省市自治区包括：安徽省（个案数：15）、北京市（个案数：74）、福建省（个案数：21）、广东省（个案数：100）、海南省（个案数：5）、河南省（个案数：6）、湖北省（个案数：7）、湖南省（个案数：18）、江苏省（个案数：25）、江西省（个案数：6）、辽宁省（个案数：5）、山东省（个案数：25）、陕西省（个案数：14）、上海市（个案数：49）、四川省（个案数：16）、云南省（个案数：5）、浙江省（个案数：60）、重庆市（个案数：6）。

　　单因素方差分析结果（见表 3 – 15）显示，检验统计量 F 为 3.200，对应的 P 值小于 0.001，说明差异是显著的，即不同地区的文化产业上市公司在获得政府补助方面是具有显著差异的。

表 3 – 15　　　　　　　　　　　　单因素方差分析

	平方和	Df	均方	F	显著性
组间	8857.550	17	521.032	3.200	0.000
组内	61879.744	380	162.841		
总数	70737.294	397			

　　然后进一步通过 LSD 法（Least – Significance – Difference Method）进行多重比较研究，从而探析各地区两两之间的差异显著性。从多重比较分析结果可以发现：

　　福建、河南、湖北三省与四个以上省市自治区在文化产业上市公司获得政府补助方面存在显著差异，分别是：福建与安徽、北京、广东、湖北、湖南、江苏、山东、上海、四川、云南、浙江 11 省市自治区差异显著；河南与安徽、广东、湖北、湖南、江苏、上海、浙江 7 个省市自治区差异显著；湖北与安徽、北京、福建、广东、海南、河南、湖南、江苏、江西、辽宁、山东、陕西、上海、四川、浙江、重庆 16 个省市自治区差异显著。

　　广东、安徽、湖南、江苏、江西、山东、陕西、上海、四川、浙江 10 个省市自治区与 2 个或 2 个以上的省市自治区在文化产业上市公司获得政府补助方面存在显著差异。

海南、辽宁和重庆三个省市分别仅与湖北在文化产业上市公司获得政府补助方面存在显著差异。

云南省与其他各省市自治区在文化产业上市公司获得政府补助方面均不存在显著差异。

五 政府补助按东中西部分布特征

东部、中部、西部地区发展不均衡一直是中国区域经济发展的关键。通过对 2011—2013 年政府补助按东中西部进行分布特征分析，可以发现：

东部地区相对最高，中部次之，西部最低。东部地区文化产业上市公司获得政府补助三年均值达到 4059 万元，大大高于中部地区和西部地区，分别是中部的 1.44 倍和西部的 4.12 倍。

从变化趋势来看，东部地区呈现稳步增长态势，中部、西部在震荡中提升。东部地区文化产业上市公司获得政府补助三年来不断增加，从2011 年的 3367.02 万元增长到 2013 年的 4663.08 万元，增长了 38.49%。而中部和西部地区则都呈现出先增长然后下降的震荡态势。

表 3-16 　　　　2011—2013 年按政府补助的东中西部特征　　　单位：万元、%

地区	2011 年			2012 年			2013 年			三年平均		
	总量	比重	均值	总量	比重	均值	总量	比重	均值	总量	比重	均值
东部	383840.64	90.32	3367.02	522631.40	83.46	4147.87	592211.35	89.17	4663.08	499561.13	87.65	4059.32
中部	31708.86	7.46	1761.60	82231.45	13.13	4111.57	51610.59	7.77	2580.53	55183.63	9.45	2817.90
西部	9414.32	2.22	627.62	21371.26	3.41	1257.13	20292.25	3.06	1068.01	17025.94	2.89	984.26
总计	424963.82	100.00	2890.91	626234.11	100.00	3841.93	664114.19	100.00	4000.69	571770.71	100.00	3577.84

进一步通过多重比较分析发现：

东部地区与西部地区的差异在 10% 显著性水平下显著，说明在 10%显著性水平下，东部地区文化产业上市公司获得的政府补助高于西部地区在统计学意义上得到了验证。

中部地区与东部和西部地区都不显著。从表 3-17 可以看出，中部地区与东部地区和西部地区的差异显著性水平都大于 0.10，处于不显著状态。这说明中部地区与东部地区和西部地区在文化产业上市公司获得的政府补助方面的差异还需要进一步验证。

表 3 – 17　　　　　　　　　　东中西部多重比较

(I) 地区	(J) 地区	均值差（I – J）	标准误差	显著性	95% 置信区间	
					下限	上限
东部	中部	1229. 28011	1594. 06858	0. 441	– 1903. 0519	4361. 6121
	西部	3082. 07989	1685. 89137	0. 068	– 230. 6832	6394. 8429
中部	东部	– 1229. 28011	1594. 06858	0. 441	– 4361. 6121	1903. 0519
	西部	1852. 79978	2165. 57750	0. 393	– 2402. 5427	6108. 1422
西部	东部	– 3082. 07989	1685. 89137	0. 068	– 6394. 8429	230. 6832
	中部	– 1852. 79978	2165. 57750	0. 393	– 6108. 1422	2402. 5427

第三节　文化产业上市公司政府
补助交叉属性特征

一　细分行业不同所有制性质企业政府补助特征

为了研究不同细分行业中不同所有制性质的文化产业上市公司在获得政府补助方面的分布特征，这里按细分行业和所有制性质进行交叉属性的对比分析。为了概括性反映 2011—2013 年三年的情况，这里采用三年合并数据进行分析，并且着重对均值数据进行分析。结果如表 3 – 18 所示，可以发现：

2/3 细分行业的民营企业获得政府补助偏低。从表 3 – 18 可以看到，全部九大类（第三类行业无上市公司）行业中，"四、文化信息传输服务"、"六、文化休闲娱乐服务"、"七、工艺美术品的生产"、"八、文化产品生产的辅助生产"、"九、文化用品的生产"以及"十、文化专用设备的生产"六大行业民营企业获得的政府补助明显低于国有企业，占 2/3。

"文化用品的生产"行业中，国有企业与民营企业获得的政府补助差异悬殊。国有企业平均每家获得 1.80 亿元的政府补助，而民营企业平均仅获得 1681.54 万元，不足国有企业的 1/10。

"文化创意和设计服务"行业中，国有企业和民营企业获得的政府补助都是所有行业中最低的。这与当前我国大力推进文化创意和设计服务与相关产业融合发展的战略是不相符合的。而且从企业数量对比分析可以发现，民营企业是该行业的主导力量，因此建议，今后特别加强对文化创意和设计服务行业中民营企业的政府扶持力度。

表 3 –18　　　　　　各细分行业不同所有制性质上市公司
政府补助分布　　　　单位：万元、%

细分行业	所有制性质	个案数	总量	比重	均值
一、新闻出版发行服务	国有企业	39	106885.01	6.23	2740.64
	民营企业	6	25260.16	1.47	4210.03
二、广播电视电影服务	国有企业	10	8679.53	0.51	867.95
	集体企业	3	1753.98	0.10	584.66
	民营企业	14	34736.34	2.03	2481.17
四、文化信息传输服务	国有企业	25	199315.98	11.62	7972.64
	民营企业	53	45841.02	2.67	864.92
五、文化创意和设计服务	国有企业	6	1325.73	0.08	220.96
	民营企业	44	38657.20	2.25	878.57
六、文化休闲娱乐服务	国有企业	25	48636.60	2.84	1945.46
	民营企业	11	12727.59	0.74	1157.05
七、工艺美术品的生产	国有企业	6	11768.96	0.69	1961.49
	民营企业	16	19093.93	1.11	1193.37
	中外合资企业	3	641.26	0.04	213.75
八、文化产品生产的辅助生产	国有企业	3	6160.98	0.36	2053.66
	民营企业	36	34120.07	1.99	947.78
	中外合资企业	5	2546.65	0.15	509.33
九、文化用品的生产	国有企业	39	701690.01	40.91	17992.05
	国有相对控股企业	9	63543.66	3.70	7060.41
	集体企业	3	42164.86	2.46	14054.95
	民营企业	72	121070.73	7.06	1681.54
	中外合资企业	3	4382.82	0.26	1460.94
十、文化专用设备的生产	国有企业	18	156407.80	9.12	8689.32
	民营企业	24	22008.56	1.28	917.02
	中外合资企业	3	5892.69	0.34	1964.23

注：因采用 2011 年、2012 年、2013 年三年合并数据，上表中"个案数"和"总量"反映的是三年合并的情况。

二　各地区不同所有制性质企业政府补助特征

这里对注册地址（地区）和公司所有制性质进行交叉属性分析。采用数据为三年合并数据。通过表3－19的数据，可以发现：

81.82%的省市民营上市公司获得的政府补助明显低于国有上市公司。在所研究的11个省市中，除了浙江省和安徽省外，其余9个省市的国有上市公司获得的政府补助均大大高于民营企业。

四川、广东、福建和北京四个省市中，国有上市公司与民营上市公司在获得政府补助方面存在较为悬殊的差距，四个省市国有企业与民营企业政府补助均值比率分别为30.62倍、27.86倍、21.79倍和18.23倍。

表3－19　　　　各地区不同所有制性质企业政府补助分布　　单位：万元、%

注册地址	所有制性质	个案数	总量	比重	均值
安徽省	国有企业	9	12589.49	0.73	1398.83
	民营企业	6	30571.76	1.78	5095.29
北京市	国有企业	25	434425.74	25.33	17377.03
	民营企业	46	43856.85	2.56	953.41
	中外合资企业	3	4382.82	0.26	1460.94
福建省	国有企业	3	37871.40	2.21	12623.80
	民营企业	18	10426.65	0.61	579.26
广东省	国有企业	22	440504.05	25.68	20022.91
	国有相对控股企业	3	20552.22	1.20	6850.74
	民营企业	67	48147.97	2.81	718.63
	中外合资企业	8	7354.68	0.43	919.34
湖南省	国有企业	9	23556.84	1.37	2617.43
	民营企业	9	5283.59	0.31	587.07
江苏省	国有企业	8	39989.88	2.33	4998.74
	民营企业	17	10041.29	0.59	590.66
山东省	国有企业	6	70200.06	4.09	11700.01
	集体企业	3	42164.86	2.46	14054.95
	民营企业	13	68092.80	3.97	5237.91
	中外合资企业	3	1725.92	0.10	575.31
陕西省	国有企业	8	13076.95	0.76	1634.62
	集体企业	3	1753.98	0.10	584.66
	民营企业	3	910.06	0.05	303.35

续表

注册地址	所有制性质	个案数	总量	比重	均值
上海市	国有企业	20	80692.87	4.70	4034.64
	国有相对控股企业	3	2635.83	0.15	878.61
	民营企业	26	46646.60	2.72	1794.10
四川省	国有企业	10	16324.20	0.95	1632.42
	民营企业	6	319.90	0.02	53.32
浙江省	国有企业	12	13780.08	0.80	1148.34
	民营企业	48	58271.10	3.40	1213.98

注：1. 因采用2011年、2012年、2013年三年合并数据，表中"个案数"和"总量"反映的是三年合并的情况。2. 本表不包含年度上市公司数量低于3家的地区。

三　不同地区细分行业企业政府补助特征

不同地区重点扶持发展的产业不同，进而相关产业在获得政府补助方面也会呈现不同的分布特征（见表3-20）。这里对地区和行业进行交叉属性对比分析，可以发现：

一是从行业覆盖面看，浙江省、北京市和广东省文化产业上市公司覆盖面最广。浙江省的文化产业上市公司覆盖了全部九大类行业（第三类行业无上市公司）。北京市和广东省均覆盖了八大类行业。江苏省排第四，覆盖了七大类行业。上海市排第五，覆盖了六大类行业。

二是各省文化产业上市公司获政府补助较多的细分行业如下：

安徽省："九、文化用品的生产"；

北京市："九、文化用品的生产"、"十、文化专用设备的生产"、"四、文化信息传输服务"；

福建省："九、文化用品的生产"；

广东省："六、文化休闲娱乐服务"、"十、文化专用设备的生产"、"九、文化用品的生产"；

湖南省："一、新闻出版发行服务"；

江苏省："一、新闻出版发行服务"、"四、文化信息传输服务"；

山东省："九、文化用品的生产"；

陕西省："十、文化专用设备的生产"；

上海市："四、文化信息传输服务"、"七、工艺美术品的生产"；

四川省："九、文化用品的生产"；

浙江省："二、广播电视电影服务"、"六、文化休闲娱乐服务"。

三是各省文化产业上市公司获政府补助相对较低的细分行业如下：

安徽省："六、文化休闲娱乐服务"；

北京市："一、新闻出版发行服务"、"六、文化休闲娱乐服务"、"八、文化产品生产的辅助生产"；

福建省："七、工艺美术品的生产"、"四、文化信息传输服务"、"八、文化产品生产的辅助生产"；

广东省："一、新闻出版发行服务"、"七、工艺美术品的生产"、"五、文化创意和设计服务"；

湖南省："九、文化用品的生产"、"六、文化休闲娱乐服务"；

江苏省："二、广播电视电影服务"、"五、文化创意和设计服务"、"十、文化专用设备的生产"；

山东省："八、文化产品生产的辅助生产"；

陕西省："八、文化产品生产的辅助生产"、"二、广播电视电影服务"、"六、文化休闲娱乐服务"；

上海市："二、广播电视电影服务"、"九、文化用品的生产"；

四川省："四、文化信息传输服务"、"六、文化休闲娱乐服务"；

浙江省："十、文化专用设备的生产"、"五、文化创意和设计服务"、"七、工艺美术品的生产"。

表3-20　　　　　　　不同地区细分行业企业政府补助分布　　　单位：万元、%

注册地址	细分行业	个案数	总量	比重	均值
安徽省	一、新闻出版发行服务	6	11019.14	0.64	1836.52
	六、文化休闲娱乐服务	3	1570.35	0.09	523.45
	九、文化用品的生产	6	30571.76	1.78	5095.29
北京市	一、新闻出版发行服务	3	827.94	0.05	275.98
	二、广播电视电影服务	5	7543.53	0.44	1508.71
	四、文化信息传输服务	22	131456.18	7.66	5975.28
	五、文化创意和设计服务	17	18488.66	1.08	1087.57
	六、文化休闲娱乐服务	3	1149.99	0.07	383.33
	八、文化产品生产的辅助生产	3	784.39	0.05	261.46
	九、文化用品的生产	9	249069.77	14.52	27674.42
	十、文化专用设备的生产	12	73344.95	4.28	6112.08

注册地址	细分行业	个案数	总量	比重	均值
福建省	四、文化信息传输服务	6	3662.23	0.21	610.37
	七、工艺美术品的生产	3	1678.86	0.10	559.62
	八、文化产品生产的辅助生产	6	4212.98	0.25	702.16
	九、文化用品的生产	6	38743.98	2.26	6457.33
广东省	一、新闻出版发行服务	3	403.20	0.02	134.40
	四、文化信息传输服务	9	7199.50	0.42	799.94
	五、文化创意和设计服务	24	17661.78	1.03	735.91
	六、文化休闲娱乐服务	3	38675.51	2.25	12891.84
	七、工艺美术品的生产	3	641.26	0.04	213.75
	八、文化产品生产的辅助生产	11	8350.59	0.49	759.14
	九、文化用品的生产	38	356966.53	20.81	9393.86
	十、文化专用设备的生产	9	86660.55	5.05	9628.95
湖南省	一、新闻出版发行服务	6	16359.73	0.95	2726.62
	四、文化信息传输服务	6	11697.12	0.68	1949.52
	六、文化休闲娱乐服务	3	746.87	0.04	248.96
	九、文化用品的生产	3	36.71	0.00	12.24
江苏省	一、新闻出版发行服务	3	31998.44	1.87	10666.15
	二、广播电视电影服务	3	75.28	0.00	25.09
	四、文化信息传输服务	3	6759.54	0.39	2253.18
	五、文化创意和设计服务	3	541.96	0.03	180.65
	七、工艺美术品的生产	3	2942.38	0.17	980.79
	九、文化用品的生产	5	5833.61	0.34	1166.72
	十、文化专用设备的生产	5	1879.96	0.11	375.99
山东省	八、文化产品生产的辅助生产	3	1725.92	0.10	575.31
	九、文化用品的生产	18	174887.64	10.20	9715.98
	十、文化专用设备的生产	4	5570.08	0.32	1392.52
陕西省	二、广播电视电影服务	3	1753.98	0.10	584.66
	六、文化休闲娱乐服务	5	3528.29	0.21	705.66
	八、文化产品生产的辅助生产	3	910.06	0.05	303.35
	十、文化专用设备的生产	3	9548.66	0.56	3182.89
上海市	一、新闻出版发行服务	3	5797.42	0.34	1932.47
	二、广播电视电影服务	5	3681.11	0.21	736.22

续表

注册地址	细分行业	个案数	总量	比重	均值
	四、文化信息传输服务	20	78685.85	4.59	3934.29
	七、工艺美术品的生产	6	21321.46	1.24	3553.58
	八、文化产品生产的辅助生产	12	17853.63	1.04	1487.80
	九、文化用品的生产	3	2635.83	0.15	878.61
四川省	一、新闻出版发行服务	3	2465.69	0.14	821.90
	四、文化信息传输服务	3	240.63	0.01	80.21
	六、文化休闲娱乐服务	1	222.10	0.01	222.10
	九、文化用品的生产	3	7940.27	0.46	2646.76
	十、文化专用设备的生产	6	5775.41	0.34	962.57
浙江省	一、新闻出版发行服务	3	2560.54	0.15	853.51
	二、广播电视电影服务	6	27761.48	1.62	4626.91
	四、文化信息传输服务	9	5455.95	0.32	606.22
	五、文化创意和设计服务	2	873.78	0.05	436.89
	六、文化休闲娱乐服务	3	10250.70	0.60	3416.90
	七、工艺美术品的生产	6	2780.30	0.16	463.38
	八、文化产品生产的辅助生产	2	2469.15	0.14	1234.58
	九、文化用品的生产	23	18369.84	1.07	798.69
	十、文化专用设备的生产	6	1529.44	0.09	254.91

注：1. 因采用2011年、2012年、2013年三年合并数据，表中"个案数"和"总量"反映的是三年合并情况。2. 本表不包含年度公司数量低于3家的地区。

第四章 中国文化产业政府补助内容结构研究

所谓文化产业政府补助的内容结构，是指文化产业政府补助包含的具体组成成分以及各个组成成分在文化产业政府补助总体中所占的比例关系。通过对中国文化产业政府补助内容结构的分析，可以更为深入了解中国文化产业总体、不同所有制企业层面、文化产业细分行业层面、不同地区层面的政府补助存续状态、结构关系，从而帮助学术界和有关政府部门更好地了解文化产业政府补助政策的落地执行状况。

第一节　文化产业总体政府补助内容结构分析

一　政府补助总体内容结构分析

按照国家财政部《〈企业会计准则第 16 号——政府补助〉应用指南》，政府补助实际包含财政拨款、财政贴息、税收返还和无偿划拨非货币性资产四大类内容。根据笔者对 2011 年、2013 年文化产业上市公司政府补助的统计发现：

2011 年中国文化产业上市公司获得的财政拨款性政府补助为 18.16 亿元①，在全部四大类政府补助类型中占 62.31%，虽然此类补助在 2013 年比重下降到了 58.93%，但仍然说明财政拨款类政府补助是目前中国文化产业上市公司政府补助中最为主要的补助形式，而且占 50% 以上。

税收返还类政府补助在 2011 年是 9.39 亿元，占 32.23%；该类补助在 2013 年达到 15.06 亿元，占比上升到了 33.92%。从所占比重

---

① 由于很多上市公司在政府补助明细科目中披露信息不够详细，存在很多未明确内容的政府补助细分项目无法归类。为了便于研究，这里去除了未注明具体内容的政府补助金额。因此，这里计算的比重更有分析价值。

可以看出，税收返还类政府补助是目前中国文化产业上市公司政府补助中第二重要的补助形式，且这种类型的政府补助呈现出一定的增长趋势。

财政贴息类政府补助相对较少，2011 年仅为 1.59 亿元，仅占全部政府补助的 5.47%；该类补助在 2013 年提升到了 3.17 亿元，比重上升至7.14%，比 2011 年提升了 1.6 个百分点。此外，无偿划拨的非货币性资产在 2011 年和 2013 年都是 0，说明此种类型的政府补助在现实中应用得非常少，而这一点在财政部《〈企业会计准则第 16 号——政府补助〉应用指南》中也有明确说明。

表 4 - 1 　　　　　　2011 年和 2013 年四大类政府补助结构关系 　　单位：万元、%

年份	财政拨款	财政贴息	税收返还	无偿划拨非货币性资产
2011	181647.46	15933.46	93949.34	0.00
	62.31	5.47	32.23	0.00
2013	261666.70	31716.58	150625.10	0.00
	58.93	7.14	33.92	0.00

注：这里不含其他或未明确具体细目的政府补助。因此这里的数据与前文的政府补助总额数据并不是完全对应的关系。

二 财政拨款类政府补助结构分析

本书在对 2011 年和 2013 年文化产业上市公司政府补助细分科目进行分析时发现，财政拨款类政府补助的具体内容非常庞杂，中央政府、各级地方政府及其相关部门出台了各种类型的政府补助内容。为了更为清晰地认识近些年来中国各级各类政府部门对文化产业的补助形式，本书对内容繁杂的政府补助形式进行了整理归类，划分为技术扶持类政府补助（简称技术扶持补助）、产业扶持类政府补助（简称产业扶持补助）、项目扶持类政府补助（简称项目扶持补助）、对外扶持类政府补助（简称对外扶持补助）、人才扶持类政府补助（简称人才扶持补助）、无形资产扶持类政府补助（简称无形资产扶持补助）和金融扶持类政府补助（简称金融扶持补助）七类政府补助内容类型。上述各类政府补助内容结构比例如表 4 -2 所示。

表 4 − 2　　　　　2011 年和 2013 年财政拨款类政府补助内容结构　单位：万元、%

年份	技术扶持补助	产业扶持补助	项目扶持补助	对外扶持补助	人才扶持补助	无形资产补助	金融扶持补助
2011	100732.43	60826.78	11790.46	2042.40	2466.65	1304.32	2484.42
	55.45	33.49	6.49	1.12	1.36	0.72	1.37
2013	125866.57	62365.10	47243.53	12143.63	10702.48	721.94	2623.45
	48.10	23.83	18.05	4.64	4.09	0.28	1.00

（一）技术扶持补助

技术扶持补助是以鼓励、扶持文化企业开展技术改造和开发创新、促进科技成果转化以及产业升级为目的的政府补助类型。从有关数据统计可以发现，技术扶持类政府补助在 2011 年财政拨款类政府补助中占 55% 以上，在 2013 年虽然下降到了 48%，但是仍然处于主要地位，也就是说，近些年来中国政府对于文化产业的政府补助，其中最为主要的部分投在了技术扶持方面。

为了进一步了解中国各级各类政府部门对文化产业的技术扶持政府补助具体内容，笔者在此将 2011 年和 2013 年文化产业上市公司披露的政府补助细化项目内容进行梳理得到表 4 − 3。这么做的目的有两个：一是帮助读者了解中国文化产业政府补助政策的具体落地实施的现实状况；二是据此思考当前中国文化产业政府补助的"千姿百态"是否科学、合理？哪些是必要的、有价值的和规范的？哪些是需要整合和规范优化的？从而为中国文化产业政府补助的完善对策提供一手的基础资料。

表 4 − 3　　　　　　　技术扶持类政府补助具体内容

政府补助关注层面	文化产业上市公司政府补助内容细项
总体	科技扶持资金、科技发展计划补助、科技发展基金及挖潜基金、科技发展专项及创新基金、科技发展补助/科技发展资金、科技创新奖励、国家自然科学基金、科技进步奖、科学技术奖励、高新技术奖励、高新技术专项资金/财政扶持资金、企业信息技术奖励基金、科普基金
前沿	科技热点监测项目

续表

政府补助关注层面	文化产业上市公司政府补助内容细项
产业	软件政策产业收入补贴、信息产业发展专项资金财政拨款、传统产业技术资金、产业研究与开发资金、工业转型升级专项引导资金专案奖励资金、产业升级科技扶持资金、产业发展专项资助金、互联网产业发展专项补贴资金、高技术产业财政扶持资金、软件产业发展专项资金
企业	中央财政补助科技型中小企业创新基金、高新技术企业奖励、高新技术企业认定奖款、科技创新十佳单位表彰款、科技小巨人专项补贴、科技小巨人企业资助经费及配套项目、高新技术企业补助、软件企业奖励/国家规划布局内重点软件企业奖励
项目	科创种子资金、国家发改委项目（中化网平台）政府补助、原创研发项目补贴款、科技项目资金、企业高新技术研发中心结转项目补助经费、技术创新项目财政资助和奖励资金、自主品牌项目奖励、特种生物资源创新技术研发服务项目、科技计划项目补贴、研发项目前期费用补贴、技术推广应用专项资金项目、关键领域重点突破项目资金、科技项目经费、高新项目补贴及扶持基金、新能源产业项目补助、国际合作研发项目、国家级星火计划财政补贴款、高新技术项目补贴、高新技术产业化重大项目专项资金
研发	技术开发补助、技术研究与开发收入补贴资金、加快产学研一体化科技创新专项经费补助、技术研究开发经费、科学技术研究与开发专项奖金、科技三项经费、软件开发费用补贴
升级改造	技术改造补助、产业升级技术改造资金、技改项目扶持基金、网络改造补助、平台改造升级、产品结构调整技术改造项目、创新转型资金
产品	两新产品专项资金、优秀新产品新技术奖、重点新产品补贴、软件企业和软件产品奖励、优秀新产品奖励
成果转化	高新成果转化项目扶持资金/财政专项资金补助、高新技术成果转化项目补贴、高技术产业化
能力	企业技术创新能力建设专项资金
研发机构	技术中心补贴/研发机构补贴、技术中心建设项目补贴、技术中心奖励资金、实验室经济发展专项资金款
设备	设备工程、技术补助、研发设备补助
标准	技术标准战略专项经费、CMMI赞助经费认证资助经费、标准化创新工作奖励金（技术标准研制＋采标）
知识产权	知识产权优势企业培育资金、知识产权示范企业资助资金、知识产权资助补贴、企业专利申请资助/专利申请补助、专利专项扶持经费资金、外观授权专利费、专利申请资助周转金拨款、资助国外申请专利专项资金、知识产权资助款、专利奖奖金、专利试点企业资助

（二）产业扶持补助

产业扶持补助是以扶持、促进文化产业发展为目的设立的产业发展资金、专项扶持资金等。数据统计发现，2011 年产业扶持类政府补助占 33.49%，排第 2 位；而在 2013 年则下降到了 23.83%，但仍然排第 2 位。这说明以产业扶持资金的方式促进文化产业发展是财政拨款类政府补助中的第二重要的补助形式。产业扶持类政府补助具体内容如表 4-4 所示。

表4-4　　　　　　　　　产业扶持类政府补助具体内容

政府补助关注层面	文化产业上市公司政府补助内容细项
文化产业总体	中央文化产业发展专项资金；中央文化产业补贴收入；中央补助文化产业发展专项资金；文化创意产业发展专项资金；文化产业发展专项资金支持补助款；文化产业发展专项基金；现代信息服务业专项资金；文创资金财政拨款；文化产业发展引导资金；文化产业引导资金补贴；宣传文化发展专项基金；精神文明建设"五个一工程"奖；文化创意产业发展专项扶持资金；文化创新发展专项基金；文化产业奖励；文化创意奖励资金；文化创业资金
文化产品	文艺精品创作专项扶持发展资金、少儿精品及国产动画发展专项资金
文化企业	文化创意产业百强认定补贴款、地方特色产业中小企业发展资金
文化事业	文化事业建设费专项基金、文化事业发展专项资金
非遗保护	非物质文化遗产保护展示基地保护与完善扶持基金转款
电影产业	国家电影事业发展专项资金、国家电影专项资金资助、电影创作扶持资金
动漫游戏产业	动漫专项补贴、动漫游戏产业发展资金、动漫产业专项扶持资金
出版产业	出版工程专项资金
网络文化产业	网络建设专项资金拨款、网络视听产业专项资金
旅游业	旅游业政策兑现、旅游发展补助经费、景区升级改造资金、旅游业发展专项资金、旅游西进专项资金补助

（三）项目扶持补助

项目扶持补助是通过对文化类项目进行资助，从而促进文化公司发展的政府补助类型。统计分析发现，2011 年以资助文化项目的方式开展的政府补助仅占 6.49%，而这一比重在 2013 年提升到了 18% 以上，说明近三年来各级政府对于文化产业相关项目的资助力度有了大幅度增强，项目补助方式已成为第三重要的政府补助类型。项目扶持类政府补助具体内容如表 4-6 所示。

表4-5　　　　　　　　**项目扶持类政府补助具体内容**

政府补助关注层面	文化产业上市公司政府补助内容细项
总体	文化创意产业项目补贴
公共文化	公共文化服务进家庭项目建设补助、"文化服务直通车"活动项目、文化强省建设专项资金补助、公共文化项目补助、博物馆补助经费、文化产业艺术馆免费开放补助经费、文化强省建设专项资金补助——花鼓灯项目、公共文化服务平台扶持奖
农村文化	农民文化三合一服务体系建设项目、宣传文化专项资金——农创读本、数字兴农补贴
广电行业	互联互通节目补助,安装数字放映设备补贴,低保用户视听费专项补助,村村通、村村响奖励、绿色广告频率(频道)
影视行业	电影家协会奖励款、新建多厅影院建设补贴、公益电影补贴、影视文化出口基地建设补助、电视剧秋季推介会配套扶持资金、影视文化企业奖励、电影精品资助款、城墙纪录片拍摄补助
演艺行业	"清代盛京宫廷乐舞研究"项目资金、第五届中国年度十大优秀动画歌曲奖
网络文化	红网网站政府专项补贴、家政网络平台建设
动漫行业	动画制作、文化部动漫补助、年度最具产业价值影视动画形象奖、动漫节目补贴、动画衍生品制造奖、文化产业资金(动漫项目)、最具产业价值奖(动漫项目)、少儿精品及国产动画发展专项资金项目、法国动漫展参展商补助、优秀国产动画片奖励
会展行业	展会创意奖、文博会经费补助、会展中心承租财政补助资金、会展扶持资金、婚博会财政补贴、展览会补贴费、论坛协会展会补贴款
旅游行业	旅游项目补助
旅游行业	旅游集散中心建设项目;景区旅游基础设施项目;游客服务中心建设;维修补贴款;旅游局奖励;生态区建设奖励;旅游园区建成开放补助;旅游度假区奖励金;旅游补贴款;邮船奖励;市专项区配套资金(户外功能性旅游商品研发与应用项目);工业旅游休闲基地称号奖励
图书行业	汽车书店;重点图书补贴
出版行业	出版项目补贴
印刷复制	绿色印刷奖励;绿色印刷包装;财政局复印纸项目拨款
艺术创作	文化精品工程扶持经费;优秀获奖作品创作补助;文化精品工程项目扶持

（四）对外扶持补助

对外扶持补助是指鼓励、促进中国文化企业"走出去"，对文化公司对外文化贸易和开展对外合作进行资助的政府补助形式。数据分析发现，2011年对外扶持类政府补助仅占1.12%，2013年则提升到了4.64%，说明中国政府对于文化企业"走出去"的扶持力度在加大。而这一点实际上从党和国家关于文化产业有关文件中也可以发现，特别是十八届三中全会的《关于全面深化改革若干重大问题的决定》中明确提出了"提高文化开放水平"、"培育外向型文化企业，支持文化企业到境外开拓市场"的总要求。对外扶持类政府补助具体内容如表4-6所示。

表4-6 　　　　　　　　　　　对外扶持类政府补助具体内容

政府补助关注层面	文化产业上市公司政府补助内容细项
外向型经济补助	发展外向型经济财政奖励资金、企业涉外发展服务专项资金、企业走出去专项资金、外经贸扶持专项资金、外经贸项目补助款、外经贸转型升级资金、外贸公共服务平台建设资金、外贸稳增长促发展扶持资金、外贸稳增长奖励资金、外贸增长奖励、外贸增长专项资金、外向型民营企业发展资金、支持企业走出去专项基金、支持外向型大企业做大规模专项资金补助
出口补贴/奖励	出口补贴、出口基地项目补助、国家文化出口重点企业等奖励款、国家文化出口重点企业和重点项目补贴、出口奖励、出口企业奖励款、鼓励扩大出口资金专项补助、文化出口扶持专项资金、文化出口奖励资金、文化出口中央奖励、文化出口重点企业产品补贴、一般贸易出口增量补助资金、一般贸易出口增量及新注册外贸企业补助资金、优化出口产品结构专项资金补助、中央文化发展专项资金、出口奖励、自营出口十强企业奖励资金
出口信用保险补贴	出口信用保险费补贴、出口信用保险专项资金、进出口信用保险补贴
国际市场开拓补助	国际市场开拓补贴、开拓国际市场专项资金、国际化发展专项资金、中小企业国际市场开拓资金补助
国际展会补助	德国纽伦堡国际玩具博览会定额补贴、国外参展补贴、境内外参展补贴、商务发展专项资金——国际展览会补贴、外贸企业展会补贴
服务外包补助/奖励	国际服务外包业务发展专项资金、服务外包奖励资金
服务贸易补助	国际服务贸易发展专项资金

（五）人才与就业扶持补助

人才与就业补助是对文化企业人才支撑和发展给予的政府补助。通过对具体内容整理发现有如下五项内容：聘请专家、人才引进与培养、稳定和促进就业、参加社保、人员培训。从数据分析可以看到，人才与就业补助 2011 年占 1.36%，而 2013 年上升到了 4.09%，说明各级政府对于文化企业在引进专家、吸引人才和促进就业方面给予了越来越多的支持。人才与就业扶持类政府补助具体内容如表 4-7 所示。

表 4-7　　　　　　　　　　人才与就业类政府补助具体内容

政府补助关注层面	文化产业上市公司政府补助内容细项
稳定和促进就业	稳岗补贴、就业援助政策、残疾人就业岗位一次性补贴、残疾人就业补贴款、残联奖励款、公益岗位补贴、援企稳岗补贴、福利企业增值税退税、大龄用工再就业补贴、残疾人安置补贴、大学生就业补助、就业、人才、创新奖励、福利企业补贴与奖励、促进就业再就业奖励资金、异地务工人员工作先进集体奖励金、加班奖励、高校毕业生见习补贴、大学生见习补助、就业岗位补贴、企业吸纳高校毕业生就业补助、大学生就业补助款、大学就业补助、稳岗补贴、残疾人保障就业岗位补贴款、人员安置费、残疾人岗位补贴、残联岗位补贴
人员培训	社会实践基地补贴、企业职工职业培训经费补贴、实习人员及教育经费补贴、职业职工培训财政补贴拨款、职工职业培训补贴资金、大学生企业实训补贴、就业技能培训补贴资金、教育经费财政补贴、员工培训补贴、职业技能培训费、就业训练补贴、职业职工培训财政补贴拨款、技能培训补贴、职工培训补贴、外来务工农村劳动者就业培训补贴、培训补贴、党员培训费、示范实训基地奖励、异地务工人员技能培训鉴定补贴、职工书屋扶助金、实习基地补助
参加社保	用工补助和社会保险费补贴、失业保险基金专户困难企业补贴、当阳财政社保返还、社保补贴、稳定就业社会保险补贴、社保补差、集美就业中心社保补贴、失业人员及社保补贴
专家聘请	资助聘请专家经费、引进外国专家项目资助款、外国专家局经费、引进外国专家项目专项经费、院士专家工作站补贴、引进外国专家项目补助
人才引进与培养	影视演艺跨界人才孵化平台补贴、"四个一批"人才资金资助、研发及成果转化人才引入资助经费款、博士后科研流动站（工作站）建设资助经费款、人才创新创业资助项目拨款、创新创业启动资金及引才奖励、企业柔性引才、人才激励专项资金、海鸥计划引进外智力补贴、"人才引领转型升级示范企业"、国外智力引进办公室引智费、引进国外人才项目经费、人才工作领导小组办公室人才奖励款

（六）无形资产补助

无形资产补助是对文化企业获取版权（著作权）、树立企业商标品牌给予的政府补助类型。数据统计显示，2011年无形资产方面的政府补助仅为0.72%，而2013年这一比重更是下降到0.28%。然而版权（著作权）、商标、品牌等无形资产对于文化企业的核心竞争力打造至关重要，如此之少的政府补助说明了政府尚未认识到这一关键问题，这是值得深刻反思和优化改进的。无形资产扶持类政府补助具体如表4-8所示。

表4-8　　　　　　　　无形资产类政府补助具体内容

政府补助关注层面	文化产业上市公司政府补助内容细项
版权	版权登记补助、"中非影视合作工程"公益版权补贴、版权补贴款、计算机软件著作权资助款、著作权登记补贴、经营预算重大创新及产业化资金数字版权
品牌	国家动漫品牌奖扶持资金、旅游企业品牌创建奖励、省级品牌发展专项资金、加工贸易转型升级自主品牌项目资金、品牌发展专项资金、工业发展有关补助资金——品牌建设补助
商标	中国驰名商标奖励、驰名商标奖励、著名商标补贴款、商标注册费补助

（七）金融扶持补助

金融扶持补助是对文化企业进行金融方面的政府补助。根据2011年和2013年文化产业上市公司披露信息看，目前中国各级各类政府对于文化企业金融扶持主要集中在上市方面，政府往往通过上市费用补贴、上市专项补贴、上市奖励等方式促进文化企业资本市场融资。此外，还涉及并购重组、股权投资及战略投资。金融扶持类政府补助具体内容如表4-9所示。

表4-9　　　　　　　　金融扶持类政府补助具体内容

政府补助关注层面	文化产业上市公司政府补助内容细项
上市融资	财政局上市补贴；上市公司奖励；金融工作局；财政局——企业上市奖励金；企业改制上市培育项目资助资金；民营及中小企业发展专项资金企业改制上市培育项目
并购重组	企业并购中介服务费用资助
股权投资	对股权投资类企业补助
战略投资	战略投资奖励

第二节 文化产业细分行业政府补助内容结构

文化产业不同细分行业层面的政府补助分布具有不同特点。本书在研究过程中将 2011 年 161 家和 2013 年 171 家文化产业上市公司政府补助的详细披露信息项目逐一进行归类、合并、计算、整理，得到了文化产业各个细分行业政府补助的内容结构，详见表 4 - 10。对下表进行分析，可以发现：

技术扶持类政府补助和税收返还类政府补助是文化细分行业中最为主要的政府补助内容。统计分析可以看出，2011 年技术扶持类政府补助和税收返还类政府补助都各自在五个细分行业中比重排在第一位，其中技术扶持类政府补助占比最高的行业有：玩具的制造（占 90% 以上）、广播电视传输服务（占 85% 以上）、广播电视电影专用设备的制造（接近 80%）、互联网信息服务和印刷复制服务行业；税收返还类政府补助占比最高的行业有：电影和影视录音服务（接近 90%）、出版服务（接近 80%）、视听设备的制造（70% 以上）、增值电信服务（文化部分）行业，文化软件服务占比虽然只有 27.6%，但仍然是相对最高的。而这种主体地位在 2013 年仍然保持，并且此两类补助各自都在六个细分行业中占比最高，但占比都有所下降。其中广播电视传输服务行业中技术扶持类政府补助占比下降到 74%、玩具的制造行业中占比下降到 50%、广播电视电影专用设备的制造行业占比下降到 50%，印刷复制服务、互联网信息服务占比也都下降了 10 个百分点左右，但都维持在 50% 以上的比重；建筑设计服务行业中的技术扶持类政府补助从 2011 年的 19% 上升到 2013 年的 41.6%。在税收返还类政府补助方面，视听设备的制造、出版服务、电影和影视录音服务、增值电信服务（文化部分）4 个行业的占比都出现了大幅下滑，但都保持了第一的主体地位；广告服务和工艺美术品的制造两个行业中税收返还类政府补助占比都上升至 80% 左右。

表 4 - 10 2011 年文化细分行业政府补助结构（基于上市公司的数据） 单位:%

产业分类第三层	技术扶持补助	产业扶持补助	项目扶持补助	无形资产补助	金融扶持补助	对外扶持补助	人才与就业补助	税收返还	财政贴息
互联网信息服务	65.25	2.60	0.00	0.14	0.95	0.53	0.41	30.12	0.00
视听设备的制造	20.75	1.31	2.36	0.00	0.20	1.29	0.21	73.49	0.40
文化用纸的制造	21.60	0.37	0.07	0.24	0.00	0.75	4.33	19.83	52.81
广播电视电影专用设备的制造	79.01	1.16	0.29	0.00	0.38	0.49	0.40	15.97	2.31
出版服务	2.14	3.20	13.12	0.99	0.13	0.01	0.00	79.64	0.77
景区游览服务	2.61	2.09	44.71	0.52	0.00	0.00	3.78	0.70	45.59
印刷复制服务	63.68	5.14	0.00	0.00	5.63	0.40	6.93	17.74	0.47
建筑设计服务	19.30	0.00	0.00	0.00	53.28	0.00	15.14	3.81	8.48
广播电视传输服务	87.35	0.00	0.00	0.00	0.81	0.00	0.00	11.84	0.00
工艺美术品的制造	13.28	0.00	0.02	0.00	31.81	0.00	0.28	18.53	36.08
电影和影视录音服务	0.00	9.66	0.00	0.00	0.00	1.57	0.00	88.77	0.00
广告服务	0.00	12.19	0.00	0.00	18.42	0.00	0.00	27.97	41.41
玩具的制造	92.62	0.69	0.09	0.00	3.44	1.88	0.00	1.28	0.00
增值电信服务（文化部分）	23.74	2.18	1.68	0.00	0.00	0.00	0.00	72.40	0.00
文化软件服务	21.47	23.18	5.27	16.47	3.93	1.78	0.00	27.66	0.24
文化用油墨颜料的制造	41.23	0.00	0.00	0.08	54.33	2.82	0.31	1.24	0.00
发行服务	0.00	40.82	1.21	0.00	0.00	0.00	0.03	57.94	0.00
广播电视服务	18.73	81.27	0.00	0.00	0.00	0.00	0.00	0.00	0.00
工艺美术品的销售	0.00	0.00	23.54	16.53	0.00	6.78	0.00	53.15	0.00
会展服务	0.00	3.88	96.12	0.00	0.00	0.00	0.00	0.00	0.00
办公用品的制造	25.83	0.00	0.00	0.00	0.00	23.26	7.75	43.15	0.00
其他文化用品的制造	16.07	1.33	0.00	0.00	0.00	0.20	0.00	82.41	0.00
专业设计服务	93.68	0.00	4.26	0.00	0.00	0.00	2.06	0.00	0.00
娱乐休闲服务	0.00	0.00	9.47	0.00	31.13	0.00	0.00	0.00	59.40

续表

产业分类第三层	技术扶持补助	产业扶持补助	项目扶持补助	无形资产补助	金融扶持补助	对外扶持补助	人才与就业补助	税收返还	财政贴息
园林、陈设艺术及其他陶瓷制品的制造	**100.00**	0.00	0.00	0.00	0.00	0.00	0.00	0.00	0.00
文化用化学品的制造	**97.90**	0.00	0.00	0.00	0.00	1.87	0.22	0.00	0.00
印刷专用设备的制造	**89.78**	0.00	0.00	0.00	0.00	5.57	1.55	3.10	0.00
其他文化专用设备的制造	0.00	0.00	0.00	0.00	0.00	0.00	0.00	100.00	0.00
文具乐器照相器材的销售	**74.52**	0.00	0.00	0.00	0.00	0.00	0.00	0.00	25.48

注：黑体表示上市公司数量太少，不参与分析。

2011 年财政贴息类政府补助是文化细分行业中排在第二位的政府补助内容，在文化用纸的制造、景区游览服务、工艺美术品的制造和广告服务 4 个行业中占比都是最高的。然而仔细研究 2013 年的政府补助内容结构可以发现，财政贴息类政府补助下降趋势特别明显，除了工艺美术品的制造和视听设备的制造两个行业的财政贴息类政府补助占比接近 20% 以外，其余各个细分行业的财政贴息类政府补助占比都很低，都在 10% 以下，而且很多行业都在 5% 以下的水平。

从发展趋势看，财政贴息类政府补助有向产业扶持和项目扶持类政府补助演化的态势。这个特征在文化用纸的制造和景区游览服务两个行业表现比较明显。从数据看，2011 年上述两个行业财政贴息类政府补助比重分别达到 52.81% 和 45.59%，然而到了 2013 年却大幅下跌到 6.86% 和 9.44%。与之相对应的是，文化用纸的制造行业中 2013 年产业扶持类政府补助规模占比提升到 43.45%，景区游览服务行业项目扶持类政府补助规模大幅攀升到 76% 以上。

文化用油墨颜料的制造行业的对外扶持类政府补助需要引起关注。2011 年该细分行业对外扶持类政府补助占比仅为 2.82%，然而到了 2013 年则陡增至 36.78%。作者深入研究了其中的原因发现，科斯伍德油墨公司 2013 年收到了 169 万法国政府补助款，导致了对外扶持类政府补助比重大增。[1] 然而，剔除这部分款项之后，该行业对外扶持类政府补助金额仍然增长了 29.77%。天然石墨是一种不可再生资源，西方发达国家普遍对天然石墨采取"以购代采"战略，并牢牢掌控着石墨加工高精尖技术。中国一直是天然石墨最大出口国，很多中小企业由于缺乏高端技术，普遍以大量出口初级石墨产品为主要的营利模式，导致我国天然石墨资源大量流失。[2] 笔者仔细研究该行业几家公司 2011 年和 2013 年年报发现，该行业对外扶持类政府补助金额三年间仍然增长了近 30%。这说明一些地方政府为了鼓励企业开拓国际市场，不考虑国家珍稀资源的流失和各个细分行业特点，盲目给予企业对外贸易奖励或专项资金鼓励企业出口创汇，这种不考虑实际情况竭泽而渔的政府补助方式值得引起深思。

表 4 - 11　2013 年文化细分行业政府补助结构（基于上市公司的数据）　单位:%

产业分类第三层	技术扶持补助	产业扶持补助	项目扶持补助	无形资产补助	金融扶持补助	对外扶持补助	人才与就业补助	税收返还	财政贴息
互联网信息服务	52.03	18.46	0.47	0.01	2.96	0.12	0.98	24.97	0.00
视听设备的制造	12.16	7.97	0.00	0.00	0.17	5.98	0.26	54.96	18.51
文化用纸的制造	22.83	43.45	0.01	0.41	0.00	0.82	14.53	11.09	6.86
广播电视电影专用设备的制造	50.11	2.00	0.02	0.18	0.00	0.92	8.17	33.39	5.22
出版服务	11.73	23.74	7.02	0.17	0.00	0.11	0.04	57.15	0.04
景区游览服务	0.98	6.43	76.04	0.14	2.79	0.00	0.44	3.75	9.44
印刷复制服务	54.58	5.27	0.00	0.00	1.58	1.84	15.87	14.39	6.47
建筑设计服务	41.60	34.46	0.00	6.35	0.00	0.00	0.00	12.02	5.56
广播电视传输服务	74.44	4.27	9.19	0.00	0.47	0.00	0.07	11.57	0.00

---

[1] 根据国家财政部《〈企业会计准则第 16 号——政府补助〉应用指南》的要求，"政府补助是指企业从政府无偿取得货币性资产或非货币性资产，但不包括政府作为企业所有者投入的资本"，这里的政府"包括各级政府及其所属机构，国际类似组织也在此范围之内"。因此本书将法国政府补助款也纳入计算。

[2] 师烨东：《石墨进出口差价最高达百倍：3000 元卖几十万买回》，《每日经济新闻》2014 年 8 月 6 日。

续表

产业分类第三层	技术扶持补助	产业扶持补助	项目扶持补助	无形资产补助	金融扶持补助	对外扶持补助	人才与就业补助	税收返还	财政贴息
电影和影视录音服务	11.01	29.47	11.64	0.20	0.00	14.90	0.29	31.57	0.91
工艺美术品的制造	2.20	0.00	0.00	0.00	0.00	0.00	0.05	78.65	19.11
文化软件服务	20.14	34.14	8.67	2.20	0.00	1.15	5.41	28.08	0.21
广告服务	0.00	16.55	2.45	0.00	0.00	0.00	0.14	80.86	0.00
玩具的制造	50.89	34.19	8.07	0.40	0.00	6.46	0.00	0.00	0.00
广播电视服务	16.07	50.33	7.53	0.00	12.41	0.00	1.43	2.89	9.35
增值电信服务（文化部分）	10.77	38.24	3.00	0.00	0.00	0.00	0.00	47.98	0.00
文化用油墨颜料的制造	24.40	3.72	0.00	0.00	0.00	36.78	3.19	30.05	1.86
发行服务	49.11	25.59	13.33	5.95	0.00	0.00	0.00	6.02	0.00
工艺美术品的销售	0.00	0.00	13.84	5.03	0.00	25.51	13.75	41.86	0.00
会展服务	0.00	0.00	100.00	0.00	0.00	0.00	0.00	0.00	0.00
办公用品的制造	18.46	15.76	0.00	0.00	0.96	15.21	2.64	46.97	0.00
乐器的制造	25.54	19.08	0.34	1.35	0.00	37.83	2.18	12.65	1.04
其他文化用品的制造	46.05	3.75	0.34	0.00	0.00	0.00	0.00	49.86	0.00
专业设计服务	90.60	0.02	0.00	0.00	0.00	0.38	2.60	5.06	1.34
娱乐休闲服务	0.00	0.00	23.92	2.74	0.00	0.00	0.00	73.35	0.00
园林、陈设艺术及其他陶瓷制品的制造	55.02	18.76	0.00	0.00	0.00	0.00	0.00	26.22	0.00
其他文化辅助生产	0.00	80.33	1.40	0.72	0.00	12.50	5.05	0.00	0.00
文化用化学品的制造	100.00	0.00	0.00	0.00	0.00	0.00	0.00	0.00	0.00
印刷专用设备的制造	53.86	5.51	0.00	0.00	0.00	2.44	36.16	2.03	0.00

产业分类第三层	技术扶持补助	产业扶持补助	项目扶持补助	无形资产补助	金融扶持补助	对外扶持补助	人才与就业补助	税收返还	财政贴息
其他文化专用设备的制造	**0.00**	**0.00**	**0.00**	**0.00**	**0.00**	**0.00**	**0.00**	**100.00**	**0.00**
文具乐器照相器材的销售	**67.53**	**0.00**	**32.47**	**0.00**	**0.00**	**0.00**	**0.00**	**0.00**	**0.00**

注：黑体表示上市公司数量太少，不参与分析。

第三节　不同地区文化产业政府补助内容结构

基于文化产业上市公司政府补助的披露信息，本书根据文化产业上市公司注册地区进行了分类统计分析发现，各个地区文化产业政府补助内容结构方面呈现如下特点（见表4-12）：

表4-12　　　　2011年各地区文化产业政府补助结构

（基于上市公司的数据）　　　　单位:%

注册地址	技术扶持补助	产业扶持补助	项目扶持补助	无形资产补助	金融扶持补助	对外扶持补助	人才与就业补助	税收返还	财政贴息
广东省	67.79	0.98	2.04	0.59	1.01	0.97	0.21	25.37	1.03
北京市	75.62	1.65	0.48	0.60	0.91	0.17	0.41	19.02	1.15
浙江省	3.12	0.91	0.90	0.00	1.31	1.29	0.34	86.90	5.24
上海市	47.02	2.26	0.00	3.32	1.00	0.83	2.79	40.59	2.19
山东省	10.59	3.78	0.00	0.25	0.00	1.29	0.00	19.79	64.31
江苏省	23.66	0.27	5.83	0.00	3.69	1.22	0.26	61.99	3.08
福建省	47.72	1.03	0.00	0.42	0.00	0.07	1.77	46.34	2.65
湖南省	8.47	9.44	21.06	0.00	0.64	0.00	0.54	57.50	2.36
四川省	32.14	3.42	0.00	0.66	0.00	1.31	0.07	52.35	10.05
安徽省	3.15	5.70	8.60	0.26	0.00	0.01	0.02	82.27	0.00

续表

注册地址	技术扶持补助	产业扶持补助	项目扶持补助	无形资产补助	金融扶持补助	对外扶持补助	人才与就业补助	税收返还	财政贴息
陕西省	24.16	73.96	0.00	0.00	0.00	0.00	0.55	0.00	1.33
湖北省	0.00	0.00	18.44	0.00	0.00	0.00	0.00	81.56	0.00
海南省	4.34	6.06	8.08	0.00	0.00	0.00	0.00	81.53	0.00
河南省	37.21	9.79	0.64	0.00	0.00	0.00	2.81	48.33	1.23
江西省	0.93	0.00	0.00	0.00	0.00	0.12	0.00	98.64	0.32
辽宁省	0.00	0.00	56.22	0.00	0.00	0.00	0.00	43.78	0.00
云南省	0.00	0.00	0.00	0.00	0.00	0.00	100.00	0.00	0.00
重庆市	0.00	2.79	71.74	0.00	8.76	0.00	0.00	0.00	16.71
广西壮族自治区	0.00	0.00	100.00	0.00	0.00	0.00	0.00	0.00	0.00
河北省	97.90	0.00	0.00	0.00	0.00	1.87	0.22	0.00	0.00
黑龙江省	0.00	0.00	0.00	0.00	0.00	0.00	6.86	62.40	30.74
宁夏回族自治区	76.97	0.00	0.00	0.00	0.00	0.00	23.03	0.00	0.00
山西省	—	—	—	—	—	—	—	—	—
西藏自治区	0.00	0.00	45.41	0.00	0.00	0.00	54.59	0.00	0.00

注：黑体表示上市公司数量太少，不参与分析。

一是税收返还类政府补助是中国地方政府最为主要的政府补助方式，浙江省税收返还力度最大，但政府补助思路需要创新。数据统计发现，2011 年浙江、安徽、湖北、江苏、湖南、四川 6 个省份的文化产业上市公司获得的税收返还类政府补助比重都是最高的，福建、上海的文化产业上市公司税收返还类政府补助占比也达到了 40% 以上。而在 2013 年虽然税收返还类政府补助占比最高的省份只有浙江、福建、湖北、山东和安徽五个省份，而且占比也有所下降，但税收返还类政府补助仍然是九大类政府补助内容中最为主要的政府补助类型。值得关注的是浙江省，在 2011 年和 2013 年中税收返还类政府补助占比都是所有省份中最高的，这一方面说明浙江省在税收方面给予了文化企业重点补助和扶持，另一方面也说明浙江省在对文化产业政府补助内容方式上需要进一步探索创新。

二是北京市在技术扶持补助方面给予文化产业的支持一直最大。从数据对比可以看到，北京市的文化产业上市公司 2011 年获得的技术扶持类政府补助占比达到 75% 以上，2013 年虽然下降到了 51%，但是这两年北京市技术扶持类政府补助占比都是所有参与分析的省份中最高的。

三是各地区政府补助内容呈现一定的多元化趋势，产业扶持、项目扶持、对外扶持和人才与就业扶持成为重点增长形式。对比 2011 年和 2013 年各地区文化产业上市公司政府补助占比均值的分布情况，可以发现，2011 年税收返还类政府补助占比均值（仅计算参与分析的 12 个省份）为 47.81%，到 2013 年该均值下降到了 36.80%，下降了 11 个百分点；而产业扶持类政府补助均值则从 2011 年的 8.62% 增长到 2013 年的 13.06%，项目扶持补助占比均值从 4.78% 增长到 5.49%，对外扶持补助占比均值从 0.60% 增长到 2.16%，人才与就业补助占比均值从 0.58% 增长到 7.16%。这一演化趋势说明，中国地方政府对于文化产业的扶持补助方式形式创新取得了一定的进展。

表 4-13　　　　　　2013 年各地区文化产业政府补助结构

（基于上市公司的数据）　　　　　　单位:%

注册地址	技术扶持补助	产业扶持补助	项目扶持补助	无形资产补助	金融扶持补助	对外扶持补助	人才与就业补助	税收返还	财政贴息
广东省	25.42	10.00	29.61	0.14	0.77	6.08	0.29	21.72	5.96
北京市	51.02	4.37	0.09	0.13	0.06	0.32	0.10	26.55	17.35
浙江省	3.88	9.20	10.67	0.01	1.39	4.54	0.32	68.57	1.41
上海市	30.25	32.26	1.87	0.00	0.32	0.13	3.96	30.20	1.01
山东省	33.43	0.10	0.00	0.00	8.79	0.12	45.68	11.88
江苏省	50.43	1.19	1.59	1.15	0.00	4.69	0.71	40.11	0.13
福建省	38.11	3.75	0.00	0.00	0.85	2.73	52.37	2.19
湖南省	13.43	47.61	8.78	0.00	0.55	0.00	0.03	29.60	0.00
四川省	64.35	4.83	0.49	1.97	0.00	0.53	0.10	25.92	1.81
安徽省	13.29	11.01	4.05	1.80	0.00	0.00	30.91	36.70	2.24
陕西省	13.31	0.28	2.81	0.00	1.84	0.03	46.24	14.07	21.41
湖北省	9.11	32.16	5.89	0.00	2.33	0.00	0.40	50.10	0.00
海南省	0.09	39.13	1.55	0.00	0.00	0.00	0.00	59.22	0.00
河南省	23.75	53.82	2.54	0.00	0.00	0.05	1.54	17.79	0.51
江西省	0.27	0.00	0.13	0.00	0.00	0.00	0.00	99.60	0.00

续表

注册地址	技术扶持补助	产业扶持补助	项目扶持补助	无形资产补助	金融扶持补助	对外扶持补助	人才与就业补助	税收返还	财政贴息
辽宁省	43.27	14.51	22.48	0.00	0.00	0.00	0.03	19.70	0.00
云南省	0.00	0.00	96.00	0.00	0.00	0.00	4.00	0.00	0.00
重庆市	0.00	0.00	84.24	0.57	0.00	0.00	0.00	15.20	0.00
广西壮族自治区	0.00	0.00	88.92	0.00	0.00	0.00	11.08	0.00	0.00
贵州省	55.79	2.68	0.00	0.00	0.00	0.00	41.53	0.00	0.00
河北省	100.00	0.00	0.00	0.00	0.00	0.00	0.00	0.00	0.00
黑龙江省	0.00	0.00	0.00	0.00	0.00	0.00	100.00	0.00	0.00
吉林省	13.06	4.33	0.00	0.00	25.34	0.00	0.00	0.00	57.27
宁夏回族自治区	30.30	10.10	0.00	0.00	0.00	0.00	59.60	0.00	0.00
山西省	—	—	—	—	—	—	—	—	—
西藏自治区	0.00	0.00	0.00	0.00	0.00	0.00	35.71	64.29	0.00

注：黑体表示上市公司数量太少，不参与分析。

第四节　不同所有制文化企业政府补助内容结构

不同所有制文化企业在获得政府补助内容方面存在着一定差异，通过对 2011 年和 2013 年文化产业上市公司获得政府补助内容的归类汇总分析可以发现：中外合资企业所获得的技术扶持类政府补助占比一直是各种所有制性质企业中最高的：2011 年 52%，2013 年则上升到 61%，呈现出增强趋势。反观国有企业和民营企业发现，虽然技术扶持类政府补助占比也是国有企业和民营企业获得政府补助中最为重要或第二重要的政府补助类型，但是从 2011—2013 年的变化趋势可以发现，国有企业中技术扶持类政府补助占比从 53% 下降到 29%，下降了 24 个百分点，民营企业中技术扶持类政府补助占比从 32% 下降到了 28%，也下降了将近 4 个百分点。

表 4 – 14　　　　　　　2011 年不同所有制文化企业政府补助结构

（基于上市公司的数据）　　　　　单位:%

所有制性质	技术扶持补助	产业扶持补助	项目扶持补助	无形资产补助	金融扶持补助	对外扶持补助	人才与就业补助	税收返还	财政贴息
国有企业	53.43	1.30	5.49	0.22	0.03	0.22	0.77	37.11	1.43
国有相对控股企业	26.09	0.00	0.00	0.00	0.00	0.00	0.67	72.94	0.29
集体企业	**18.73**	**81.27**	**0.00**	**0.00**	**0.00**	**0.00**	**0.00**	**0.00**	**0.00**
民营企业	31.59	3.71	1.19	1.40	3.15	1.97	1.10	36.19	19.70
中外合资企业	52.07	0.00	0.00	0.00	6.17	0.66	0.00	41.10	0.00

注：黑体表示上市公司数量太少，不参与分析。

　　从前文关于技术扶持类政府补助具体细目的汇总分析可知，技术扶持类政府补助实际上可以分为两大类：一是创新类补助，即通过科技创新项目或科技创新成果向有关部门申请相关资金，或由有关部门给予创新性奖励；二是资质类补助，即企业凭借高新技术企业资质、科技小巨人资质等获得相关的补助资金或奖励资金。一般而言，由于中外合资企业的科技创新能力高于国有企业和民营企业，因而在上述两类技术扶持政府补助的申请和发放过程中，都会产生一个问题，即中外合资企业的基础优势问题。正是由于这种优势的存在，导致科技创新基础本来就比较好的中外合资企业更加容易获得更多的政府补助，也就是说技术扶持类政府补助在不同所有制企业中已经出现了马太效应，需要引起高度重视。

　　在国有文化企业和民营文化企业比较分析中可以看出，2011 年国有文化企业中技术扶持类政府补助占 53% 以上，占比最高，税收返还占 37%，排在第 2 位；而到了 2013 年税收返还类政府补助比重虽然下降了 4 个百分点多，但相对比重却提升到了第 1 位。在民营文化企业层面，2011 年和 2013 年则都是税收返还类政府补助稳居占比第一的位置，而且比重还略有上升。这说明，对于国有文化企业和民营文化企业，税收返还类政府补助可以说是其最为主要的政府补助内容。

　　在国有相对控股文化企业中，税收返还类政府补助的主体地位非常明显：2011 年税收返还类政府补助在各类政府补助中占 73%，2013 年虽然比重下降到 44%，但仍然是稳居第一。仔细观察国有相对控股企业中各类政府补助占比变化可以发现，其实税收返还类政府补助减少的部分主要增加到了产业扶持类政府补助内容上，该类政府补助占比从 2011 年的零占比提升到 2013 年的 26% 以上。

表 4 – 15　　　　　2013 年不同所有制文化企业政府补助结构

（基于上市公司的数据）　　　　　单位:%

所有制性质	技术扶持补助	产业扶持补助	项目扶持补助	无形资产补助	金融扶持补助	对外扶持补助	人才与就业补助	税收返还	财政贴息
国有企业	29.09	11.56	13.06	0.19	0.20	2.28	1.97	32.48	9.16
国有相对控股企业	22.78	26.32	0.00	0.00	0.00	0.74	0.88	44.46	4.81
集体企业	**79.85**	**0.00**	**0.00**	**0.00**	**0.00**	**0.00**	**0.00**	**20.15**	**0.00**
民营企业	28.47	12.25	8.22	0.16	1.91	4.90	4.44	36.82	2.83
中外合资企业	60.83	0.00	0.00	0.00	2.63	0.00	0.00	35.00	1.55

注：黑体表示上市公司数量太少，不参与分析。

第五节　地区与行业政府补助内容结构交叉分析

地区与行业的交叉分析可以帮助我们更为深入、细致和明确地了解各个地区及各个行业政府补助内容的构成、内容频次、结构比例等，可以为各个地区制定各个细分行业的个性化、差异化政府补助政策提供更有针对性的参考依据。[①]

安徽省：出版服务和发行服务行业目前是该省以产业扶持为最主要的政府补助内容。对于出版发行服务行业，著作权等无形资产无疑是最为关键的核心竞争力，然而目前占比还不足 5%；同时，国家目前在强调加强对外文化交流、加强国际传播能力和对外话语体系建设，因此亟须加强对出版发行服务行业的对外扶持政府补助力度。视听设备的制造行业目前的政府补助主要通过税收返还来进行，应考虑在政府补助内容和方式方法上进一步探索创新。

---

① 需要说明的是，由于目前上市公司政府补助披露信息很不规范，很多公司政府补助细化项目并没有清晰明确完整地披露，本书研究过程中仅能通过明确披露的项目进行归类合并整理分析，因此得到的有关结论可能与实际情况有一定出入。

表4–16　不同地区与文化细分行业政府补助结构交叉分析（基于2011年、2013年上市公司均值数据）

单位：%

注册地址	产业分类第三层	技术扶持补助	产业扶持补助	项目扶持补助	无形资产补助	金融扶持补助	对外扶持补助	人才与就业补助	税收返还	财政贴息
安徽省	出版服务	1.81	50.00	8.36	0.00	0.00	0.00	0.00	39.84	0.00
	发行服务	25.19	61.66	8.27	3.05	0.00	0.00	0.03	1.80	0.00
	景区游览服务	17.13	0.00	50.32	10.07	0.00	0.00	5.20	6.80	10.49
	视听设备的制造	0.00	0.00	0.00	0.00	0.00	0.00	0.00	100.00	0.00
	文化用纸的制造	3.10	0.29	0.00	0.00	0.00	0.01	47.51	49.11	0.00
	出版服务	0.00	0.00	23.04	76.88	0.00	0.00	0.08	0.00	0.00
	电影和影视录音服务	22.46	77.08	0.00	0.44	0.00	0.00	0.03	0.00	0.00
	互联网信息服务	33.54	0.05	0.00	0.00	1.27	0.36	0.00	64.78	0.00
	增值电信服务（文化部分）	100.00	0.00	0.00	0.00	0.00	0.00	0.00	0.00	0.00
北京市	广播电视传输服务	89.01	0.00	0.00	0.00	0.45	0.00	0.00	10.54	0.00
	广告服务	0.00	8.28	1.23	0.00	6.22	0.00	0.07	58.08	26.13
	文化软件服务	9.79	27.20	1.06	0.00	0.00	0.00	0.00	11.95	0.00
	建筑设计服务	49.55	0.95	0.00	0.00	0.00	0.00	0.00	49.50	0.00
	景区游览服务	0.00	93.18	3.81	0.00	0.00	0.00	3.01	0.00	0.00
	印刷复制服务	26.56	37.04	0.00	0.00	19.06	16.69	0.00	0.00	0.66
	视听设备的制造	0.00	0.00	0.00	0.00	0.00	0.00	0.00	0.00	100.00

续表

注册地址	产业分类第三层	技术扶持补助	产业扶持补助	项目扶持补助	无形资产补助	金融扶持补助	对外扶持补助	人才与就业补助	税收返还	财政贴息
北京市	印刷专用设备的制造	71.82	2.76	0.00	0.00	0.00	4.01	18.86	2.57	0.00
	广播电视电影专用设备的制造	42.60	3.94	0.59	0.17	0.00	0.65	0.77	48.44	2.84
	其他文化用品的制造	31.06	2.54	0.17	0.00	0.00	0.10	0.00	66.14	0.00
	互联网信息服务	33.02	0.27	0.00	0.30	0.00	0.00	0.99	65.44	0.00
	园林、陈设艺术及其他陶瓷制品的制造	77.51	9.38	0.00	0.00	0.00	0.00	0.00	13.11	0.00
福建省	印刷复制服务	46.26	0.12	0.01	0.00	0.00	0.15	8.17	39.07	6.22
	文化用纸的制造	68.25	5.60	0.00	0.00	0.00	3.50	1.60	10.03	11.04
	出版服务	24.59	47.41	0.00	19.67	0.00	0.00	0.00	8.34	0.00
	互联网信息服务	59.72	0.02	0.00	0.07	40.07	0.00	0.14	0.00	0.00
	广播电视传输服务	54.49	1.08	0.00	0.01	4.33	0.00	0.00	40.10	0.00
广东省	广告服务	0.00	58.73	0.00	0.00	41.27	0.00	0.00	0.00	0.00
	文化软件服务	15.02	20.87	12.74	11.16	1.97	2.41	0.00	35.44	0.40
	建筑设计服务	27.33	25.24	0.00	0.00	27.70	0.00	7.87	3.02	8.86

续表

注册地址	产业分类第三层	技术扶持补助	产业扶持补助	项目扶持补助	无形资产补助	金融扶持补助	对外扶持补助	人才与就业补助	税收返还	财政贴息
广东省	专业设计服务	92.14	0.01	2.13	0.00	0.00	0.19	2.33	2.53	0.67
	景区游览服务	0.14	0.88	92.80	0.00	0.00	0.00	1.85	0.00	4.34
	工艺美术品的制造	77.81	0.00	0.00	0.00	22.20	0.00	0.00	0.00	0.00
	印刷复制服务	71.73	0.00	0.00	0.00	5.06	0.79	0.01	18.48	3.95
	办公用品的制造	20.85	22.84	0.00	0.00	2.74	3.57	0.00	50.00	0.00
	乐器的制造	24.72	4.83	0.00	1.40	0.00	16.31	1.22	0.46	1.08
	玩具的制造	71.76	17.44	4.08	0.20	1.72	4.17	0.00	0.64	0.00
	视听设备的制造	19.79	10.38	2.61	0.00	0.45	7.71	0.42	54.96	3.70
	文化用油墨颜料的制造	81.87	7.19	0.00	0.10	0.00	5.67	0.08	1.51	3.61
	广播电视电影专用设备的制造	95.32	0.00	0.00	0.00	0.00	0.80	0.00	3.04	0.85
广西壮族自治区	景区游览服务	0.00	0.00	94.46	0.00	0.00	0.00	5.54	0.00	0.00
贵州省	文化软件服务	27.90	1.34	0.00	0.00	0.00	0.00	20.77	0.00	0.00
海南省	出版服务	2.33	22.76	5.03	0.00	0.00	0.00	0.00	69.88	0.00
	建筑设计服务	0.00	0.00	0.00	0.00	0.00	0.00	0.00	100.00	0.00
河北省	文化用化学品的制造	98.95	0.00	0.00	0.00	0.00	0.94	0.11	0.00	0.00

续表

注册地址	产业分类第三层	技术扶持补助	产业扶持补助	项目扶持补助	无形资产补助	金融扶持补助	对外扶持补助	人才与就业补助	税收返还	财政贴息
河南省	出版服务	19.94	7.44	4.91	0.00	0.00	0.09	0.00	67.65	0.00
	文化用纸的制造	54.88	37.77	0.00	0.00	0.00	0.00	5.20	0.00	2.16
黑龙江省	工艺美术品的制造	0.00	0.00	0.00	0.00	0.00	0.00	53.43	31.20	15.37
湖北省	出版服务	5.23	11.29	11.56	0.00	0.00	0.00	0.00	71.93	0.00
	广播电视服务	3.58	71.57	10.86	0.00	11.93	0.00	2.06	0.00	0.00
	建筑设计服务	—	—	—	—	—	—	—	—	—
	工艺美术品的制造	—	—	—	—	—	—	—	—	—
	出版服务	3.73	28.80	17.50	0.00	0.36	0.00	0.00	49.61	0.00
	增值电信服务（文化部分）	39.84	12.59	7.95	0.00	0.00	0.00	0.00	39.63	0.00
湖南省	广播电视传输服务	40.44	57.27	0.00	0.00	2.29	0.00	0.00	0.00	0.00
	景区游览服务	0.00	0.00	0.00	—	0.00	0.00	14.63	47.22	38.15
	焰火、鞭炮产品的制造	—	—	—	—	—	—	—	—	—
吉林省	广播电视服务	6.53	2.17	0.00	0.00	12.67	0.00	0.00	0.00	28.64
江苏省	出版服务	0.00	0.00	0.00	0.00	0.00	0.00	0.00	98.30	1.71

续表

注册地址	产业分类第三层	技术扶持补助	产业扶持补助	项目扶持补助	无形资产补助	金融扶持补助	对外扶持补助	人才与就业补助	税收返还	财政贴息
江苏省	电影和影视录音服务	98.16	0.00	1.84	0.00	0.00	0.00	0.00	0.00	0.00
	互联网信息服务	97.93	1.00	0.00	0.00	0.00	1.08	0.00	0.00	0.00
	建筑设计服务	56.24	13.32	0.00	30.44	0.00	0.00	0.00	0.00	0.00
	工艺美术品的销售	0.00	0.00	60.45	5.67	0.00	33.88	0.00	0.00	0.00
	视听设备的制造	82.32	0.58	0.00	0.00	0.00	0.08	3.86	13.19	0.00
	文化用油墨颜料的制造	6.80	0.00	0.00	0.00	46.25	24.30	2.39	20.27	0.00
	广播电视电影专用设备的制造	49.04	6.56	0.04	0.00	7.01	8.46	10.63	8.32	9.96
江西省	出版服务	0.00	0.00	0.00	0.00	0.00	0.06	0.00	99.94	0.00
	文具乐器照相器材的销售	71.03	0.00	16.24	0.00	0.00	0.00	0.00	0.00	12.74
辽宁省	出版服务	21.95	7.18	38.98	0.00	0.00	0.00	0.02	31.89	0.00
	景区游览服务	0.00	25.64	74.36	0.00	0.00	0.00	0.00	0.00	0.00

续表

注册地址	产业分类第三层	技术扶持补助	产业扶持补助	项目扶持补助	无形资产补助	金融扶持补助	对外扶持补助	人才与就业补助	税收返还	财政贴息
宁夏回族自治区	文化用纸的制造	**53.64**	**5.05**	**0.00**	**0.00**	**0.00**	**0.00**	**41.32**	**0.00**	**0.00**
	印刷复制服务	0.00	0.00	0.00	0.00	0.00	0.00	0.00	100.00	0.00
	视听设备的制造	69.38	12.45	0.00	0.00	0.00	16.60	0.00	0.00	1.58
	文化用纸的制造	10.05	0.26	0.00	0.17	0.00	0.00	0.18	27.97	61.38
山东省	广播电视电影专用设备的制造	—	—	0.00	—	0.00	—	—	—	—
	其他文化专用设备的制造	0.00	0.00	0.00	0.00	0.00	0.00	0.00	100.00	0.00
山西省	会展服务	—	—	—	—	—	—	—	—	—
	广播电视服务	49.29	40.64	0.00	0.00	0.00	0.00	0.00	10.08	0.00
	景区游览服务	0.00	50.76	7.66	0.00	5.03	0.00	0.00	36.57	0.00
陕西省	印刷复制服务	84.51	0.00	0.00	0.00	0.00	0.00	0.32	0.01	15.17
	广播电视电影专用设备的制造	24.92	0.00	0.00	0.00	0.00	0.02	40.71	0.00	34.35
	发行服务	0.00	0.00	0.00	0.00	0.00	0.00	0.00	100.00	0.00
上海市	电影和影视录音服务	0.00	70.17	1.94	0.00	0.00	0.00	16.72	11.18	0.00
	互联网信息服务	65.62	19.49	0.53	0.01	0.74	0.00	1.03	12.60	0.00

续表

注册地址	产业分类第三层	技术扶持补助	产业扶持补助	项目扶持补助	无形资产补助	金融扶持补助	对外扶持补助	人才与就业补助	税收返还	财政贴息
	增值电信服务（文化部分）	13.53	20.19	1.48	0.00	0.00	0.00	0.00	64.80	0.00
	广播电视传输服务	78.01	18.78	0.00	0.00	0.00	0.00	2.42	0.81	0.00
上海市	工艺美术品的制造	0.00	0.00	0.00	0.00	0.00	0.00	0.00	30.02	69.99
	工艺美术品的销售	0.00	0.00	0.00	11.21	0.00	2.77	12.36	73.67	0.00
	印刷复制服务	53.63	8.74	0.00	0.00	2.23	0.84	22.76	11.83	0.00
	视听设备的制造	99.74	0.00	0.00	0.00	0.00	0.00	0.26	0.00	0.00
	出版服务	61.77	11.13	0.00	0.00	0.00	0.00	0.00	27.10	0.00
	互联网信息服务	50.00	50.00	0.00	0.00	0.00	0.00	0.00	0.00	0.00
	景区游览服务	0.00	0.00	100.00	0.00	0.00	0.00	0.00	0.00	0.00
四川省	文化用纸的制造	83.72	0.00	0.00	16.29	0.00	0.00	0.00	0.00	0.00
	广播电视电影专用设备的制造	43.91	1.61	0.00	0.03	0.00	1.24	0.15	45.93	7.16
西藏自治区	景区游览服务	0.00	0.00	22.71	0.00	0.00	0.00	45.15	32.15	0.00
云南省	景区游览服务	0.00	0.00	48.00	0.00	0.00	0.00	52.00	0.00	0.00

续表

注册地址	产业分类第三层	技术扶持补助	产业扶持补助	项目扶持补助	无形资产补助	金融扶持补助	对外扶持补助	人才与就业补助	税收返还	财政贴息
	出版服务	0.28	20.55	0.00	0.00	0.00	0.68	0.30	78.20	0.00
	电影和影视录音服务	0.35	11.81	7.61	0.00	0.00	10.64	0.00	69.00	0.60
	互联网信息服务	55.02	20.48	0.00	0.00	6.22	0.38	0.10	17.82	0.00
	广播电视传输服务	39.16	0.00	40.76	0.00	0.00	0.00	0.00	20.08	0.00
	建筑设计服务	—	—	—	—	—	—	—	—	—
浙江省	景区游览服务	2.54	23.50	7.94	0.00	13.94	0.00	0.00	0.38	51.72
	工艺美术品的制造	0.00	0.00	0.05	0.00	49.95	0.00	0.00	50.00	0.00
	其他文化辅助生产	0.00	40.17	0.70	0.36	0.00	6.25	2.53	0.00	0.00
	办公用品的制造	19.76	4.70	0.00	0.00	0.00	20.17	5.51	49.87	0.00
	乐器的制造	1.64	13.93	0.33	0.00	0.00	21.35	0.97	11.80	0.00
	视听设备的制造	0.05	0.00	0.00	0.00	0.00	0.01	0.06	99.89	0.00
	文化用纸的制造	18.59	2.41	1.10	0.00	0.00	14.94	6.08	54.62	2.28
	广播电视电影专用设备的制造	26.43	0.00	0.00	0.00	4.17	0.00	0.00	69.41	0.00
重庆市	娱乐休闲服务	0.00	0.00	16.70	1.37	15.57	0.00	0.00	36.68	29.70
	会展服务	0.00	1.94	98.06	0.00	0.00	0.00	0.00	0.00	0.00

注：黑体表示上市公司数量太少，不参与分析。

北京市：本市出版服务行业无形资产政府补助占77%，体现了对行业发展核心竞争力的重点塑造；但是在电影和影视录音服务、互联网信息服务、文化软件服务和建筑设计服务四个行业缺乏无形资产政府补助是值得深思和改进的问题。视听设备的制造行业除了采用财政贴息方式对企业进行政府补助之外，还可以考虑在技术、对外贸易、无形资产等方面加强政府补助内容的创新。

广东省：该省文化软件服务行业在技术扶持补助、产业扶持补助、项目扶持补助、无形资产补助、金融扶持补助、对外扶持补助、税收返还和财政贴息等方面都采取了一定措施，但恰恰是对于文化软件行业最为重要的发展支撑——人才与就业补助方面缺乏政府补助，这一状况应该引起重视。此外在专业设计服务、建筑设计服务方面缺乏无形资产政府补助也是需要改变的现状。还有，在文化用油墨颜料的制造行业有5.67%的对外扶持补助需要进一步审查和规范管理。

湖南省：该省无形资产政府补助和对外扶持政府补助在出版服务行业没有明显体现，这是值得重点改进的地方，从而促进湖南省在文化产业发展方面更上一层楼。

江苏省：该省在出版服务、电影和影视录音服务、建筑设计服务等行业的无形资产政府补助需要重点加强。此外在文化用油墨颜料的制造行业有24%以上的对外扶持补助，该项政府补助政策需要重新予以评估和审查，绝不能以流失我国有限的天然石墨资源为代价而盲目鼓励对外开放。

上海市：该市在发行服务、电影和影视录音服务、互联网信息服务以及工艺美术品制造等行业缺乏无形资产政府补助；在金融扶持补助和对外扶持补助方面没有能够充分发挥该市国际金融中心和国际化大都市的独特优势大力推进文化产业发展，应该引起高度重视。

浙江省：该省无形资产政府补助在出版服务、电影和影视录音服务、互联网信息服务以及工艺美术品制造等行业缺乏应有的重视和力度；在出版服务、电影和影视录音服务、广播电视传输服务、建筑设计服务、其他文化辅助生产、办公用品的制造、乐器的制造、视听设备的制造以及文化用纸的制造等行业需要加大金融扶持的创新步伐。此外该省对于人才与就业方面的政府补助也缺乏应有的重视，这一状况可能导致该省在如今激烈的文化人才竞争中处于弱势。

　　福建省、山东省、陕西省和四川省：在参与分析的文化细分行业中金融扶持政府补助占比都是0，说明上述几省在如何利用金融工具加强对文化产业的发展扶持方面特别需要加强探索创新。

第五章　中国文化产业价值链的
政府补助研究

政府补助的目的在于促进产业高效、健康发展。而任何一个产业的发展，其本质上都要依赖价值链各个环节的增强。政府补助对于产业的促进，只有有效着力于真正需要扶持补助的价值链环节，才能最大限度地促进产业的发展。对于仍然处于发展初期的中国文化产业而言，尤其需要政府补助对于文化产业价值链中的关键和薄弱环节的"精准打击"。本章基于"文化产业价值链模型"，对 2013 年中国文化产业上市公司政府补助细化项目进行归类整理和定量分析，为文化产业政府补助研究提供新的维度和思路。

第一节　文化产业价值链模型

战略管理专家迈克尔·波特教授在 1985 年提出了著名的"价值链"分析法，他认为，"每一个企业都是在设计、生产、销售、发送和辅助其产品的过程中进行种种活动的集合体，所有这些活动可以用一个价值链来表明"，他将企业的价值链划分为两大类活动——基本活动和辅助活动。其中，基本活动是指"进货后勤、生产作业、发货后勤、经营销售和服务"，而辅助活动则包括"企业基础设施、人力资源管理、技术开发和采购"。[1]基本活动和辅助活动共同支持整个价值链，并构成了企业的竞争优势。

迈克尔·波特对于价值链的分析视角主要聚焦在企业内部。随着社会分工的日益细化，企业间联结合作的日益深化，企业的价值链不再各自独立，而是形成了企业与企业之间的价值链集群、分工与合作，进而形成整

---

[1]　［美］迈克尔·波特：《竞争优势》，夏忠华译，中国财政经济出版社 1988 年版，第 34—35 页。

个产业层面的价值链，即"产业价值链"。基于上述认识，本章借鉴迈克尔·波特教授价值链分析思想，对文化产业进行产业价值链的分析：

文化产业价值链可以划分为两大部分，第一部分是价值创造活动，包括四个价值链环节，即内容创作、生产制造或服务提供、运营管理和市场营销；第二部分是价值创造辅助要素，包括人力资源、资本、基础设施和原材料等。

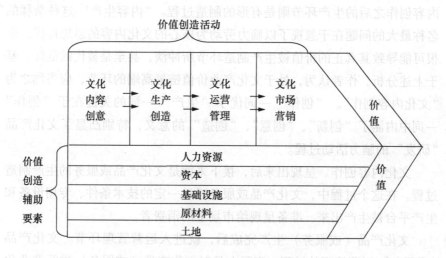

图 5-1　文化产业价值链模型

第一部分"价值创造活动"，处于价值链最高端也是最为重要的，无疑是文化内容创作环节。这里所谓的"内容"，实际是指核心文化内容，主要聚焦于无形的创意内涵。

常常有学者把这个环节称之为"内容生产"。笔者认为，"内容生产"的说法是不准确、不恰当或带有很大随意性的。虽然"生产"一词的本意既包含物质产品的生产，也包含文学、艺术创作等精神财富的生产①，使用"生产"一词并没有语法问题，但是由于该词涵盖内容过于宽泛，并不能准确和明确表达出文化产业价值链最高端的文化内容的产生过程。

其中的道理可以通过普通产品类比思考。对于一般的普通产品而言，其产生的过程必然经过两大关键环节：一是研发环节，二是生产环节。相对应的，企业在生产这些产品的时候往往会设立两个既相互独立又相互链

---

① 详见《新华字典》相关词语解释。

接的部门，即研发部与生产部。同样，对于文化产品的产生过程，必然也需要经历研发与生产两个环节。比如一本小说，其创作过程实际上就类似于一般制造业产品的研发过程，而其排版印刷的过程正相当于一般制造业产品的生产过程。从这个例子中可以发现，"内容生产"这个说法，实际上是将文化产品的"研发"过程与"生产"过程杂糅在一起了。显然，文化内容创作环节是以无形的智慧、创意、设计为主的思想过程；而文化内容创作之后的生产环节则是有形的制造过程。"内容生产"这种杂糅的名称最大的问题在于忽视了以脑力劳动为核心的文化内容的思想过程，而很可能导致其真正的价值被生产制造环节所冲淡，甚至是替代的危险。基于上述分析，作者认为，处于文化产业价值链最高端的环节，应当称之为"文化内容创作"。"创作"一词优于"生产"一词的关键在于"创作"一词中内涵了"创新"、"创意"、"创造"的意义，特别凸显了文化产品"研发"的脑力活动过程。

文化内容创作、呈现出来后，接下来就是文化产品或服务的生产制造过程。在这个过程中，文化产品或服务通过一定的技术条件、专用设备和生产平台被生产出来，准备呈现给市场上的消费者。

文化产品（或服务）生产完成后，就进入运营管理环节。文化产品（或服务）运营管理的过程，实际上是对文化产品（或服务）进行商业化运作的过程，是从理论价值转化为市场价值的过程。文化产品（或服务）的运营管理，最为核心的是构建一个具有较强盈利能力的运营平台。

文化产品（或服务）市场价值的真正实现，还需要最后一个必然环节，这个环节就是市场营销。通过市场营销，将文化产品（或服务）从生产者转移到消费者，在这个过程中完成了文化产品（或服务）市场价值的实现，也完成了文化产品（或服务）从"虚无缥缈"的"想法"到"实实在在"的"享受"的整个价值创造与消费的过程。

此外，为了确保上述价值创造活动的流转顺畅、正常运行，必须依靠四大关键性的辅助要素。第一，人力资源，文化产业价值链任何一个环节都离不开"人"：最为原始的内容创意环节中，由于内容创意完完全全存在于"人"的大脑中；接下来的内容制作、生产制造、运营管理和市场营销，无一不是"人"的聚合与演绎。第二，资本。资本是产业发展的催化剂和动力引擎，通过资本的运作可以将文化产业价值链中的各个元素从各自独立转变为相互联结，从松散相关转变为凝心聚力。第三，文化产业价值链的实现还需要加强基础设施的建设，包括文化产品（或服务）生产所需的机器设备、厂房/场地以及水电煤等公用基础能源。第四，文化制造业产品生产还需要原材料作为重要的基础性生产要素。

第二节　基于文化产业上市公司政府补助的价值链模型深化

笔者在收集整理 2013 年文化产业上市公司政府补助细分项目的过程中，按照第一节构建的文化产业价值链模型，通过归类汇总，基本概括出了当前全国文化产业政府补助的价值链呈现状态。根据文化产业上市公司的政府补助着力点，进一步深化文化产业价值链模型如图 5 - 2 所示。

一　第一部分：价值创造活动

文化内容创作环节：从理论上讲，文化内容创作环节应该包含两个内容，一个是最为核心的内容创意过程，即文化内容的思想、智慧产生的原始基点；另一个是内容制作过程，即将内容创意过程中的想法加以呈现的过程。文化产业上市公司政府补助统计发现，目前政府对于文化内容创作环节的资助主要集中在内容创意、内容制作技术、内容制作平台三方面，内容创意实际上就是第一块内容；而内容制作技术和内容制作平台的补助其目的实际上在于内容创意呈现能力的增强。

文化生产/服务环节：政府补助主要集中在文化生产/服务过程、文化产品生产制造（或服务）技术（以下简称"文化生产/服务技术"）、文化产品生产制造（或服务）平台（以下简称"文化生产/服务平台"）、文化产品生产制造（或服务）相关设备（以下简称"文化生产/服务设备"）以及文化产品生产制造（或服务）的辅助保障（以下简称"文化生产/服务辅助保障"）五个方面。

文化运营管理环节：政府补助主要集中在文化产品（服务）运营平台、文化产品（服务）运营技术和文化产品（服务）运营维护三个方面。

文化市场营销环节：政府补助主要集中在文化产品（服务）国内销售、文化产品（服务）国外销售、文化产品（服务）销售模式、文化产品（服务）品牌塑造、文化产品（服务）商标保护以及文化产品（服务）消费激励。

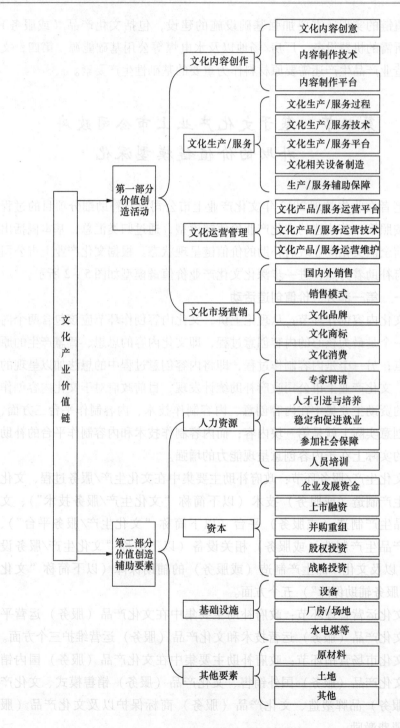

图 5 - 2 文化产业价值链细化模型

二　第二部分：价值创造辅助要素

人力资源要素：政府补助主要集中在专家聘请、人才引进与培养、稳定和促进就业、参加社保和人员培训五个方面。

资本要素：政府补助重点集中在企业发展资金、上市融资、并购重组、股权投资和战略投资等方面。

基础设施：政府补助主要集中在生产设备、厂房/场地、水电煤公用能源等方面。

土地要素：政府补助主要集中在土地使用税减免或返还等方面。

原材料：政府补助也体现在个别文化企业的原材料补贴方面。

第三节　基于价值链模型的文化 产业政府补助解析

本书依据文化产业价值链模型对 2013 年中国 171 家文化产业上市公司政府补助细化项目进行逐一归类整理，并从频度和力度两大维度通过汇总计算分析文化产业价值链各个环节政府补助状况。政府补助力度实际上通过文化产业价值链环节获得政府补助的总量规模来体现，反映的是政府补助在该价值链环节上的集中强度，然而由于总量规模分析的是政府补助金额合计值，这种合计值容易受到某些大的绝对数值的影响（举个极端的例子，某个环节的政府补助绝对数额很高，然而有可能这一数额仅仅是一家企业所获得），在这种情况下会导致对于文化产业价值链政府补助着力状况的认识失之偏颇。本书在总量规模的力度分析基础上，增加了频次分析，即对文化产业价值链各个环节所接受政府补助的频率次数进行统计分析，从而有助于更为科学把握文化产业价值链政府补助现实状况，对当前中国有关政府部门文化产业的扶持补助政策在落地实施层面的基本状况有一个更为全面和深入的了解。

一　政府补助频度力度与价值链地位严重背离

首先，从价值类型看，第一部分"价值创造活动"所获得的政府补助总量达到 14.55 亿元，占 63.58%；第二部分"价值创造辅助要素"所获得的政府补助总量为 8.34 亿元，占 36.42%。第一部分获得的政府补助总量力度达到第二部分的 1.75 倍。从理论上讲，价值创造活动是文化产业的核心部分，价值创造辅助要素是为价值创造提供相关辅助要素的环节，政府补助在总量规模上向价值创造活动倾斜的大方向是正确的。然而，政府补助价值链频度分析发现，第一部分"价值创造活动"政府补助频度占比并没有总量占比那么高，仅达到50.23%，低于总量占比13个百分点；第二部分"价值创造辅助要素"所获得的政府补助频度占比为49.77%，与第一部分频度相当。这说明，尽管政府补助在文化产业价值链第一部分"价值创造活动"上的总量力度尚可，但是在频度上却并没有体现出特别的优势。

其次，进一步分析文化产业价值链环节的政府补助频度力度状况可以发现，在第一部分价值创造活动中，文化生产/服务环节获得了20.56%的政府补助频度，在政府补助力度上获得8.10亿元，这一数字在文化产业上市公司政府补助总量中占35.38%，在第一部分价值创造活动中占55.66%。然而，作为文化产业价值链最高端的文化内容创作环节所获得的政府补助频度占9.31%，远低于文化生产/服务环节和文化市场营销环节；其政府补助力度规模仅达到9204.95万元，仅占政府补助总额的4.02%，仅占第一部分价值创造活动政府补助金额的6.33%，仅占文化生产/服务环节政府补助金额的11.36%，而且是第一部分价值创造活动中四大价值链环节中所获得政府补助金额最少的。上述结果表明，当前中国文化产业价值链的最高端——内容创作环节所获得的政府补助规模与其价值链地位出现了严重的背离。

最后，进一步分析文化产业价值链政府补助着力点可以发现，文化产业价值链第一部分价值创造活动中文化国外销售是政府补助着力频度最高的环节，而且频度大大高出其他价值链环节；从力度来看，该环节获得的政府补助金额达到1.30亿元，占比刚刚超过5%，说明对外文化贸易的重要性已被认知，但是在政府扶持补助力度上还需要进一步增强。文化内容创意环节获得了6.06%的政府补助频度，排在第一部分价值创造活动的第二位，然而政府补助力度规模仅达到6435.98万元，仅占政府补助总量规模的2.81%。而与之形成鲜明对比的是，文化设备制造环节获得了4.74亿元政府补助金额，占政府补助总量规模的20.71%，是文化内容创意环节政府补助力度的7.37倍。出现这一结果的客观原因是，文化设备制造类企业的总资产规模一般较大，多属于重资产企业，少量的政府补助资金起不到明显促进效果，因而投在文化设备制造环节的政府补助力度就相对较大，但这并不是造成文化内容创意环节政府补助力度低下的根本原因。笔者认为，造成上述结果的深层次原因仍然在于政府部门的"政绩观"。虽然近些年来中央一直强调"不以 GDP 论英雄"，但是各级政府绩效评估指标体系中，GDP 仍然占据最为重要的位置。例如北京市人大财经委主任委员王琪（2014）曾明确指出，由于首都缺乏文化产业发展的具体规划，北京市文化产业专项资金的设立本身就有单纯追求文化产业 GDP 的倾向。① 在以 GDP 为主的政绩考核体系下，政府补助必然向重资产领域倾斜，造成文化内容创意等重思想、轻资产的产业价值链环节得不到应有的政府补助支持。上海在 2015 年的政府目标设定中取消了 GDP 指标，这或许表明以 GDP 为核心的政绩考核将从 2015 年开始真正转变。然而值得深入思考的是，取消 GDP 一个指标是容易操作的，但是如何构建更为科学的、符合当前经济转型发展、符合社会主义文化强国建设的政绩评估指标体系则是考验政府智慧的更具意义的研究课题。

表 5 - 1　　　　　　　　　文化产业价值链政府补助频度状况

价值类型	价值链环节	政府补助着力点	政府补助频次	政府补助频次占比（%）
第一部分价值创造活动（50.23%）	文化内容创作（9.31%）	文化内容创意	28	6.06
		文化内容创作技术	5	1.08
		文化内容创作平台	10	2.16
	文化生产/服务（20.56%）	文化生产/服务过程	21	4.55
		文化生产/服务技术	26	5.63
		文化生产/服务平台	25	5.41
		文化设备制造	17	3.68
		文化生产辅助保障	6	1.30
	文化运营管理（7.36%）	文化运营平台	28	6.06
		文化运营技术	4	0.87
		文化运营维护	2	0.43
	文化市场营销（12.99%）	文化国内销售	4	0.87
		文化国外销售	41	8.87

① 张楠：《2015 年后本市文创专项资金将"以事定钱"》，《北京晚报》2014 年 11 月 26 日。

续表

价值类型	价值链环节	政府补助着力点	政府补助频次	政府补助频次占比（%）
第一部分价值创造活动（50.23%）	文化市场营销（12.99%）	文化品牌塑造	7	1.52
		文化商标保护	4	0.87
		文化消费激励	3	0.65
		文化销售模式	1	0.22
第二部分价值创造辅助要素（49.77%）	人力资源（19.91%）	专家聘请	5	1.08
		人才引进与培养	12	2.60
		稳定和促进就业	23	4.98
		参加社保	27	5.84
		人员培训	25	5.41
	资本（23.38%）	企业发展资金	95	20.56
		上市融资	9	1.95
		并购重组	2	0.43
		股权投资	1	0.22
		战略投资	1	0.22
	基础设施（4.11%）	基础设施补助	1	0.22
		设备	9	1.95
		厂房/场地	8	1.73
		水电煤	1	0.22
	原材料（0.22%）	原材料补助	1	0.22
	土地（2.16%）	土地补助	10	2.16

　　从第二部分价值创造辅助要素来看，资本要素在政府补助频度和力度上都占首要位置，而企业发展资金是其中最为主要的内容。所谓企业发展资金，是作者对于由财政部门或其他有关政府部门设立的用于扶持文化产业发展、文化企业发展的一类资金的统称，例如文化产业发展引导资金/专项资金、现代信息服务业专项资金、地方特色产业中小企业发展资金，等等。此类资金一般需要企业以申报方式获得。近些年来随着国家对文化产业发展的日益重视，中央和各级地方政府出台了众多文化产业发展扶持资金名目（详见第四章中国文化产业政府补助内容结构中的产业扶持类政府补助），这些资金虽然在文化产业发展过程中起到

了一定的扶持促进作用，但也暴露出很多不规范的问题，亟须加强整合与规范管理。

在"资本"这一价值创造辅助要素中，政府补助的核心目的并不是政府拿钱让企业去花，真正的目的应该是构建多元化的文化产业发展投融资服务体系。然而，从目前政府补助着力点来看，主要涉及上市融资、并购重组、股权投资和战略投资四种形式。进一步通过政府补助的频度和力度分析可以发现，上市融资的政府补助频度最高，在四种主要方式中频度占 69.23%；力度也是最大的，占 91.91%。这说明上市融资是当前最为主要的文化产业投融资扶持方式，对股权投资和战略投资等新型投融资方式的扶持体系远未形成。

二 民营文化企业政府补助总体合理性比国企差

从价值链类型结构关系来看，对于民营文化企业，第一部分价值创造活动与第二部分价值创造辅助要素的政府补助频度之比为 0.89∶1，力度之

表5-2　　　　　　　文化产业价值链政府补助力度状况　　　　单位：万元、%

价值类型	价值链环节	政府补助着力点	政府补助规模	政府补助规模占比
第一部分价值创造活动（63.58%）	文化内容创作（4.02%）	文化内容创意	6435.98	2.81
		文化内容创作技术	1543.08	0.67
		文化内容创作平台	1225.89	0.54
	文化生产/服务（35.38%）	文化生产/服务过程	7743.78	3.38
		文化生产/服务技术	15801.20	6.90
		文化生产/服务平台	9329.57	4.08
		文化设备制造	47417.08	20.71
		文化生产辅助保障	702.79	0.31
	文化运营管理（17.37%）	文化运营平台	39445.69	17.23
		文化运营技术	292.61	0.13
		文化运营维护	32.19	0.01
	文化市场营销（6.79%）	文化国内销售	73.43	0.03
		文化国外销售	13018.17	5.69
		文化品牌塑造	403.28	0.18
		文化商标保护	195.10	0.09
		文化消费激励	1659.93	0.73
		文化销售模式	200.00	0.09

价值类型	价值链环节	政府补助着力点	政府补助规模	政府补助规模占比
第二部分价值创造辅助要素（36.42%）	人力资源（5.00%）	专家聘请	96.66	0.04
		人才引进与培养	486.06	0.21
		稳定和促进就业	8790.84	3.84
		参加社保	1305.12	0.57
		人员培训	766.46	0.33
	资本（28.04%）	企业发展资金	61652.29	26.93
		上市融资	2327.00	1.02
		并购重组	113.50	0.05
		股权投资	46.20	0.02
		战略投资	45.00	0.02
	基础设施（1.41%）	基础设施补助	603.74	0.26
		设备	677.85	0.30
		厂房/场地	1916.51	0.84
		水电煤	20.87	0.01
	原材料（0.00%）	原材料补助	7.50	0.00
	土地（1.98%）	土地补助	4534.00	1.98

说明：因本章基于价值链的分析所选取的政府补助具体细化项目与前文内容结构不完全一致，所以在政府补助规模总量方面与内容结构部分并不完全一致。下同。

比为0.78∶1；而国有文化企业上述两个比值分别为1.18∶1和2.37∶1。这一结果表明，政府对民营文化企业的扶持补助总体力度和频度合理性比国有文化企业更差。

文化内容创作环节和文化生产/服务环节政府补助分配不合理问题对于国有文化企业和民营文化企业同样存在。从频度比较来看，国有文化企业在文化内容创作环节所获得的政府补助频度占比为11.17%，高于民营文化企业的8.74%；但是政府补助力度比较发现，国有文化企业在文化内容创作环节获得的政府补助金额仅占2.55%，大大低于民营文化企业8.23%的力度比重。进一步分析政府补助着力点还可以发现同样的规律，即国有文化企业对于文化内容创意环节的着力频度高出民营文化企业2.3个百分点，但是，在政府补助力度方面却逊于民营文化企业3个百分点以上。

表5-3　　　　文化产业价值链政府补助频度按所有制分布状况　　　单位:%

价值类型	价值链环节	政府补助着力点	国有企业	民营企业
第一部分价值创造活动	文化内容创作	文化内容创意	7.82	5.32
		文化内容创作技术	1.12	1.14
		文化内容创作平台	2.23	2.28
	文化生产/服务	文化生产/服务过程	5.59	3.42
		文化生产/服务技术	2.79	6.84
		文化生产/服务平台	6.70	4.56
		文化设备制造	5.03	2.28
		文化生产辅助保障	2.23	0.76
	文化运营管理	文化运营平台	7.26	5.32
		文化运营技术	1.68	0.38
		文化运营维护	0.56	0.00
	文化市场营销	文化国内销售	0.00	1.52
		文化国外销售	6.70	10.65
		文化品牌塑造	2.23	1.14
		文化商标保护	0.56	1.14
		文化消费激励	1.12	0.38
		文化销售模式	0.56	0.00
第二部分价值创造辅助要素	人力资源	专家聘请	1.12	1.14
		人才引进与培养	2.23	3.04
		稳定和促进就业	5.59	4.56
		参加社保	6.15	5.32
		人员培训	3.35	6.84
	资本	企业发展资金	18.99	22.05
		上市融资	1.68	1.90
		并购重组	0.00	0.76
		股权投资	0.56	0.00
		战略投资	0.56	0.00
	基础设施	基础设施补助	0.56	0.00
		设备	0.56	2.66
		厂房/场地	2.79	1.14
		水电煤	0.56	0.00
	原材料	原材料补助	0.00	0.38
	土地	土地补助	1.12	3.04

通过国有与民营文化企业政府补助着力频度和力度分析还可以发现一个有价值的现象：政府对国有文化企业补助重运营平台打造，对民营文化企业重国际文化贸易。

运营管理是文化企业建立商业模式、获取市场价值的核心环节，有关政府部门显然也认识到了这一点。从文化运营管理环节所获得政府补助的频度和力度比较可以明显看到，政府对国有文化企业运营管理的重视程度要大大高于民营文化企业，在该环节政府补助频度占比上，国有文化企业比民营文化企业高出近4个百分点，而在政府补助力度方面，国有文化企业以22.44%的占比达到了民营文化企业运营管理环节政府补助力度的4倍之高，并且都集中投放在了国有企业文化运营平台的建设上面。

从文化市场营销环节来看，政府对于国有文化企业和民营文化企业扶持频度和力度都主要集中在国外销售环节，而且对民营文化企业对外文化贸易的重视程度更高。频度分析显示，民营文化企业在国外销售环节获得政府补助频度占10.65%，比国有文化企业高出近4个百分点；力度分析发现，民营文化企业在该环节获得政府补助金额比重比国有文化企业高出5.43%。十八届三中全会《中共中央关于全面深化改革若干重大问题的决定》中明确提出"培育外向型文化企业，支持文化企业到境外开拓市场"的战略路径。而从2013年政府补助在不同所有制文化企业中对于国际文化贸易的不同扶持频度和力度占比可以看出，拓展境外文化市场战略在落地执行过程中，各级政府部门显然对于民营文化企业寄予了更大的希望。然而需要指出的是，十八届三中全会还特别强调了"加强国际传播能力和对外话语体系建设，推动中华文化走向世界"的文化开放战略，这一战略的实施仅仅依靠民营文化企业远远不够，在很大程度上还需要以国有文化企业为主体。基于这一战略要求，有关政府部门还需要对国有文化企业提升国际市场营销能力方面予以重点关注。

表5-4　　　文化产业价值链政府补助力度按所有制分布状况　　　单位：%

价值类型	价值链环节	政府补助着力点	国有企业	民营企业
第一部分价值创造活动	文化内容创作	文化内容创意	2.02	5.15
		文化内容创作技术	0.05	2.35
		文化内容创作平台	0.48	0.73
	文化生产/服务	文化生产/服务过程	2.97	1.21
		文化生产/服务技术	8.90	2.24

续表

价值类型	价值链环节	政府补助着力点	国有企业	民营企业
第一部分价值创造活动	文化产业服务	文化生产/服务平台	1.35	9.04
		文化设备制造	27.02	5.00
		文化生产辅助保障	0.42	0.04
	文化运营管理	文化运营平台	22.32	5.45
		文化运营技术	0.12	0.16
		文化运营维护	0.00	0.00
	文化市场营销	文化国内销售	0.00	0.12
		文化国外销售	4.21	9.64
		文化品牌塑造	0.15	0.25
		文化商标保护	0.06	0.15
		文化消费激励	0.16	2.26
		文化销售模式	0.12	0.00
第二部分价值创造辅助要素	人力资源	专家聘请	0.04	0.05
		人才引进与培养	0.07	0.61
		稳定和促进就业	3.24	5.37
		参加社保	0.27	1.30
		人员培训	0.11	0.92
	资本	企业发展资金	23.85	36.85
		上市融资	0.31	2.78
		并购重组	0.00	0.18
		股权投资	0.03	0.00
		战略投资	0.03	0.00
	基础设施	基础设施补助	0.38	0.00
		设备	0.04	0.99
		厂房/场地	1.12	0.19
		水电煤	0.01	0.00
	原材料	原材料补助	0.00	0.01
	土地	土地补助	0.14	6.96

三　文化服务业在内容创作环节投入明显不足

在文化服务类细分行业中，普遍缺乏对于内容创作环节应有的重视：从政府补助频度占比来看，仅有电影和影视录音服务行业政府补助在内容创作环节频度占比排在第一位，增值电信服务（文化部分）行业和互联网信息服务行业处于并列第一的位置，其余文化服务行业政府补助在内容创作环节普遍占比不高，而且在建筑设计服务、广告服务和广播电视服务行业对内容创作环节政府补助频度为0。政府补助力度占比分析则更说明了这一欠缺：首先，仅有文化软件服务一个行业中的内容创作环节政府补助力度占比排在第一位；其次，仅有互联网信息服务和出版服务两个行业内容创作环节政府补助力度占比达到了10%以上；最后，文化服务细分行业内容创作环节政府补助力度占比不足5%。

电影和影视录音服务行业虽然在内容创作环节政府补助频度占比排首位，但是从政府补助力度来看则仅占2.14%；而该行业实际上是将近30%的政府补助投放在了市场营销环节。这又是一个值得深刻反思的问题。诚然，中国的电影行业在市场营销方面确实比欧美电影行业要差，但这并不是当前中国电影面临的最为重要的问题。可能连老百姓都知道，中国电影当前最为重要的问题是缺乏优秀的内容创作。频度占比第一说明了政府部门已经意识到了内容创作对于电影行业发展的重要价值意义，然而在政府补助具体操作实施过程中，却仍然明显地让位于市场营销。仔细分析发现，这里的市场营销补助，实际上完全补贴在了国外市场销售上面，原因很清楚，中国要加强对外文化宣传，增强对外话语权的掌控力，电影是一种非常好的宣传载体。在美国的对外文化交流和价值观宣扬方面，美国大片充当了其中的绝对主力。作为对外文化宣传的有关决策部门首先应该充分认识到的是，美国大片的成功模式在于内容和营销的强强联合，而且内容优质是市场成功的首要基础。然而，从目前中国对于电影行业价值链的政府补助分布情况比较研究结论来看，政府补助并没有在中国电影行业发展中起到符合行业发展规律的引导作用。先要优质内容，还是先要海外宣传，是一个值得政府有关部门深入思考的问题。

在细分行业政府补助价值链分析发现，企业发展资金在出版服务、建筑设计服务、电影和影视录音服务、工艺美术品的制造、广告服务、玩具的制造、广播电视服务和增值电信服务（文化部分）八个行业中的政府补助金额占58%以上，甚至广告服务行业超过98%。这说明在上述行业中政府补助的思路还需要进一步开放，需要借鉴文化产业价值链思维进行政府补助方式方法创新。

表 5 - 5　文化产业价值链政府补助频度按细分行业分布状况

单位：%

产业分类第三层	文化内容创意	文化内容创作技术	文化内容创作平台	文化生产/服务过程	文化生产/服务技术	文化生产/服务平台	文化设备制造	文生产辅助保障	文化运营平台	文化运营技术	文化运营维护	文化国内销售	文化国外销售	文化品牌塑造	文化商标保护	文化消费激励	文化销售模式	专家聘请	人才引进与培养	稳定和促进就业	参加社保	人员培训	企业发展资金	上市融资	并购重组	股权投资	战略投资	基础设施补助	设备补助	厂房/场地	水电煤	原材料补助	土地补助
互联网信息服务	6.67	5.00	3.33	3.33	3.33	3.33	3.33	1.67	11.67	3.33	0.00	1.67	3.33	0.00	0.00	0.00	0.00	1.67	0.00	3.33	8.33	8.33	21.67	1.67	1.67	0.00	0.00	0.00	1.67	0.00	0.00	0.00	1.67
视听设备的制造	3.03	0.00	0.00	6.06	0.00	3.03	12.12	0.00	0.00	0.00	0.00	0.00	18.18	0.00	0.00	0.00	0.00	0.00	3.03	0.00	15.15	6.06	21.21	3.03	0.00	0.00	0.00	0.00	3.03	3.03	3.03	0.00	0.00
文化用品油墨颜料的制造	0.00	0.00	0.00	12.50	25.00	0.00	0.00	0.00	0.00	0.00	0.00	0.00	25.00	0.00	0.00	0.00	0.00	0.00	12.50	0.00	0.00	12.50	12.50	0.00	0.00	0.00	0.00	0.00	0.00	0.00	0.00	0.00	0.00
其他文化的制造	0.00	0.00	0.00	25.00	25.00	0.00	25.00	0.00	0.00	0.00	0.00	0.00	25.00	0.00	0.00	0.00	0.00	0.00	0.00	0.00	0.00	0.00	25.00	0.00	0.00	0.00	0.00	0.00	0.00	0.00	0.00	0.00	0.00
出版服务	11.76	0.00	11.76	0.00	0.00	5.88	0.00	0.00	17.65	2.94	0.00	0.00	5.88	0.00	0.00	0.00	0.00	0.00	2.94	0.00	2.94	0.00	32.35	0.00	0.00	0.00	0.00	0.00	0.00	2.94	0.00	0.00	0.00
景区游览服务	12.50	0.00	0.00	12.50	0.00	6.25	0.00	0.00	12.50	0.00	3.13	0.00	3.13	3.13	0.00	0.00	0.00	0.00	0.00	9.38	9.38	6.25	18.75	6.25	0.00	0.00	0.00	3.13	0.00	6.25	0.00	3.13	3.13

续表

产业分类第三层	文化内容创意	文化内容创作技术	文化内容创作平台	文化生产/服务过程	文化生产/服务技术	文化生产/服务平台	文化设备制造	文化生产辅助保障	文化运营平台	文化运营技术	文化运营维护	文化国内销售	文化国外销售	文化品牌塑造	文化商标保护	文化消费激励	文化销售模式	专家聘请	人才引进与培养	稳定和促进就业	参加社保	人员培训	企业发展资金	上市融资	并购重组	股权投资	战略投资	基础设施补助	设备	厂房/场地	水电煤	原材料补助	土地补助
印刷复制服务	0.00	0.00	0.00	3.23	12.90	3.23	0.00	0.00	0.00	0.00	0.00	0.00	16.13	0.00	0.00	0.00	0.00	0.00	0.00	9.68	12.90	9.68	22.58	3.23		0.00	0.00	0.00	6.45	0.00	0.00	0.00	0.00
建筑设计服务	0.00	0.00	0.00	0.00	10.00	10.00	0.00	0.00	0.00	0.00	0.00	0.00	0.00	0.00	10.00	0.00	0.00	0.00	10.00	0.00	0.00	0.00	50.00	0.00		0.00	0.00	0.00	0.00	0.00	0.00	0.00	0.00
广播电视传输服务	6.25	3.13	6.25	3.13	0.00	12.50	6.25	9.38	9.38	3.13	0.00	0.00	0.00	0.00	0.00	3.13	0.00	0.00	0.00	3.13	3.13	3.13	18.75	3.13		3.13	3.13	0.00	0.00	0.00	0.00	0.00	0.00
电影和影视录音服务	16.67	0.00	4.17	0.00	0.00	4.17	0.00	0.00	8.33	0.00	0.00	0.00	12.50	0.00	0.00	0.00	0.00	0.00	4.17	0.00	8.33	8.33	25.00	0.00		0.00	0.00	0.00	8.33	0.00	0.00	0.00	0.00
工艺美术品的制造	0.00	0.00	0.00	0.00	0.00	0.00	0.00	0.00	0.00	0.00	0.00	14.29	0.00	0.00	0.00	0.00	0.00	0.00	0.00	0.00	14.29	14.29	42.86	0.00		0.00	0.00	0.00	0.00	0.00	0.00	0.00	14.29
文化软件服务	15.38	0.00	0.00	7.69	7.69	15.38	0.00	0.00	0.00	0.00	0.00	0.00	7.69	7.69	0.00	0.00	0.00	0.00	7.69	0.00	0.00	0.00	23.08	0.00		0.00	0.00	0.00	0.00	7.69	0.00	0.00	0.00

续表

产业分类第三层	文化内容创意	文化内容创作技术	文化内容创作平台	文化生产/服务过程	文化生产/服务技术	文化生产/服务平台	文化设备制造	文化生产辅助保障	文化运营平台	文化运营技术	文化运营维护	文化国内销售	文化国外销售	文化品牌塑造	文化商标保护	文化消费激励	文化销售模式	专家聘请	人才引进与培养	稳定和促进就业	参加社保	人员培训	企业发展资金	上市融资	并购重组	股权投资	战略投资	基础设施补助	设备	厂房/场地	水电煤	原材料补助	土地补助
广告服务	0.00	0.00	0.00	0.00	0.00	0.00	0.00	0.00	0.00	0.00	0.00	0.00	0.00	0.00	0.00	14.29	0.00	0.00	0.00	14.29	14.29	14.29	28.57	0.00	14.29	0.00	0.00	0.00	0.00	0.00	0.00	0.00	0.00
玩具的制造	0.00	0.00	0.00	0.00	37.50	0.00	0.00	0.00	0.00	0.00	0.00	0.00	37.50	0.00	0.00	0.00	0.00	0.00	0.00	0.00	0.00	0.00	0.00	25.00	0.00	0.00	0.00	0.00	0.00	0.00	0.00	0.00	0.00
广播电视服务	0.00	0.00	0.00	0.00	0.00	12.50	0.00	0.00	12.50	12.50	12.50	0.00	12.50	12.50	0.00	0.00	0.00	0.00	0.00	12.50	0.00	0.00	12.50	25.00	0.00	0.00	0.00	0.00	0.00	0.00	0.00	0.00	0.00
增值电信服务（文化部分）	14.29	14.29	14.29	0.00	14.29	14.29	0.00	0.00	14.29	0.00	0.00	0.00	0.00	0.00	0.00	0.00	0.00	0.00	0.00	0.00	0.00	0.00	28.57	0.00	0.00	0.00	0.00	0.00	0.00	0.00	0.00	0.00	0.00
文化用化学品的制造	0.00	0.00	0.00	100.00	0.00	0.00	0.00	0.00	0.00	0.00	0.00	0.00	0.00	0.00	0.00	0.00	0.00	0.00	0.00	0.00	0.00	0.00	0.00	0.00	0.00	0.00	0.00	0.00	0.00	0.00	0.00	0.00	0.00

注：本表不包括年度上市公司数量低于 3 家的行业。

表5-6 文化产业价值链政府补助力度按细分行业分布状况

单位:%

产业分类第三层	文化内容创意	文化内容创作技术	文化内容创作平台	文化生产/服务过程	文化生产/服务技术	文化生产/服务平台	文化设备制造	文化生产辅助保障	文化运营平台	文化运营技术	文化运营维护	文化国内销售	文化国外销售	文化品牌塑造	文化商标保护	文化消费激励	文化销售模式	专家聘请	人才引进与培养	稳定和促进就业	参加社保	人员培训	企业发展资金	上市融资	并购重组	股权投资	战略投资	基础设施补助	设备	厂房/场地	水电煤	原材料补助	土地补助
互联网信息服务	1.88	13.74	0.31	0.91	0.66	2.07	8.45	0.07	21.36	2.10	0.00	0.62	0.90	0.00	0.00	0.00	0.00	0.09	0.00	0.02	1.93	1.93	34.09	3.69	1.39	0.00	0.00	0.00	0.38	0.00	0.00	0.00	3.41
视听设备的制造	0.03	0.00	0.00	8.73	3.80	16.18	0.00	0.00	0.00	0.00	0.00	0.00	26.81	0.00	0.00	0.00	0.00	0.00	0.04	0.00	1.12	0.09	40.98	0.77	0.00	0.00	0.00	0.00	0.00	1.38	0.08	0.00	0.00
文化用油墨颜料的制造	0.00	0.00	0.00	24.86	0.66	0.00	0.00	0.00	0.00	0.00	0.00	0.00	68.26	0.00	0.00	0.00	0.00	0.00	5.84	0.00	0.00	0.07	0.31	0.00	0.00	0.00	0.00	0.00	0.00	0.00	0.00	0.00	0.00
其他文化用品的制造	9.19	0.00	0.00	0.00	37.76	0.00	45.56	0.00	0.00	0.00	0.00	0.00	0.00	0.00	0.00	0.00	0.00	0.00	0.00	0.00	0.00	0.00	7.49	0.00	0.00	0.00	0.00	0.00	0.00	0.00	0.00	0.00	0.00
出版服务	10.76	0.00	2.72	8.42	0.00	0.07	0.00	0.00	12.66	0.46	0.00	0.24	0.00	0.00	0.00	0.00	0.00	0.00	0.01	0.00	0.09	0.00	64.28	0.00	0.00	0.00	0.00	0.00	0.00	0.30	0.00	0.00	0.00
景区游览观赏服务	5.29	0.00	0.00	0.00	0.00	0.06	0.00	0.00	82.88	0.00	0.01	0.00	0.00	0.16	0.00	0.00	0.00	0.00	0.00	0.45	0.03	0.02	6.01	3.12	0.00	0.00	0.00	1.55	0.00	0.08	0.08	0.00	0.33

续表

产业分类第三层	土地补助	原材料补助	水电煤	厂房/场地	设备	基础设施补助	战略投资	股权投资	并购重组	上市融资	企业发展资金	人员培训	参加社保	稳定和促进就业	人才引进与培养	专家聘请	文化销售模式	文化消费激励	文化商标保护	文化品牌塑造	文化国外销售	文化国内销售	文化运营维护	文化运营技术	文化运营平台	文化生产辅助保障	文化设备制造	文化生产/服务平台	文化生产/服务技术	文化生产/服务过程	文化内容创作平台	文化内容创作技术	文化内容创意
印刷复制服务	0.00	0.00	0.00	0.00	0.68	0.00	0.00	0.00	0.00	3.26	39.16	8.46	17.12	16.83	0.00	0.00	0.00	0.00	0.00	0.00	4.05	0.00	0.00	0.00	0.00	0.00	0.00	0.65	7.19	2.60	0.00	0.00	0.00
建筑设计服务	1.13	0.52	0.00	0.00	0.00	0.00	0.00	0.00	0.00	0.00	85.21	0.00	0.00	0.00	5.53	0.00	0.00	0.00	5.53	0.00	0.00	0.00	0.00	0.00	0.00	0.00	0.00	0.00	2.08	0.00	0.00	0.00	0.00
广播电视传输服务	0.00	0.00	0.00	0.00	0.00	0.00	0.08	0.08	0.00	0.36	8.22	0.07	0.07	0.00	0.00	0.00	0.00	2.55	0.00	0.00	0.00	0.00	0.00	0.07	3.27	1.22	9.91	9.09	0.00	3.85	0.29	0.07	0.78
电影和影视录音服务	0.00	0.00	0.00	0.00	3.55	0.00	0.00	0.00	0.00	0.00	58.63	0.17	0.17	0.00	0.27	0.00	0.00	0.00	0.00	0.00	29.95	0.00	0.00	0.00	4.41	0.00	0.00	0.71	0.00	0.00	0.18	0.00	1.96
工艺美术品的制造	19.69	0.00	0.00	0.00	0.00	0.00	0.00	0.00	0.00	0.00	76.93	0.27	0.27	0.00	0.00	0.00	0.00	0.00	0.00	0.00	0.00	2.84	0.00	0.00	0.00	0.00	0.00	0.00	0.00	0.00	0.00	0.00	0.00
文化软件服务	0.00	0.00	0.00	0.18	0.00	0.00	0.00	0.00	0.00	0.00	22.08	0.00	0.00	0.00	7.60	0.00	0.00	0.00	0.00	2.78	2.50	0.00	0.00	0.00	0.00	0.00	0.00	3.19	0.98	7.36	0.00	0.00	53.35

续表

产业分类第三层	文化内容创意	文化内容创作技术	文化内容创作平台	文化生产／服务过程	文化生产／服务技术	文化生产／服务平台	文化设备制造	文化生产辅助保障	文化运营平台	文化运营技术	文化运营维护	文化国内销售	文化国外销售	文化品牌塑造	文化商标保护	文化消费激励	文化销售模式	专家聘请	人才引进与培养	稳定和促进就业	参加社保	人员培训	企业发展资金	上市融资	并购重组	股权投资	战略投资	基础设施补助	设备	厂房／场地	水电煤	原材料补助	土地补助
广告服务	0.00	0.00	0.00	0.00	0.00	0.00	0.00	0.00	0.00	0.00	0.00	0.00	0.00	0.00	0.00	1.67	0.00	0.00	0.00	0.01	0.00	0.08	98.11	0.00	0.04	0.00	0.00	0.00	0.00	0.00	0.00	0.00	0.00
玩具的制造	0.00	0.00	0.00	0.00	16.93	0.00	0.00	0.00	0.00	0.00	0.00	0.00	16.14	0.97	0.00	0.00	0.00	0.00	0.00	0.00	0.00	0.00	65.97	0.00	0.00	0.00	0.00	0.00	0.00	0.00	0.00	0.00	0.00
广播电视服务	0.62	0.00	1.11	0.00	0.00	9.29	0.00	0.00	9.96	0.00	1.53	0.00	0.00	0.00	0.00	0.00	0.00	0.00	0.00	1.77	0.00	0.00	62.13	15.31	0.00	0.00	0.00	0.00	0.00	0.00	0.00	0.00	0.00
增值电信服务（文化部分）	0.00	0.00	0.00	0.25	0.00	0.37	0.00	0.00	0.37	0.00	0.00	0.00	0.00	0.00	0.00	0.00	0.00	0.00	0.00	0.00	0.00	0.00	97.29	0.00	0.00	0.00	0.00	0.00	0.00	0.00	0.00	0.00	0.00
文化用化学品的制造	0.00	0.00	0.00	100.00	0.00	0.00	0.00	0.00	0.00	0.00	0.00	0.00	0.00	0.00	0.00	0.00	0.00	0.00	0.00	0.00	0.00	0.00	0.00	0.00	0.00	0.00	0.00	0.00	0.00	0.00	0.00	0.00	0.00

注：本表不包括年度上市公司数量低于 3 家的行业。

四 大部分地区更加注重价值创造辅助要素的扶持

按照文化产业价值链模型对参与分析的 12 个省市进行汇总统计分析发现，12 个省市按照价值链第一部分和第二部分政府补助的频度与力度明显分成三大类型：其一，江苏省、广东省和北京市三个省市政府补助主要投向第一部分价值创造活动上，三个省市第一部分政府补助频度占比分别为 61.56%、59.79% 和 53.43%，政府补助力度占比分别达到了95.63%、84.88% 和 81.20%。其二，陕西省、山东省、上海市及福建省四个省市政府补助主要投向第二部分价值创造辅助要素上，四个省市第二部分政府补助频度占比分别为 50.02%、66.67%、66.00% 和 62.97%，政府补助力度占比则达到 86.55%、84.12%、79.73% 和 63.53%；湖南省和湖北省虽然在政府补助频度占比方面没有明显的侧重，但是在政府补助力度方面则明显倾向于第二部分，政府补助力度占比分别达到了83.10% 和 73.24%。其三，浙江省和四川省在第一部分和第二部分的政府补助比较均衡，浙江省略微偏向第二部分；四川省和安徽省则在政府补助频度占比上偏重于第一部分，但在政府补助力度上则更注重第二部分。在关注第二部分的省市中，湖南省、山东省、湖北省、上海市和四川省的政府补助力度实际上主要集中在企业发展资金方面，占比分别达到82.10%、80.31%、67.49%、66.84% 及 50.68%。

在第一部分价值创造活动的政府补助方面，湖南省和安徽省虽然绝大部分政府补助力度都投在了第二部分价值创造辅助要素上，但是从频度来看，上述两省政府补助频度占比最高部分都集中在文化内容创作环节。江苏省对于文化内容创作环节也非常重视，有 23.08% 的政府补助频度都关注于此，而且有 16.68% 的政府补助金额投放在文化内容创作环节。北京市虽然有 81.2% 的政府补助金额都投放在了第一部分价值创造活动中，但是从各价值链环节的政府补助分布可以发现，76.20% 的政府补助实际上都投在了文化生产/服务环节，而其中的绝大部分都投放在了文化设备制造方面，说明北京市未来需要加强对文化内容创作环节的政府扶持力度。

浙江省、江苏省和安徽省都比较重视市场营销环节的政府扶持，而且三个省份各有特点：江苏省是市场营销环节政府补助频度占比最高的省份，达到 26.93%；浙江省则是在政府补助频度和力度方面都以本省最高比重投放在市场营销方面，频度占比和力度占比分别达到 19.67% 和 20.52%，而且大部分集中在国外销售上，充分体现出该省对于外向型文化产业发展的重视程度。安徽省虽然对于市场营销政府补助力度方面占比不是最高，但是政府补助频度占比是与内容创作并列第一的；更为重要的是安徽省有关政府部门不仅仅关注到了国外销售，而且还对文化品牌塑造、文化商标保护以及市场营销模式给予了一定的政府扶持，这是其他地区非常值得学习和借鉴的地方。

表5－7　　　　　文化产业价值链政府补助频度按注册地区分布状况　　　　单位:%

注册地址	广东省	北京市	浙江省	上海市	山东省	江苏省	福建省	湖南省	四川省	安徽省	陕西省	湖北省
文化内容创意	5.88	9.59	4.92	4.00	0.00	11.54	0.00	14.29	0.00	12.50	8.33	10.00
文化内容创作技术	0.98	1.37	0.00	2.00	0.00	3.85	3.70	0.00	0.00	0.00	0.00	0.00
文化内容创作平台	1.96	2.74	0.00	2.00	0.00	7.69	0.00	7.14	0.00	6.25	0.00	0.00
文化生产/服务过程	3.92	5.48	0.00	4.00	11.11	0.00	7.41	7.14	0.00	6.25	0.00	10.00
文化生产/服务技术	11.76	4.11	3.28	2.00	0.00	3.85	11.11	0.00	13.33	0.00	0.00	0.00
文化生产/服务平台	3.92	6.85	6.56	4.00	0.00	0.00	0.00	7.14	6.67	6.25	8.33	10.00
文化设备制造	5.88	6.85	1.64	2.00	0.00	3.85	0.00	0.00	6.67	0.00	8.33	0.00
文化生产辅助保障	0.98	2.74	0.00	2.00	11.11	0.00	0.00	0.00	0.00	0.00	0.00	0.00
文化运营平台	3.92	4.11	9.84	4.00	0.00	3.85	3.70	14.29	13.33	6.25	8.33	10.00
文化运营技术	1.96	1.37	0.00	2.00	0.00	0.00	0.00	0.00	0.00	0.00	0.00	0.00
文化运营维护	0.00	0.00	0.00	0.00	0.00	0.00	0.00	0.00	0.00	0.00	8.33	0.00
文化国内销售	0.98	0.00	1.64	0.00	0.00	0.00	3.70	0.00	0.00	0.00	0.00	10.00

续表

注册地址	广东省	北京市	浙江省	上海市	山东省	江苏省	福建省	湖南省	四川省	安徽省	陕西省	湖北省
文化国外销售	13.73	6.85	14.75	6.00	11.11	15.38	7.41	0.00	6.67	0.00	8.33	0.00
文化品牌塑造	3.92	0.00	0.00	0.00	0.00	3.85	0.00	0.00	6.67	6.25	0.00	0.00
文化商标保护	0.00	0.00	1.64	0.00	0.00	3.85	0.00	0.00	0.00	6.25	0.00	0.00
文化消费激励	0.00	1.37	1.64	0.00	0.00	3.85	0.00	0.00	0.00	0.00	0.00	0.00
文化销售模式	0.00	0.00	0.00	0.00	0.00	0.00	0.00	0.00	0.00	6.25	0.00	0.00
专家聘请	0.98	0.00	3.28	0.00	11.11	0.00	3.70	0.00	0.00	0.00	0.00	0.00
人才引进与培养	0.98	1.37	6.56	2.00	0.00	7.69	0.00	0.00	0.00	0.00	8.33	0.00
稳定和促进就业	2.94	6.85	6.56	4.00	0.00	0.00	7.41	0.00	0.00	12.50	8.33	10.00
参加社保	1.96	4.11	4.92	18.00	0.00	3.85	7.41	7.14	6.67	0.00	8.33	0.00
人员培训	1.96	4.11	1.64	18.00	11.11	7.69	7.41	0.00	13.33	0.00	0.00	0.00
企业发展资金	19.61	23.29	21.31	22.00	22.22	19.23	18.52	28.57	26.67	12.50	8.33	30.00
上市融资	4.90	0.00	1.64	0.00	0.00	0.00	0.00	0.00	0.00	0.00	8.33	10.00
并购重组	0.00	1.37	0.00	2.00	0.00	0.00	0.00	0.00	0.00	0.00	0.00	0.00
股权投资	0.00	0.00	0.00	0.00	0.00	0.00	0.00	7.14	0.00	0.00	0.00	0.00
战略投资	0.00	0.00	0.00	0.00	0.00	0.00	0.00	7.14	0.00	0.00	0.00	0.00
基础设施补助	0.00	0.00	0.00	0.00	0.00	0.00	0.00	0.00	0.00	0.00	0.00	0.00
设备	1.96	1.37	3.28	0.00	11.11	0.00	11.11	0.00	0.00	0.00	0.00	0.00
厂房/场地	0.98	2.74	0.00	0.00	11.11	0.00	0.00	0.00	0.00	6.25	8.33	0.00
水电煤	0.98	0.00	0.00	0.00	0.00	0.00	0.00	0.00	0.00	0.00	0.00	0.00
原材料补助	0.98	0.00	0.00	0.00	0.00	0.00	0.00	0.00	0.00	0.00	0.00	0.00
土地补助	1.96	1.37	4.92	0.00	0.00	0.00	7.41	0.00	0.00	12.50	0.00	0.00

注：本表不包括年度上市公司数量低于3家的地区。

表 5 - 8　　　　文化产业价值链政府补助力度按注册地区分布状况　　　单位:%

注册地址	广东省	北京市	浙江省	上海市	山东省	江苏省	福建省	湖南省	四川省	安徽省	陕西省	湖北省
文化内容创意	0.79	2.85	5.39	0.04	0.00	0.02	0.00	14.82	0.00	7.45	4.28	7.89
文化内容创作技术	0.06	0.64	0.00	0.27	0.00	15.96	0.89	0.00	0.00	0.00	0.00	0.00
文化内容创作平台	0.24	0.31	0.00	0.00	0.00	0.70	0.00	0.93	0.00	4.10	0.00	0.00
文化生产/服务过程	0.46	4.62	0.00	12.98	2.42	0.00	12.62	0.21	0.00	1.96	0.00	0.45
文化生产/服务技术	20.29	1.14	0.41	0.26	0.00	0.14	12.73	0.00	7.25	0.00	0.00	0.00
文化生产/服务平台	3.84	1.54	16.54	1.46	0.00	0.00	0.00	0.31	26.45	0.87	0.13	4.45
文化设备制造	3.47	68.41	0.28	0.86	0.00	42.39	0.00	0.00	1.26	0.00	5.29	0.00
文化生产辅助保障	0.13	0.49	0.00	1.69	0.29	0.00	0.00	0.00	0.00	0.00	0.00	0.00
文化运营平台	45.91	0.35	5.37	1.53	0.00	20.79	7.42	0.63	5.42	5.03	3.21	13.74
文化运营技术	0.17	0.16	0.00	0.42	0.00	0.00	0.00	0.00	0.00	0.00	0.00	0.00
文化运营维护	0.00	0.00	0.00	0.00	0.00	0.00	0.00	0.00	0.00	0.00	0.49	0.00
文化国内销售	0.00	0.00	0.18	0.00	0.00	0.00	0.61	0.00	0.00	0.00	0.00	0.23
文化国外销售	9.27	0.62	15.25	0.76	13.17	9.87	2.20	0.00	3.26	0.00	0.05	0.00
文化品牌塑造	0.25	0.00	0.00	0.00	0.00	1.21	0.00	0.00	5.40	1.07	0.00	0.00
文化商标保护	0.00	0.00	0.02	0.00	0.00	1.21	0.00	0.00	0.00	1.77	0.00	0.00
文化消费激励	0.00	0.07	5.07	0.00	0.00	3.34	0.00	0.00	0.00	0.00	0.00	0.00

续表

注册地址	广东省	北京市	浙江省	上海市	山东省	江苏省	福建省	湖南省	四川省	安徽省	陕西省	湖北省
文化销售模式	0.00	0.00	0.00	0.00	0.00	0.00	0.00	0.00	0.00	3.54	0.00	0.00
专家聘请	0.02	0.00	0.22	0.00	0.15	0.00	0.38	0.00	0.00	0.00	0.00	0.00
人才引进与培养	0.11	0.14	0.21	0.18	0.00	1.01	0.00	0.00	0.00	0.00	0.15	0.00
稳定和促进就业	0.08	0.03	0.30	2.49	0.00	0.00	4.71	0.00	0.00	48.79	82.28	0.85
参加社保	0.32	0.01	0.19	5.55	0.00	0.10	1.95	0.05	0.05	0.00	0.07	0.00
人员培训	0.00	0.01	0.00	4.01	0.03	0.48	1.60	0.00	0.24	0.00	0.00	0.00
企业发展资金	11.97	13.63	44.70	66.84	80.31	2.77	25.31	82.10	50.68	21.07	0.49	67.49
上市融资	1.14	0.00	3.67	0.00	0.00	0.00	0.00	0.00	0.00	0.00	3.29	4.89
并购重组	0.00	0.00	0.00	0.66	0.00	0.00	0.00	0.00	0.00	0.00	0.00	0.00
股权投资	0.00	0.00	0.00	0.00	0.00	0.00	0.00	0.48	0.00	0.00	0.00	0.00
战略投资	0.00	0.00	0.00	0.00	0.00	0.00	0.00	0.47	0.00	0.00	0.00	0.00
基础设施补助	0.00	0.00	0.00	0.00	0.00	0.00	0.00	0.00	0.00	0.00	0.00	0.00
设备	0.01	0.00	1.45	0.00	2.27	0.00	5.66	0.00	0.00	0.00	0.00	0.00
厂房/场地	0.50	0.03	0.00	0.00	1.36	0.00	0.00	0.00	0.00	1.06	0.26	0.00
水电煤	0.03	0.00	0.00	0.00	0.00	0.00	0.00	0.00	0.00	0.00	0.00	0.00
原材料补助	0.01	0.00	0.00	0.00	0.00	0.00	0.00	0.00	0.00	0.00	0.00	0.00
土地补助	0.92	4.95	0.73	0.00	0.00	0.00	23.94	0.00	0.00	3.28	0.00	0.00

注：本表不包括年度上市公司数量低于3家的地区。

　　另外，安徽省和陕西省都非常重视文化产业的就业问题，两省在第二部分价值创造辅助要素中的人力资源投入方面相对较高，并且分别有48.79%和82.28%的政府补助金额都投放在了稳定和促进就业方面。这一结果也反映出文化产业对于中西部省份稳定和扩大就业的重要价值。

第六章　政府补助与文化产业
经营绩效研究

政府对文化产业的政策扶持力度逐年加大。《中国文化及相关产业统计年鉴2013》公布数据显示，2007年全国文化体育与传媒公共财政支出为898.64亿元，而2012年则攀升到2268.35亿元，增长了152.42%，年均增长率达到30.48%。从地方来看，2013年度上海文化创意产业财政扶持245个项目，资金总额就高达3.9亿元。一般来说，政府对文化企业进行补助，目的在于提升文化企业的绩效，然而在这个过程中，往往最容易产生的是"账面效应"，即通过政府补助弥补了文化企业的亏损，增加了账面盈利，例如大唐电信2012年营业外净收入达2.75亿元，其中政府补助2.41亿元，主营业务实际是亏损[①]；江苏可一文化产业集团利用文化补贴"作弊"扮靓利润，2013年政府补助激增，占可一文化当年净利润的41.68%。[②] 2014年多家文化企业扎堆IPO，利润数据表面可观，但财税优惠占企业利润过半，业绩畸形依赖政府补贴引发质疑及市场担忧。[③] 政府补助究竟能否有效促进文化产业经营绩效的改善提升，成为迫切需要研究的课题。

第一节　理论假设

文献回顾发现，关于政府补助与产业经营绩效的关系，国内外学者做过较多研究，但得到两个明显不同的结论：一方面，部分学者研究发现二者存在正向相关关系，强调政府补助不管是从长期还是短期来看，都会对

---

① 于晓娟：《大唐电信靠2.41亿元政府补助掩饰主业亏损》，《证券市场周刊》2013年4月8日。

② 2014年5月28日，江苏可一文化产业集团股份有限公司在证监会官网预披露，拟登陆上交所，但2013年该公司所获政府补贴激增，而招股书未交代获得大额补贴的原因，被指存在借政府补助粉饰报表之嫌。

③ 赵婧：《拟IPO传媒公司业绩严重依赖政策扶持》，《经济参考报》2014年6月13日。

产业或企业产生明显的经营绩效（Tzelepis and Skuras，2004[①]；Zhang，Li and Zhou，2014[②]）；而且，政府补助给处于不同发展阶段的企业带来的效益存在差异性，其中，政府补助对处于成长期的企业所产生的经济绩效最显著，说明政府补助决策与企业生命周期发展阶段的匹配非常重要（周霞，2014[③]）。此外，从分配方式视角来看，建立在竞争机制基础上的政府补贴分配方式对企业绩效也产生了积极的促进作用（Colombo，2011[④]）。另一方面，部分学者则认为，政府补助不能促进产业或企业的经营绩效，如 Bergstrom 等（2000）[⑤] 的研究，说明政府补贴对经营绩效并未产生显著影响；McKenzie 和 Walls（2013）研究了澳大利亚电影产业的政府补助问题，指出政府补助对电影票房的成功并没有显著影响。[⑥] 同时，政府补贴对企业在税款缴纳、提供社会捐赠、促进就业等绩效方面也没有显著贡献（申香华，2010[⑦]）。唐清泉等（2007）对上市公司获得政府补贴的效果进行研究认为，政府补贴虽然有助于上市公司社会效益的发挥，但没有增强上市公司经济效益。[⑧] 还有学者认为政府财政支持与税收优惠实际参与了企业的盈余管理活动，容易导致政府补助资金的低效与无效，无益于提升企业的长期绩效，甚至过多地依赖政府补贴会带来企业绩效下降（陈晓、李静，2001[⑨]；邹彩芬，2006[⑩]）。此外，孙维章、干胜道

[①] Tzelepis，Skuras，"The Effects of Regional Capital Subsidies on Firm Performance: An Empirical Study"，*Journal of Small Business and Enterprise Development*，No. 11，2004，pp. 121 – 129.

[②] Zhang，H. M.，Li，L. S.，Zhou，D. Q.，"Political Connections，Government Subsidies and Firm Financial Performance: Evidence from Renewable Energy Manufacturing in China"，*Renewable Energy*，Vol. 63，No. 3，2014，pp. 330 – 336.

[③] 周霞：《我国上市公司的政府补助绩效评价——基于企业生命周期的视角》，《当代财经》2014 年第 2 期。

[④] Colombo，M. G.，Grilli，L.，Murtinu，S.，"R&D Subsidies and the Performance of High – tech Start – ups"，*Economics Letters*，Vol. 112，No. 1，2011，pp. 97 – 99.

[⑤] Bergstrom，F.，"Capital Subsidies and the Performance of Firms"，*Small Business Economics*，No. 14，2000，pp. 183 – 193.

[⑥] McKenzie，J.，Walls，W. D.，"Australian Films at the Australian Box Office: Performance，Distribution，and Subsidies"，*Journal of Cultural Economics*，Vol. 37，No. 2，2013，pp. 247 – 269.

[⑦] 申香华：《营利性组织财政补贴的成长性倾向及其反哺反应——基于 2003—2006 年河南省上市公司的研究》，《经济经纬》2010 年第 5 期。

[⑧] 唐清泉、罗党论：《政府补贴动机及其效果的实证研究》，《金融研究》2007 年第 6 期。

[⑨] 陈晓、李静：《地方政府财政行为在提升上市公司业绩中的作用探析》，《会计研究》2001 年第 12 期。

[⑩] 邹彩芬：《政府财税补贴政策对农业上市公司绩效影响实证分析》，《产业经济研究》2006 年第 3 期。

（2014）研究发现，政府补助对企业当期业绩的促进效果不显著，业绩改善效果具有滞后性特征，但是，对具有政治关系的企业具有显著的作用效果。[①] 安同良等（2009）则指出，政府补助的政策面临着事后的道德风险与企业申请补贴时的事前逆向选择问题，除了单纯的财政资助或税收优惠之外，还需关注企业创新文化与企业家精神的培养与激励。[②]

虽然国内外学者在政府补助与产业或企业经营绩效方面已经进行了大量研究，但是在文化产业领域的相关研究却并不充分，因此上述学者们的研究结论对于文化产业的适用性还有待于进一步验证。而且根据《中国文化及相关产业统计年鉴》（2013）披露的数据，2012 年国家仅在文化体育与传媒方面的公共财政投入就达到 2268.35 亿元。巨额政府补助是否对文化产业的发展起到了显著的促进效应是一个非常有现实意义的评估课题。由此，本书提出第一个研究假设：

理论假设 H1：政府补助对文化产业经营绩效具有正向促进作用。

同时，需要指出的是，政府补助对于文化产业的经营绩效促进作用可能不仅仅体现在投入年，当企业将政府补助用于增加研发能力、引进优秀人才、开拓新兴市场等各种经营活动时，产生的绩效促进作用可能是有滞后性的，因此，也需要对滞后期的政府补助效果进行分析。在此提出第二个研究假设：

理论假设 H2：政府补助对文化产业经营绩效的正向促进作用具有滞后性。

此外，由于不同的所有制性质、不同行业类型企业在利用政府补助方面存在一定的差异性，进而影响到企业经营绩效的改善。Sun 与 Tong（2003）利用中国上市公司的数据得出国家所有权对企业绩效具有负面影响的结论。[③] 实际上，从不同所有制性质的企业受到政府补贴的影响来看也存在差异性，政治关联型企业在获得政府补贴之后，企业业绩并没有得到实质性的改善，即政府补助对政治关系型企业绩效的促进作用显著低于

---

① 孙维章、干胜道：《IT 行业中政府补助对研发与业绩的影响机制研究》，《经济问题》2014 年第 3 期。

② 安同良、周绍东、皮建才：《R&D 补贴对中国企业自主创新的激励效应》，《经济研究》2009 年第 10 期。

③ Sun, Q., Tong, W. H. S., China Share Issue Privatization: The Extent of Its Success. *Journal of Financial Economics*, 2003 (2), pp. 183 – 222.

无政治联系的企业，政治关联较弱的民营企业在获得政府补助后，长期业绩获得显著改善（Faccio，2006[①]；郭剑花、杜兴强，2011[②]；潘越等，2009[③]）。此外，政府补助与企业绩效关系还可能受到所属细分行业性质差异的影响。基于上述分析，本书提出如下研究假设：

理论假设 H3：政府补助与文化企业经营绩效的关系受到所有制性质因素的显著影响，即国有文化企业和民营文化企业等不同所有权性质企业在利用政府补助改善企业绩效方面存在显著差异。

理论假设 H4：政府补助与文化企业经营绩效的关系受到行业类型因素的显著影响，即不同细分行业的文化企业在利用政府补助改善企业绩效方面存在显著差异。

第二节　研究设计

一　样本与数据

从本章开始的实证研究在样本选择上，都是根据国家统计局《文化及相关产业分类（2012）》对 2011—2013 年上海证券交易所和深圳证券交易所 A 股全部上市公司年报披露信息进行一一比对甄选得到的 161 家文化产业上市公司。[④]

本书所使用的数据除特别说明外，全部来自 2011—2013 年上市公司年度报告。所有年度报告从上海证券交易所、深圳证券交易所及中国证监会指定信息披露网站"巨潮网"下载。此外，部分研究数据来源于国泰安数据库（CSMAR），并参考了大智慧、网易财经、同花顺、金融界、凤凰财经等机构网站关于上市公司的披露信息。

---

① Faccio, M., Politically Connected Firms. *American Economic Review*, 2006 (1), pp. 369 - 386.

② 郭剑花、杜兴强：《政治联系、预算软约束与政府补助的配置效率——基于中国民营上市公司的经验研究》，《金融研究》2011 年第 2 期。

③ 潘越、戴亦一、李财喜：《政治关联与财务困境公司的政府补助——来自中国 ST 公司的经验证据》，《南开管理评论》2009 年第 5 期。

④ 2012 年和 2013 年的公司数量为 171 家，为了满足面板数据结构平行性要求，这里采用的是 2012 年以前上市的 161 家公司。

二　变量选取

1. 解释变量。2006 年 2 月，国家财政部在借鉴《国际会计准则第 20 号——政府补助会计和政府援助的披露》的基础上，发布《企业会计准则第 16 号——政府补助》，对政府补助进行了界定和规范。按照《企业会计准则第 16 号——政府补助》规定，政府补助包括"与资产相关的政府补助"和"与收益相关的政府补助"两大类。"与资产相关的政府补助"需确认为递延收益，按资产使用寿命平均分配后计入当期损益；"与收益相关的政府补助"按照企业相关费用或损失发生的期间计入当期损益。根据上述规定，结合上市公司年报披露信息，将"计入当期损益的政府补助"（以下简称"政府补助"）设定为解释变量。

2. 被解释变量。本书认为，政府补助在会计核算层面已经纳入净利润的核算范围，其对净利润的改善作用是显而易见的，不需要进行复杂的计量回归分析验证。而净资产收益率实际上是公司税后利润与净资产的比值，重点考察的是公司对股东投入资本的利用效率问题，而且该指标是一个综合性很强的指标，其直接和间接考察范围涵盖了公司的销售收入、成本费用、流动资产和长期资产等诸多内容，优点是能够较为全面综合地反映公司经营绩效水平，缺点是相关影响因素太多；而且净利润和净资产收益率两个指标受成本费用因素的影响都比较大。然而，本书关注点是政府补助这一核心指标，该指标直接作用于公司的收入，而不是成本费用，注重对公司的"开源"，而不是"节流"；而且，从政府补助制度的设计初衷来思考，本书认为，政府补助对企业的功能不仅仅是"输血"，更应当是通过输血，培养和增强企业的"自我造血能力"。而企业的自我造血能力，核心反映就是企业的主营业务盈利能力。基于上述分析，本书选取与政府补助这一解释变量相对应的最为合适的被解释变量——"主营业务收入"指标。

3. 虚拟变量。这里考虑企业所属行业和所有制性质两类虚拟变量。在行业类型划分上，依据国家统计局《文化及相关产业分类（2012）》中产业分类第二层划分出来的 10 个行业门类进行设置，具体包括：新闻出版发行服务；广播电视电影服务；文化艺术服务；文化信息传输服务；文化创意和设计服务；文化休闲娱乐服务；工艺美术品的生产；文化产品生产的辅助生产；文化用品的生产；文化专用设备的生产。在企业所有制性质上，按照所有权结构特点划分为国有企业、国有相对控股企业、集体企业、民营企业和中外合资企业五种类型。

4. 控制变量。考虑企业规模可能对企业绩效产生重要影响，这里将企业规模作为控制变量。根据国家统计局《统计上大中小微型企业划分办法》（国统字〔2011〕75 号）中采用的"从业人员、营业收入、资产总额"指标，为了避免多重共线性，本书采用"总资产"作为企业规模的测量指标。此外，还可能存在某些不可预知的随时间变化的因素，这里将年度波动因素纳入控制变量。

三　模型建立

基于上述理论假设，建立计量模型如下：

$$Perf_{i,t} = \alpha_0 + \beta_1 Gov_{i,t} + \beta_2 Gov_{i,t-1} + \beta_3 Gov_{i,t} \times Own_{i,t} + \beta_4 Gov_{i,t} \times Ind_{i,t} +$$
$$\beta_5 Sca_{i,t} + \sum year + \varepsilon_{i,t} \qquad\qquad 模型1$$

其中，$Perf_{i,t}$ 表示第 i 家文化产业上市公司第 t 年的绩效水平；下标 i 表示公司（$i \in [1, 161]$），下标 t 表示时间（$t \in [2011, 2013]$）；$Gov_{i,t}$ 表示第 i 家上市公司第 t 年获得的政府补助数额；Own 表示上市公司的所有制性质，Ind 表示上市公司的所属行业类型，上述两个因素的调节作用通过与政府补助的交互项来表达；控制变量方面，$Sca_{i,t}$ 表示企业规模，$\sum year$ 表示年度波动因素；$\varepsilon_{i,t}$ 表示公司和时间混合差异的随机误差项。

第三节　实证研究结果

一　模型筛选和检验

面板数据计量模型实证研究首先需要对模型形式做出科学判断。一般情况下主要需要对固定效应模型、随机效应模型和混合 OLS 模型进行对比分析，选取能够反映数据客观情况的最为符合的模型类别。

固定效应模型与混合 OLS 模型的对比筛选主要通过个体固定效应的显著性检验来进行。固定效应模型实证结果显示 F 统计量达到 33.95，对应 P 值小于 0.001，说明个体固定效应显著，固定效应模型优于混合 OLS 模型。随机效应模型与混合 OLS 模型的比较主要通过个体随机效应显著性来判断。模型分析结果显示，χ^2 统计量达到 80.87，对应 P 值小于 0.001，说明个体随机效应显著，随机效应模型也优于混合 OLS 模型。然后通过 Hausman 检验对固定效应模型和随机效应模型进行对比分析。①

通过 Hausman 一致估计量协方差矩阵（sigmaless）检验显示，χ^2 统计量为 26.46，对应 P 值小于 0.001，推翻随机效应假设；通过有效估计量协方差矩阵（sigmamore）检验显示 χ^2 统计量达到 24.05，对应 P 值为 0.0001，同样在 1% 的水平下显著，上述两个检验共同表明固定效应模型优于随机效应模型，应选择固定效应模型。

二　模型结果解析

固定效应模型实证分析结果显示，针对参数联合检验的 F 统计量和 P 值分别为 9.20 和 0.000，表明参数整体显著。模型的组内、组间和样本总体三个层次的拟合优度分别为 0.287、0.815、0.815，说明模型的拟合优度较高。具体实证结论如下：

（一）政府补助对文化产业绩效当期效应不显著，但滞后促进效应得到验证

从变量系数和显著性水平结果可以发现，当期政府补助 $Gov_{i,t}$ 系数结果为负值，对应 P 值为 0.113，大于 0.05 的显著性水平，说明这种负向影响并不显著，进而说明理论假设 H1 不成立。同时可以发现，一阶滞后 $Gov_{i,t-1}$ 的系数为 11.902，对应 P 值为 0.001，说明该解释变量在 1% 的水平下显著。也就是说，滞后一期的政府补助会对下一年的文化产业绩效产生了正向的促进作用，理论假设 H2 得到了验证。

（二）企业所有制性质没有表现出显著的调节效应

实证分析结果显示，政府补助与企业所有制性质的交互项（$Gov_{i,t} \times Own_{i,t}$）系数为 0.289，对应 P 值为 0.951，大于 0.05，结果不显著，说明企业所有制性质并不是影响政府补助对文化企业绩效促进作用的重要调节因素。换句话说，国有企业、民营企业等不同所有制形式的企业，在利用政府补助促进企业绩效改善方面不存在明显差异，理论假设 H3 没有得到实证结果支持。

（三）行业属性差异对政府补助与文化企业绩效的关系产生了明显的调节效应

政府补助与文化企业所属行业类型的交互项（$Gov_{i,t} \times Ind_{i,t}$）系数达

---

① ［美］劳伦斯·汉密尔顿：《应用 STATA 做统计分析》，郭志刚等译，重庆大学出版社 2011 年版，第 153—166 页。

到了 4.932，对应 P 值为 0.005，小于 0.01，说明在 1% 的显著性水平下，企业所属行业类型对于政府补助和经营绩效的关系影响是显著的，也就是说，处于不同行业的文化企业，在利用政府补助改善绩效方面具有显著差异，理论假设 H4 成立。

表 6-1　　　　　　　　　　　　模型实证分析结果

变量	模型 1（固定效应）		模型 2（随机效应）（参考）	
	系数	显著性（P 值）	系数	显著性（P 值）
F 检验	9.20***	0.000	—	—
R^2：组内	0.287	—	0.219	—
R^2：组间	0.815	—	0.901	—
R^2：总体	0.815	—	0.912	—
$Gov_{i,t}$	-26.635	0.113	-52.608***	0.000
$Gov_{i,t-1}$	11.902***	0.001	9.645***	0.003
$Gov_{i,t} \times Own_{i,t}$	0.289	0.951	3.645	0.413
$Gov_{i,t} \times Ind_{i,t}$	4.932***	0.005	7.237***	0.000
$Sca_{i,t}$	0.143**	0.033	0.475***	0.000
$\sum year$	-22111.99	0.283	8271.87	0.684

注：*** 表示在 1% 的显著性水平下显著；** 表示在 5% 的显著性水平下显著。

三　行业属性的进一步实证分析

为进一步分析滞后期政府补助对文化产业绩效的影响在不同细分行业中的差异表现，本书借鉴劳伦斯·汉密尔顿（Lawrence Hamilton，2007）在"Statistics with Stata"中所采用的虚拟变量分类研究方法进行更为细致的实证研究。① 细分模型分析结果汇总在下面表格中，可以发现：

（一）"工艺美术品的生产"行业具有最为显著的正向调节效应

从实证结果可以看到，所有细分行业系数对应的 P 值都是 0.000，说明在 1% 的水平下显著，再次验证上文分析的结论。从系数的比较分析可以发现，除"工艺美术品的生产"行业外，其余行业的系数都是负数（负数表明其他行业都低于"工艺美术品的生产"行业的效应水平），说

① ［美］劳伦斯·汉密尔顿：《应用 STATA 做统计分析》，郭志刚等译，重庆大学出版社 2011 年版，第 153—166 页。

明在"工艺美术品的生产"行业中,一阶滞后政府补助对企业绩效的促进作用得到了正向的最为显著的加强。

(二)"文化创意和设计服务"4个行业中滞后期政府补助最终效应为正,"文化产品生产的辅助生产"4个行业最终效应为负

通过各细分行业与一阶滞后政府补助系数合并计算可知,除了"工艺美术品的生产"行业外,"文化创意和设计服务"、"文化休闲娱乐服务"、"文化用品的生产"、"新闻出版发行服务"4个行业的最终系数也为正,说明上述四个行业一阶滞后的政府补助对于文化企业经营绩效具有正向促进作用;而在"文化产品生产的辅助生产"、"文化专用设备的生产"、"广播电视电影服务"以及"文化信息传输服务"4个行业中,合并系数为负,说明一阶滞后的政府补助对于文化企业经营绩效在上述四个行业中具有一定的负向效应。

表6-2　　　　　　　　模型实证的进一步分析结果

变量	模型（固定效应）		对应行业
	系数	显著性（P值）	
$Gov_{i,t-1}$	759.358***	0.000	—
$Gov_{i,t-1} \times Ind\_1$	-755.878***	0.000	新闻出版发行服务
$Gov_{i,t-1} \times Ind\_2$	-761.341***	0.000	广播电视电影服务
$Gov_{i,t-1} \times Ind\_4$	-760.3219***	0.000	文化信息传输服务
$Gov_{i,t-1} \times Ind\_5$	-693.057***	0.000	文化创意和设计服务
$Gov_{i,t-1} \times Ind\_6$	-707.621***	0.000	文化休闲娱乐服务
$Gov_{i,t-1} \times Ind\_8$	-771.781***	0.000	文化产品生产的辅助生产
$Gov_{i,t-1} \times Ind\_9$	-750.243***	0.000	文化用品的生产
$Gov_{i,t-1} \times Ind\_10$	-765.489***	0.000	文化专用设备的生产
$Gov_{i,t-1} \times Ind\_7$	749.679***	0.000	工艺美术品的生产

注:(1)***表示在1%的显著性水平下显著;(2)数据来自不同行业回归模型输出结果的汇总。

第七章　政府补助与文化产业研发关系研究

随着《国家文化科技创新工程纲要》的实施，政府层面对文化与科技融合的推进力度得到系统增强，2012 年和 2013 年，首批 16 家和第二批 18 家国家级文化与科技融合示范基地陆续认定公布，标志着文化与科技融合国家战略已进入实质性运作阶段，文化软实力与科技硬实力的高度融合在文化产业发展过程中正成为日益强劲的推动力。

文化与科技融合，一方面需要文化类企业与科技类企业的融合创新，另一方面则需要文化类企业自身提升科技创新能力。加大研发投入是文化企业提升科技创新能力、促进文化与科技融合的必然路径。然而这其中的一个关键问题是钱从哪儿来？实际上，文化企业研发投入资金除了企业的自有资金之外，政府补助是一个重要的来源途径。研发投入是关系企业经营战略的重大决策，由于我国企业所有权结构的特殊性，实际控制人出于各种利益的考虑会干预企业行为（张继袖、陆宇建，2007[①]）。文化企业是否愿意申请政府对研发创新的政策性补助，是否愿意将申请到的政府补助足额用于研发投入，真正的决策权其实由文化企业的实际控制人掌控。

在上述背景下，就有两个关键问题需要研究：首先，政府补助是否真正能够促进文化产业的研发投入？其次，不同实际控制人的文化企业在获取政府补助方面是不同的，在研发投入决策上也会不同，这些差异是否会在政府补助与研发投入的关系上产生显著的调节效应？本书将通过对 2011—2013 年文化产业上市公司面板数据实证分析对上述问题进行一一解析。

---

① 张继袖、陆宇建：《控股股东、政府补助与盈余质量》，《财经问题研究》2007 年第 4 期。

第一节　文献简述

目前学术界关于政府补助与研发投入的关系研究，得出了两种截然相反的结论，归纳总结如下：

一是认为政府补助对企业研发投入具有正向促进效应。Gomez 和 Sequeira（2014）认为政府对企业研发的直接资助或者间接补贴都会产生积极的正向促进作用[1]；特别是对于新建的创新企业来说，税收激励不起作用，但政府对其技术开发进行直接的政府补贴支持是必要和合理的（Lee，2005[2]）。Lee 和 Cin（2010）以韩国制造业的中小企业作为样本进行了研究，认为政府补贴能够有效促进企业研发活动[3]；还有学者根据企业技术创新本身的不确定性与创新模式的差异，构建了企业和政府对技术创新投资与资助的多阶段动态期权决策模型与互动博弈资助模型，强调政府通过补助的方式引导与激励企业进行技术创新是公共职责，需充分考虑企业的技术突破与专利对政府资助决策带来的变化，并及时根据突破性技术创新的特征和变化调整政府资助政策（王文轲等，2014[4]）。此外，Hewitt - Dundas 和 Roper（2010）根据爱尔兰与北爱尔兰数据研究指出的政府资助有效提高企业进行研发活动的比例，对产品改进式创新活动与新产品开发都具有积极影响。[5] 政府补贴政策可以提高企业进行研发创新的积极性，能显著提高企业创新产出和创新效率

---

[1] Gomez, M., Sequeira, T. N., "Should the US increase Subsidies to R&D? Lessons from an Endogenous Growth Theory", *Oxford Economic Papers - New Series*, Vol. 88, No. 1, 2014, pp. 254 - 282.

[2] Lee, K. S., "Introducing Economic Evaluation as a Policy" Fool in Korea: Will Decision Makers get Quality information? A Critical Review of published Korean Economic Evaluations", *Pharmaco Economics*, Vol. 23, No. 7, 2005, pp. 709 - 721.

[3] Lee, E. T., Cin, B. L., "The Effect of Risk - sharing Government Subsidy on Corporate R&D investment: empirical evidence from Korea", *Technological Forecasting and Social Change*, No. 6, 2010（6）, pp. 881 - 890.

[4] 王文轲、曹麒麟、杨琴：《企业技术创新投入管理与政府资助博弈研究——以煤矿安全投入为例》，《软科学》2014 年第 2 期。

[5] Hewitt - Dundas, Nola and Roper, Stephen, "Output Additionality of Public Support for Innovation: Evidence for Lrish Manufacturing Plants", *European Planning Studies*, Vol. 18, No. 1, 2010, pp. 107 - 122.

（Gonzlez，2008[①]；Hewitt and Roper，2010[②]；刘继兵等，2014[③]）。王遂昆、郝继伟（2013）选取 2007—2012 年中小企业作为分析对象，利用多元回归模型研究表明，政府创新补贴和税收对促进中小企业研发创新具有重要作用，与国有企业相比，政府补助对中小企业研发创新的促进效应更大。[④] 需要注意的是，虽然政府财税政策对企业技术创新具有显著促进作用，但在不同国家与地区，其作用大小存在明显差异（Hall and Van Reen）[⑤]。

二是认为政府补助对企业研发的促进作用不明显，甚至是反作用。Zuniga - Vicente（2014）研究指出，政府补贴对企业研发投入的促进作用不明显，有时甚至带来反向结果[⑥]；有学者研究指出，政府补贴有时会成为一种政府干预，很可能带来企业创新效率的损失，对企业研发投入与创新活动的规模效率具有明显的负影响（冯宗宪等，2011[⑦]），政府科研创新补助对当年、下年研发投资具有明显的挤出效应，并具有一定的时滞性。（吕久琴、郁丹丹，2011[⑧]；于永信，2009[⑨]）。孙维章、干胜道（2014）对 IT 行业的研究也发现政府补助不但没有促进研发投入，反而对研发投入产生了显著的负面影响，而且企业规模越大，这种负向影响就越大。[⑩]

---

① Gonzlez，X.，C. Paz，"Do public Subsidies Stimulate Private R& D Spending"，*Research Policy*，No. 37，2008，pp. 371 - 389.

② Ola Hewitt - Dundas，Stephen Roper，"Output Additionality of Public Support for Innovation：Evidence for Irish Manufacturing Plants"，*European Planning Studies*，No. 1，2010，pp. 107 - 122.

③ 刘继兵、王定超、夏玲：《政府补助对战略性新兴产业创新效率影响研究》，《科技进步与对策》2013 年第 23 期。

④ 王遂昆、郝继伟：《政府补贴、税收与企业研发创新绩效关系研究——基于深圳中小板上市企业的经验证据》，《科技进步与对策》2014 年第 9 期。

⑤ Hall，Van Reene，"How Effective is Fiscal Incentives for R & D：A new Review of the Evidence"，*Research Policy*，No. 29，2000，pp. 449 - 469.

⑥ Zuniga - Vicente，J. A.，Alonso - Borrego，C.，Forcadell，F. J.，"Assessing the Effect of Public Subsidies on Firm R&D Investment：A surney"，*Journal of Economic Surveys*，Vol. 28，No. 1，2014，pp. 36 - 67.

⑦ 冯宗宪、王青、侯晓辉：《政府投入、市场化程度与中国工业企业的技术创新效率》，《数量经济技术经济研究》2011 年第 4 期。

⑧ 吕久琴、郁丹丹：《政府科研创新补助与企业研发投入：挤出、替代还是激励?》，《中国科技论坛》2011 年第 8 期。

⑨ 于永信：《政府研发投入对企业研发投入影响的实证研究——以山东省为例》，《东岳论丛》2009 年第 1 期。

⑩ 孙维章、干胜道：《IT 行业中政府补助对研发与业绩的影响机制研究》，《经济问题》2014 年第 3 期。

　　综上所述，学者们对于政府补助与企业研发投入关系做了很多有价值的探索，但是研究结论莫衷一是，而且缺乏关于文化产业领域的专题研究成果。此外，政府补助在不同实际控制人类型的企业间分配差异很大，而且政府补助用于研发投入的决策权也掌控在实际控制人手中，然而目前关于实际控制人对于政府补助与研发投入关系的调节效应研究尚较为缺乏。

第二节　理论分析与研究假设

一　政府补助与文化产业研发投入的关系

　　一般而言，文化产业开展研究开发活动存在两个阻滞因素：一是研发活动属于高风险活动，失败可能性很高，资金不足、开发能力较弱的企业往往望而却步；二是研究开发成果往往具有一定的公共物品特征，企业往往难以完全独占研发产生的全部收益（Guellec and Pottelsberghe，2003）。[①] 在上述两种因素的制约下，文化企业往往在研发投入方面动力不强。当政府部门通过财政资助的方式为文化企业提供研究开发所需资金支持的情况下，可以在一定程度上降低文化企业研发投入的资金压力，降低开发成本，同时也使得文化企业获取的开发收益与社会公共收益之间的差距有了一定程度的缩减，进而使得预期风险较高、利润不确定的研发创新项目变得有利可图，从而激励文化企业以更加积极的态度开展研究开发活动（解维敏、唐清泉等，2009）。[②] 由此提出第一个理论假设：

　　理论假设 H1：政府补助对文化产业研发投入具有正向促进作用。

二　实际控制人对政府补助与研发投入关系的调节效应

　　根据《上市公司收购管理办法》、沪深两个交易所《股票上市规则》、《中小企业板上市公司控股股东、实际控制人行为指引》等文件，实际控制人是指对公司行为具有实际支配权力的自然人、法人或其他组织。在政府补助投入研究开发问题上，文化企业的实际控制人往往具有最后决策

---

　　① Dominique Guellec, Bruno Van Pottelsberghe De La Potterie, "The impact of public R&D expenditure on business R&D", *Economics of Innovation and New Technology*, *Taylor & Francis Journals*, Vol. 12, No. 3, 2003, pp. 225 - 243.

　　② 解维敏、唐清泉、陆姗姗：《政府 R&D 资助，企业 R&D 支出与自主创新》，《金融研究》2009 年第 6 期。

权，而这种决策权很可能对政府补助与研发投入关系产生实质性调节
效应。

本书根据实际控制人的性质将其划分为：中央政府、地方政府、事业
单位、国有企业、民营企业和自然人六大类。统计发现，上市公司实际控
制人归类为事业单位和民营企业的公司数量非常少，故而本书重点对实际
控制人类型是中央政府、地方政府、国有企业和自然人四种情况进行分
析。通过对 2011—2013 年文化产业上市公司年报的数据统计发现，不同
实际控制人类型的文化企业在获取政府补助方面存在很大的差异，中央政
府作为实际控制人的文化上市公司获得的政府补助最高，平均每家企业的
补助强度接近 1 个亿；地方政府位居第二，均值达到 5000 万元以上。实
际控制人为国有企业的，获得的政府补助均值为 4485.15 万元，位列第
三；实际控制人为自然人的文化公司，平均每家企业仅获得 1129.73 万元
政府补助；而且本书通过单因素方差分析发现 F 统计量达到 8.869，对应
P 值小于 0.001，说明上述差异具有统计显著性。在这种情况下，不同类
型的实际控制人对于政府补助与文化企业研发投入关系的调节效应也很可
能会有所不同。

（一）实际控制人为中央政府和地方政府时的调节效应分析

年报数据统计显示，中央政府和地方政府作为实际控制人的文化企
业在获取政府补助方面具有显著的"体制性"优势，平均每家企业获
得的补助强度要大大高于其他控制人类型的企业。高强度的政府补助会
在很大程度上降低文化企业研发投入的资金压力和开发成本，并大幅度
提升文化企业开展研发活动的信心和积极性，因此这里提出如下假设：

理论假设 H2：实际控制人类型为中央政府会对政府补助与文化企业
研发投入关系产生正向调节效应；

理论假设 H3：实际控制人类型为地方政府会对政府补助与文化企业
研发投入关系产生正向调节效应。

（二）实际控制人为国有企业时的调节效应分析

文化企业实际控制人是国有企业时，从实际控制人"心态"上会发
生显著的变化。当政府作为企业实际控制人时，政府是管理国家和地区的
公共组织，它的核心目标不是盈利；而企业则有根本的不同，即便是国有
企业，也是要靠经营业绩维持其市场竞争地位。作为国有文化企业的董事
会和高层管理团队，虽然可能有着深厚的政府背景，但是，经营业绩不合

格势必会影响其未来发展。所以,国有文化企业获得了政府补助后,很可能会将其中的很大一部分投入到研究开发中,从而为企业未来竞争力提供创新支撑。因此这里提出如下研究假设:

理论假设 H4:实际控制人类型为国有企业会对政府补助与文化企业研发投入关系产生正向调节效应。

(三)实际控制人为自然人时的调节效应分析

实际控制人是自然人的文化企业与中央政府、地方政府和国有企业控制的企业最大的不同在于缺少了体制的天然庇护。在这种情况下,自然人控制的文化企业需要不断加大研发投入,提升创新能力,打造核心竞争力,从而在激烈的市场竞争中取得优势地位。文芳(2007)研究发现,控股股东性质不同会带来公司研发投入强度的不同,而且发现私有产权控股的上市公司研发投入比中央直属国有企业控股、地方所属国有企业控股、国有资产管理机构控股等其他类型上市公司都具有更为明显的积极性。[①] 由此这里提出如下研究假设:

理论假设 H5:实际控制人类型为自然人会对政府补助与文化企业研发投入产生正向调节效应。

第三节　研究设计

一　样本选择与数据

本书主要采用2011—2013年沪深 A 股上市公司中的文化及相关产业公司的面板数据进行实证研究。按照年报披露信息中的"所属行业"和"主营构成"对比国家统计局《文化及相关产业分类(2012)》的分类标准进行一一筛选,得到161家文化产业上市公司。[②] 上市公司的各项指标数据全部来自2011—2013年上市公司年度报告,主要基础数据来源媒体有上海证券交易所、深圳证券交易所、大智慧、网易财经、同花顺和金融界等。

---

① 文芳:《控股股东与公司研发投资——来自我国上市公司的经验证据》,《软科学》2007年第6期。

② 2012年和2013年的公司数量为171家,为了满足面板数据结构平行性的要求,这里采用的是2012年以前上市的161家公司。

二 变量选取

(一) 解释变量

根据第六章的分析,这里同样将"计入当期损益的政府补助"(以下简称"政府补助")设定为解释变量。

(二) 被解释变量

从已有文献看,反映研发投入的指标包括研发费用投入(李静等,2013)[①]、研发物质资本存量或研究开发费(胡凯等,2012[②])、企业 R&D 支出(Lee and Hwang,2003[③])、研发与技术人员比重(王君彩、王淑芳,2008[④])、研发项目总量(姚靠华等,2013[⑤])等。本书采用上市公司年报信息披露的,能够反映研发投入的常用指标"研发费用总额"作为被解释变量。

(三) 虚拟变量: 实际控制人

本书将实际控制人分为六大类,其中归类为中央政府的类型包括:国务院国有资产监督管理委员会;国家部委;归类为地方政府的类型包括:地方政府(如某省政府、市政府等);地方政府国有资产管理委员会;地方政府机关部门及其派出机构(如开发区管委会);归类为事业单位的目前主要是中央电视台;归类为国有企业的有:公司年报中披露信息显示为公司,而且公司的性质为国有企业的,包括国有独资公司、国有控股公司等,如"天威视讯"的实际控制人是"深圳广播电影电视集团";归类为民营企业的有:公司年报中披露信息显示为公司,而且公司的性质为民营企业的,如上海复星产业投资有限公司等;归类为自然人的有:公司年报中披露信息显示为一位或多位自然人的,如王忠军、王忠磊等。

---

① 李静、彭飞、毛德凤:《研发投入对企业全要素生产率的溢出效应——基于中国工业企业微观数据的实证分析》,《经济评论》2013 年第 3 期。

② 胡凯、吴清、胡毓敏:《知识产权保护的技术创新效应——基于技术交易市场视角和省级面板数据的实证分析》,《财经研究》2012 年第 8 期。

③ Myeong-Ho Lee, In Jeong Hwang, "Determinants of Corporate R&D Investment: An Empirical Study comparing Koreas' IT Industry with Its Non-IT Industry", *ETRI Journal*, Vol. 25, No. 4, 2003, pp. 258-265.

④ 王君彩、王淑芳:《企业研发投入与业绩的相关性——基于电子信息行业的实证分析》,《中央财经大学学报》2008 年第 12 期。

⑤ 姚靠华、唐家财、蒋艳辉:《研发投入、研发项目进展与股价波动——基于创业板上市高新技术企业的实证研究》,《中国管理科学》2013 年第 S1 期。

（四）控制变量

考虑公司所属行业性质、组织形式、企业规模、年度因素都有可能对政府补助与研发投入关系产生影响，这里将上述因素作为控制变量。在行业类型划分上，依据国家统计局《文化及相关产业分类（2012）》中产业分类第二层划分出来的十个行业门类进行设置，具体包括：新闻出版发行服务、广播电视电影服务、文化艺术服务、文化信息传输服务、文化创意和设计服务、文化休闲娱乐服务、工艺美术品的生产和文化产品生产的辅助生产、文化用品的生产和文化专用设备的生产。在企业组织形式上，按照所有权结构特点划分为：国有企业、国有相对控股企业、集体企业、民营企业和中外合资企业五种类型。企业规模方面，根据国家统计局《统计上大中小微型企业划分办法》（国统字〔2011〕75 号）中采用的"从业人员、营业收入、资产总额"指标，为了避免多重共线性，本书采用"总资产"作为企业规模的测量指标。此外，还可能存在某些不可预知的随时间变化因素，这里将年度波动因素纳入控制变量。

三 模型建立

（一）基于解释变量及其滞后项的计量模型设计

基于理论假设 H1，建立计量模型 1 如下：

$$R\&D_{i,t} = \alpha_0 + \beta_1 Gov_{i,t} + \beta_2 Gov_{i,t-1} + \beta_3 Ind_{i,t} + \beta_4 Own_{i,t} + \beta_5 Asset_{i,t} + \lambda_0 Year + \varepsilon_{i,t} \qquad \text{模型 1}$$

其中，$R\&D_{i,t}$ 表示第 i 家文化公司第 t 年的研发投入水平；下标 i 表示公司（$i \in [1, 161]$），下标 t 表示时间（$t \in [2011, 2013]$）；$Gov_{i,t}$ 和 $Gov_{i,t-1}$ 分别表示第 i 家上市公司当期和滞后期获得的政府补助数额；在控制变量方面，Ind 表示上市公司的所属行业类型，Own 表示上市公司的组织形式，$Asset_{i,t}$ 表示上市公司的总资产，$Year$ 表示年度波动因素。$\varepsilon_{i,t}$ 表示公司和时间混合差异的随机误差项。

（二）基于虚拟变量的计量模型设计

关于虚拟变量（实际控制人类型）的研究，本书借鉴劳伦斯·汉密尔顿（Lawrence Hamilton，2007）在"Statistics with Stata"中所采用的虚拟变量分类研究方法进行更为细致的实证研究。[1]

---

[1] ［美］劳伦斯·汉密尔顿：《应用 STATA 做统计分析》，郭志刚等译，重庆大学出版社 2011 年版，第 153—166 页。

具体模型设计如下：

基于上述理论假设 H2，建立计量模型 2 如下：

$$R\&D_{i,t} = \alpha_0 + \beta_1 Gov_{i,t} + \beta_2 Gov_{i,t-1} + \beta_3 Ind_{i,t} + \beta_4 Own_{i,t} + \beta_5 Asset_{i,t} + \beta_6 Boss\_$$
$$1_{i,t} + \beta_7 Boss\_1_{i,t} \times Gov_{i,t} + \beta_8 Boss\_1_{i,t} \times Gov_{i,t-1} + \lambda_0 Year + \varepsilon_{i,t} \qquad 模型 2$$

在上述模型中，$Boss$ 代表虚拟变量——上市公司实际控制人类型。虚拟变量 $Boss\_1_{i,t}$ 代表实际控制人类型为中央政府，其分类取值设定如下：

$$Boss\_1_{i,t} = \begin{cases} 1, & 实际控制人为中央政府 \\ 0, & 实际控制人为其他类型 \end{cases}$$

基于上述理论假设 H3，建立计量模型 3 如下：

$$R\&D_{i,t} = \alpha_0 + \beta_1 Gov_{i,t} + \beta_2 Gov_{i,t-1} + \beta_3 Ind_{i,t} + \beta_4 Own_{i,t} + \beta_5 Asset_{i,t}$$
$$+ \beta_6 Boss\_2_{i,t} + \beta_7 Boss\_2_{i,t} \times Gov_{i,t} + \beta_8 Boss\_2_{i,t} \times Gov_{i,t-1} + \lambda_0 Year + \varepsilon_{i,t} \quad 模型 3$$

其中，虚拟变量 $Boss\_2_{i,t}$ 代表实际控制人类型为地方政府，其分类取值设定如下：

$$Boss\_2_{i,t} = \begin{cases} 1, & 实际控制人为地方政府 \\ 0, & 实际控制人为其他类型 \end{cases}$$

基于上述理论假设 H4，建立计量模型 4 如下：

$$R\&D_{i,t} = \alpha_0 + \beta_1 Gov_{i,t} + \beta_2 Gov_{i,t-1} + \beta_3 Ind_{i,t} + \beta_4 Own_{i,t} + \beta_5 Asset_{i,t}$$
$$+ \beta_6 Boss\_3_{i,t} + \beta_7 Boss\_3_{i,t} \times Gov_{i,t} + \beta_8 Boss\_3_{i,t} \times Gov_{i,t-1} + \lambda_0 Year + \varepsilon_{i,t}$$
$$模型 4$$

其中，虚拟变量 $Boss\_3_{i,t}$ 代表实际控制人类型为国有企业，其分类取值设定如下：

$$Boss\_3_{i,t} = \begin{cases} 1, & 实际控制人为国有企业 \\ 0, & 实际控制人为其他类型 \end{cases}$$

基于上述理论假设 H5，建立计量模型 5 如下：

$$R\&D_{i,t} = \alpha_0 + \beta_1 Gov_{i,t} + \beta_2 Gov_{i,t-1} + \beta_3 Ind_{i,t} + \beta_4 Own_{i,t} + \beta_5 Asset_{i,t}$$
$$+ \beta_6 Boss\_4_{i,t} + \beta_7 Boss\_4_{i,t} \times Gov_{i,t} + \beta_8 Boss\_4_{i,t} \times Gov_{i,t-1} + \lambda_0 Year + \varepsilon_{i,t}$$
$$模型 5$$

其中，虚拟变量 $Boss\_4_{i,t}$ 代表实际控制人类型为自然人，其分类取值设定如下：

$$Boss\_4_{i,t} = \begin{cases} 1, & 实际控制人为个人 \\ 0, & 实际控制人为其他类型 \end{cases}$$

第四节　实证研究结果

一　理论假设 H1 实证结果分析

本书分别进行了固定效应模型和随机效应模型测试，发现固定效应模型的 R^2 很小，很多在 10% 以下，反映出固定效应模型拟合度较差，对模型的解释力度严重不足；而随机效应模型 R^2 比较合理，模型拟合优度较高。同时考虑文化产业上市公司研发投入影响因素的复杂性和随机性，以及本书意义的延展性，本书将采用随机效应模型进行实证分析，并将通过 Breusch – Pagan 检验个体效应影响的随机性，从而验证随机效应模型的有效性。

随机效应模型总体结果如表 7 – 1 所示。从表中数据可以看出，Waldχ^2 检验统计量达到 47.7，对应 P 值小于 0.001，组内、组间和样本总体三个层次的拟合优度分别为 0.180、0.400 和 0.437，说明模型总体显著，也符合模型拟合优度的要求。进一步通过 Breusch – Pagan 检验发现，χ^2 统计量达到 20.33，对应 P 值小于 0.001，说明个体的随机效应是显著的，随机效应模型优于混合 OLS 模型。而且随机效应模型本身考虑了异方差的问题，同时本书中所用的数据是 2011—2013 年的短序列型面板数据，一般也不需要考虑序列相关问题（Baltagi，2002）[①]，因此，可以认为本书采用随机效应模型是有效的。

模型实证分析结果显示（见表 7 – 2），当期的政府补助对于文化产业上市公司研发投入具有 0.829 个单位的正向影响，对应 P 值为 0.002，小于 0.01，说明当期的政府补助在 1% 的显著性水平下能够显著促进文化产业上市公司的研发投入。同时还可以发现，一阶滞后的政府补助系数是 0.514，对应 P 值为 0.012，小于 0.05，说明在 5% 的显著性水平下，能够正向促进文化产业上市公司的研发投入，因此理论假设 H1 得到验证。

还可以看到，在控制变量方面，行业因素和年度因素的系数分别在 5% 和 1% 的水平下显著，而企业的组织形式和企业规模因素并没有对企业研发投入产生显著性影响。

---

① Baltagi, B. H., *Econometric Analysis of Panel Data*. New York：Wiley, 2002, pp. 58 – 66.

表 7 – 1　　　　　　　　　　　模型检验结果

变量	模型（随机效应）	
	统计量	显著性（P 值）
Waldχ^2 检验	47.7	0.000
R^2：组内	0.180	—
R^2：组间	0.400	—
R^2：总体	0.437	—
Breusch and Pagan 检验（χ^2）	20.33	0.000

表 7 – 2　　　　　　　　　　模型实证分析结果

变量	模型（随机效应）		假设验证
	系数	显著性（P 值）	
$Gov_{i,t}$	0.829 ***	0.000	支持 H1
$Gov_{i,t-1}$	0.514 ***	0.000	支持 H1
$Ind_{i,t}$	1735.23 **	0.044	—
$Own_{i,t}$	– 304.176	0.868	—
$Asset_{i,t}$	0.001 ***	0.007	—
$Year$	1802.701 ***	0.003	—
_ cons	– 3632059 ***	0.002	—

注：* 表示在 10% 的显著性水平下显著，** 表示在 5% 的显著性水平下显著，*** 表示在 1% 的显著性水平下显著。

二　虚拟变量回归结果分析

（一）实际控制人为中央政府的模型分析

模型总体验证结果：Wald χ^2 检验统计量为 64.03，对应 P 值小于 0.001，组内、组间和样本总体三个层次的拟合优度分别为 0.293、0.406 和 0.452，说明模型总体显著。Breusch – Pagan 检验发现，χ^2 统计量达到 17.44，P 值小于 0.001，支持随机效应模型。

当文化产业上市公司的实际控制人类型是中央政府，即 $Boss\_1_{i,t} = 1$ 时，根据模型系数进一步计算得到预测模型为：

预测值 $R\&D_{i,t} = -3080652.424 + 1.948Gov_{i,t} - 0.549Gov_{i,t-1} + 1679.179Ind_{i,t} - 114.080Own_{i,t} + 0.001Asset_{i,t} + 1527.693Year$

结合模型实证分析结果表格和上述预测模型，可以认为：

1. 当期政府补助对文化产业上市公司研发投入的正向促进作用在中央政府控制的文化产业上市公司中得到加强

通过上述模型结果可以看到，当文化产业上市公司的实际控制人是中央政府时，当期政府补助对于企业研发投入的正向作用得到了加强，从原来的 0.089 增加到 1.948。这说明在当期，理论假设 H2 在 10% 的显著性水平下得到了支持。

2. 中央政府控制的文化产业上市公司中，一阶滞后的政府补助对文化产业上市公司研发投入产生负向挤出效应

根据实证结果还可以发现，滞后一阶的政府补助对于企业研发投入的作用却被逆向削减了，而且从原来正向的 0.639，变成了负向的 0.549。也就是说，上一年度的政府补助会在下一年度对企业的研发投入产生挤出效应，该结论说明理论假设 H2 在滞后期不成立。

表 7 - 3 模型实证分析结果

变量	模型（随机效应）		假设验证
	系数	显著性（P 值）	
$Gov_{i,t}$	0.809 ***	0.000	支持 H1
$Gov_{i,t-1}$	0.639 ***	0.000	支持 H1
$Ind_{i,t}$	1679.179 *	0.062	—
$Own_{i,t}$	-114.080	0.955	—
$Asset_{i,t}$	0.001 **	0.025	—
$Boss\_1_{i,t}$	-1604.424	0.894	—
$Boss\_1_{i,t} \times Gov_{i,t}$	1.139 ***	0.007	支持 H2
$Boss\_1_{i,t} \times Gov_{i,t-1}$	-1.188 ***	0.000	不支持 H2
$Year$	1527.693 ***	0.006	—
$\_cons$	-3079048 ***	0.006	—

注：* 表示在 10% 的显著性水平下显著，** 表示在 5% 的显著性水平下显著，*** 表示在 1% 的显著性水平下显著。

（二）实际控制人为地方政府的模型分析

模型总体验证结果：Wald χ^2 检验统计量为 139.86，对应 P 值小于 0.001，组内、组间和样本总体三个层次的拟合优度分别为 0.260、0.510

和 0.556，说明模型总体显著。Breusch – Pagan 检验发现，χ^2 统计量达到 13.37，P 值小于 0.001，说明随机效应模型优于混合 OLS 模型。

当文化产业上市公司实际控制人类型是地方政府，即 $Boss\_2_{i,t} = 1$ 时，计算得到预测模型为：

预测值 $R\&D_{i,t} = -3530149.794 - 0.153Gov_{i,t} - 0.167Gov_{i,t-1} + 1322.071Ind_{i,t} - 2399.347Own_{i,t} + 0.001Asset_{i,t} + 1754.899Year$

结合模型实证分析结果表格和上述预测模型，可以认为：

1. 地方政府控制的企业中，当期政府补助对于文化产业上市公司研发投入产生了明显的"挤出效应"

从预测模型结果可以发现，当考虑实际控制人类型后，当期政府补助对于文化产业上市公司研发投入的促进作用被大大削弱了，从原来的 1.485 变成了 -0.153，说明在地方政府控制的文化产业上市公司中，不仅没有促进当期政府补助对企业研发投入的引导效应，反而是产生了较强的挤出效应，而且这种挤出效应已经将原有的引导效应全部"吞没"。

2. 滞后一期政府补助也产生了明显的"挤出效应"

实证结果显示，滞后期政府补助与实际控制人类型交互项系数是 -0.557，并且在 5% 的水平下显著，这一负向作用虽然不如当期与实际控制人类型交互项系数 -1.638 那么强，但是也足以吞没掉一阶滞后政府补助 0.390 的正向作用，使得最终效应变成了 -0.167。由此说明理论假设 H3 没有得到验证。

表 7 -4 模型实证分析结果

变量	模型（随机效应）		假设验证
	系数	显著性（P 值）	
$Gov_{i,t}$	1.485 ***	0.000	支持 H1
$Gov_{i,t-1}$	0.390 ***	0.007	支持 H1
$Ind_{i,t}$	1322.071	0.103	—
$Own_{i,t}$	-2399.347	0.271	—
$Asset_{i,t}$	0.001 **	0.036	—
$Boss\_2_{i,t}$	-5258.794 **	0.541	—
$Boss\_2_{i,t} \times Gov_{i,t}$	-1.638 ***	0.000	不支持 H3

续表

变量	模型（随机效应）		假设验证
	系数	显著性（P 值）	
$Boss\_2_{i,t} \times Gov_{i,t-1}$	−0.557**	0.038	不支持 H3
$Year$	1754.899***	0.001	—
$\_cons$	−3524891***	0.001	—

注：** 表示在 5% 的显著性水平下显著，*** 表示在 1% 的显著性水平下显著。

（三）实际控制人为国有企业的模型分析

Waldχ^2 检验统计量为 157.45，对应 P 值小于 0.001，组内、组间和样本总体三个层次的拟合优度分别为 0.215、0.540 和 0.544，说明模型总体效果显著，能够相对较好地拟合数据。Breusch - Pagan 检验发现，χ^2 统计量达到 26.09，P 值小于 0.001，说明随机效应模型有效。

当文化产业上市公司的实际控制人类型是国有企业，即 $Boss\_3_{i,t} = 1$ 时，可计算得到预测模型为：

预测值 $R\&D_{i,t} = -4003277.68 + 1.403 Gov_{i,t} + 0.698 Gov_{i,t-1} + 1931.273 Ind_{i,t} + 1559.451 Own_{i,t} + 0.001 Asset_{i,t} + 1994.935 Year$

结合模型实证分析结果表格和上述预测模型，可以认为：

1. 在国有企业控制的文化产业上市公司中，当期政府补助对研发投入的正向促进作用得到加强

实证研究结果表明，实际控制人类型与当期政府补助的交互项系数为 0.990，并且在 1% 水平下显著，由此带来当期政府补助对于文化产业上市公司研发投入的正向促进作用从 0.413 个单位提升到了 1.403 个单位，产生了一定的"引导效应"。

2. 在国有企业控制的文化产业上市公司中，滞后期产生了正向调节效应，但政府补助对研发投入的引导效应没有得到验证

滞后期政府补助与实际控制人类型交互项系数为正向的 0.539，而且 P 值为 0.019，在 5% 的水平下显著，说明在滞后期也产生了正向调节效应；但是滞后期的政府补助系数本身的 P 值为 0.275，不显著，其对于研发投入的正向引导作用还有待于进一步研究。

表 7 − 5　　　　　　　　　　　　模型实证分析结果

变量	模型（随机效应）		假设验证
	系数	显著性（P 值）	
$Gov_{i,t}$	0. 413 **	0. 011	支持 H1
$Gov_{i,t-1}$	0. 159	0. 275	不支持 H1
$Ind_{i,t}$	1931. 273 **	0. 011	—
$Own_{i,t}$	1559. 451	0. 371	—
$Asset_{i,t}$	0. 001 ***	0. 001	—
$Boss\_3_{i,t}$	24095. 32 ***	0. 005	—
$Boss\_3_{i,t} \times Gov_{i,t}$	0. 990 ***	0. 001	支持 H4
$Boss\_3_{i,t} \times Gov_{i,t-1}$	0. 539 **	0. 019	有待验证
$Year$	1994. 935 ***	0. 001	—
$\_cons$	− 4027373 ***	0. 001	—

注：** 表示在 5% 的显著性水平下显著，*** 表示在 1% 的显著性水平下显著。

（四）实际控制人是"自然人"的模型分析

Wald χ^2 检验统计量为 99. 02，对应 P 值小于 0. 001，组内、组间和样本总体三个层次的拟合优度分别为 0. 193、0. 425 和 0. 439，说明模型总体效果显著。Breusch − Pagan 检验发现，χ^2 统计量达到 22. 06，P 值小于 0. 001，随机效应模型得到支持。然而，模型的实证结果显示，无论是实际控制人类型与当期政府补助交互项系数，还是与一阶滞后政府补助交互项系数，对应 P 值都大于 0. 05，表明在自然人控制的企业中，当期和滞后期的政府补助对于研发投入的正向作用都没有得到明显增强，理论假设 H5 没有得到实证结论的支持。这与文芳（2007）的研究结果未取得一致。

表 7 − 6　　　　　　　　　　　　模型实证分析结果

变量	模型（随机效应）		假设验证
	系数	显著性（P 值）	
$Gov_{i,t}$	0. 834 ***	0. 000	支持 H1
$Gov_{i,t-1}$	0. 531 ***	0. 000	支持 H1
$Ind_{i,t}$	1558. 363 *	0. 068	—

变量	模型（随机效应）		假设验证
	系数	显著性（P 值）	
$Own_{i,t}$	10218. 65 **	0. 041	—
$Asset_{i,t}$	0. 001 ***	0. 009	—
$Boss\_4_{i,t}$	-32183. 46 **	0. 028	—
$Boss\_4_{i,t} \times Gov_{i,t}$	0. 321	0. 592	不支持 H5
$Boss\_4_{i,t} \times Gov_{i,t-1}$	-0. 841	0. 198	不支持 H5
$Year$	1884. 346 ***	0. 002	—
$\_cons$	-3806293 ***	0. 002	—

注：* 表示在 1% 的显著性水平下显著，** 表示在 5% 的显著性水平下显著，*** 表示在 1% 的显著性水平下显著。

第八章　政府补助与文化产业
就业关系研究

　　文化产业的就业问题在我国具有重要战略意义。制造业向来是解决就业的主要经济部门，然而随着高新技术的引入、先进制造业的普及、产业的升级换代，大量劳动力正逐渐被机器设备"挤出"传统的劳动密集型产业。这部分被"挤出"的劳动力就业问题如何解决，将是我国今后可能面临的重大难点问题。实际上，这一问题不仅仅是我国当前面临的问题，其实，早在 20 世纪八九十年代，欧美等发达国家就已经发生，并找到了一条可能的解决路径。这条路径就是文化产业：欧洲委员会在 1998 公开发表了《文化、文化产业与就业》报告，对文化遗产、表演艺术、电影、电视、广播、音乐等公共文化活动与文化产业就业状况及发展趋势进行了全面、细致分析，指出文化活动和文化产业将是解决欧洲未来就业问题的重要方面。报告显示，20 世纪 80 年代，英国在总就业量基本不变的情况下，文化产业就业增长了 34%，法国增长了 36%，德国仅 1980—1994 年就增长了 23%。在 1995 年，文化产业就业人口占欧盟 15 国总就业人口的 2%，而到了 2002 年这一比例就已经达到 2.5%（苑浩，2006①）。我国也在一定程度上认识到了这个问题，2009 年颁布的《文化产业振兴规划》就明确提出要充分发挥文化产业在增加就业、推动发展中的重要作用。然而，我国文化产业在解决就业方面贡献率并不高。根据国家统计局和中宣部最新发布数据分析，2004 年我国文化产业从业人数在全国从业人员总数中仅占 1.18%，2008 年仅为 1.33%，2012 年仅为1.58%。由此可见，我国文化产业就业空间还尚未开启，就业容量增长潜力巨大。

---

　　① 苑浩：《全球文化产业发展的最新趋势及政策分析》，《国外社会科学》2006 年第 1 期。

政府补助与就业有着天然联系。促进就业始终是政府的核心职能之一，也是社会稳定的重要支撑。西方学者较早关注到了政府补助与就业关系问题，并进行了较多的理论探讨。哈里斯（Harris，1991）关于 1955—1983 年北爱尔兰制造行业的实证研究对政府补助就业促进效应提出了质疑。① 詹金斯和莱奇特等（Jenkins and Leicht et al.，2006）以美国大都市地区的高技术行业在 1988—1998 年十年间就业增长与政府政策的关系进行了实证分析，结果发现大部分政策对于就业是有正向促进效应的。② Colombo 和 Giannangeli 等（2013）运用动态面板数据 GMM 模型探讨了536 家意大利初创型科技企业公共补贴与就业增长的关系，发现当在企业刚成立的时期，选择性的补贴方案要比固定的补贴方案效应更大。③ 在文化产业领域，地理经济学者斯科特（Scott，1984）开展了动画电影产业就业市场的研究④；其后来的研究指出 1992 年美国文化产业就业人数占2.4%，而且也主要集中在大都市圈内（Scott，1997⑤）。克里斯托弗森和斯托珀（Christopherson and Storper，1986）则发现好莱坞电影产业中就业市场先分离再集中的演变态势。⑥ 普拉特（Pratt，1997）研究指出 1991年英国文化产业就业人数占当年就业总人口的 4.5%，主要集中在伦敦和英国东南部地区。⑦ 一些学者实证研究发现，多数国家文化产业就业增长

① Harris, R. I. D., "The Employment Creation Effects of Factor Subsidies: Some Estimates for Northern Ireland Manufacturing Industry, 1955 – 1983", *Journal of Regional Science*, Vol. 31, No. 1, 1991, pp. 49 – 64.

② Jenkins, J. C., Leicht, K. T., Jaynes, A., "Do High Technology Policies Work? High Technology Industry Employment Growth in U. S. Metropolitan Areas, 1988 – 1998", *Social Forces*, Vol. 85, No. 1, 2006, pp. 267 – 296.

③ Colombo, M. G., Giannangeli, S., Grilli, L., "Public Subsidies and the Employment Growth of High – tech Start – ups: Assessing the Impact of Selective and Automatic Support Schemes", *Industrial and Corporate Change*, Vol. 22, No. 5, 2013, pp. 1273 – 1314.

④ Scott, A. J., "Territorial Reproduction and Transformation in a Local Labor Market: the Animated film Workers of Los Angeles", *Environment and Planning D: Society and Space*, Vol. 2, No. 3, 1984, pp. 277 – 307.

⑤ Scott, A. J., "The Cultural Economy of Cities", *International Journal of Urban and Regional Research*, Vol. 21, No. 2, 1997, pp. 323 – 339.

⑥ Christopherson, S., Storper, M., "The City as Studio; The World as Back Lot: the Impact of Vertical Disintegration on the Location of the Motion Picture Industry", *Environment and Planning*, Vol. 4, No. 3, 1986, pp. 305 – 320.

⑦ Pratt, A. C., "The Cultural Industries Production System: A Case Study of Employment and Change in Britain, 1984 – 1991", *Environment and Planning*, Vol. 29, No. 11, 1997, pp. 1953 – 1974.

都高于该国平均就业增长率（D. Power，2003[①]；Kloosterman，2004[②]）。Mossig（2011）对于2003—2008年德国文化创意产业的区域就业增长情况进行了实证研究同样发现，文化创意产业的就业增长高于其他行业平均增长率水平。然而对于文化产业政府补助与就业增长关系相关研究并不多见。[③] 国内学者对于政府补助与就业问题的关注则十分匮乏，对于文化领域的关注更少。以"政府补助"与"就业"为篇名关键词检索中国知网仅得到4篇报道性文章；以"政府补贴"与"就业"为篇名关键词检索仅得到40篇报道性文章，其中39篇源于报纸，1篇源于《中国就业》期刊，但是文章仍然是报道性文章；笔者最后将检索要求降低，以"补贴"与"就业"为篇名关键词检索到1290条结果，但其中1193篇源于报纸，仅有81篇源于期刊，而其中的学术性文章仅有12篇，其余主要为各种《通知》、《办法》解读、政策事件报道等。[④] 在检索到的研究文献中，欧阳坚（2009）指出文化产业具有广泛吸纳各类社会劳动力的特点和优势；[⑤] 李斌、彭星（2011）则构建了交易成本信号传递模型及FDI就业效应模型，发现文化产业竞争力越强的地区，通过FDI带来的就业促进效应越大；反之则越小。[⑥] 张晓明等（2003）在研究过程中提及了文化产业发展对扩大就业的积极影响，从历史脉络指出，我国第一产业增加值平均每增长1%，会相应地减少126万个劳动力就业岗位[⑦]；第二产业则可以增加就业岗位26万个，第三产业创造的就业岗位更多，达到100万个，从而强调文化产业作为第三产业对于就业的重要促进作用。同样，钱紫华等（2010）研究了西方各国文化产业就业增长情况，指出文化产业就业量占

---

① Power, D. , "The Nordic 'Cultural Industries': A Cross – national Assessment of the Place of the Cultural Industries in Denmark, Finland, Norway and Sweden", *Geografiska Annaler*: *Series B*, *Human Geography*, Vol. 85, No. 3, 2003, pp. 167 – 180.

② Kloosterman, R. C. , " Recent Employment Trends in the Cultural Industries in Amsterdam, Rotterdam, the Hague and Utrecht: A First Exploration", *Tijdschrift Voor Economische en Sociale Geografie*, Vol. 95, No. 2, 2004, pp. 243 – 252.

③ Mossig, I. , "Regional Employment Growth in the Cultural and Creative Industries in Germany 2003 – 2008", *European Planning Studies*, Vol. 19, No. 6, 2011, pp. 967 – 990.

④ 检索时间为2014年6月19日。

⑤ 欧阳坚：《加快文化产业发展的机遇正在到来》，《人民日报》2009年3月13日。

⑥ 李斌、彭星：《文化产业竞争力影响就业水平的FDI效应研究》，《东岳论丛》2011年第5期。

⑦ 张晓明、胡惠林、章建刚：《2001—2002年中国文化产业蓝皮书总报告》，社会科学文献出版社2003年版。

总就业规模的9%—10%，但未提及政府补助与就业的关联。[①]

综上所述，在"文化强国"成为国家战略、文化产业在"十二五"时期末成为战略性支柱产业的大背景下，探究政府补助与文化企业就业的关系问题具有重要的现实意义。然而目前对于文化产业领域政府补助与就业关系的研究亟须加强，特别是政府补助对文化企业就业是否具有促进效应？如果有，这种促进效应的表现形式是怎样的？影响程度有多大？由于不同所有权性质、不同行业属性的企业，在获得政府补助方面存在巨大差异，这种差异是否对政府补助与文化企业就业产生关键性的调节作用？政府补助就业促进效应在文化制造业与文化服务业、劳动密集型行业与技术密集型行业之间是否存在显著性差异？这些问题对于政府部门制定和优化政府补助与就业扶持政策都有重要意义。本书试图通过对 2011—2013 年间 161 家文化产业上市公司的实证分析，并结合文化产业的统计数据对上述问题进行理论上的解析。

第一节 理论分析与研究假设

一 政府补助对文化产业就业促进效应假设

根据国家财政部《企业会计准则第 16 号——政府补助》、《企业会计准则——应用指南》界定，政府补助的主要形式包括"财政拨款"、"财政贴息"、"税收返还"和"无偿划拨非货币性资产"四种（其中"无偿划拨非货币性资产"形式在实务中较少发生）。按照上述四种形式，结合政府补助在文化产业中的应用实践，可以将政府补助对文化产业就业的促进效应归纳概括为三类：

（一）直接促进效应

此类效应主要体现在财政拨款上。按照国家财政部的规定，"财政拨款是政府无偿拨付给企业的资金，通常在拨款时明确规定资金用途"。在我国文化体制改革、经营性文化事业单位转企改制大背景下，财政拨款类的政府补助，很大一部分用途是"鼓励企业安置职工就业而给予的奖励

---

① 钱紫华、闫小培：《西方地理学界关于文化产业研究述评》，《人文地理》2010 年第 2 期。

款项"。① 例如上市公司华数传媒 2013 年"改制员工安置费"政府补助金额达到 447.50 万元。② 实际上，政府补助直接用于文化产业就业也是西方发达国家通常采用的策略。英国政府通过长期对文化创意产业的扶持补助政策，使得文化创意就业人口占到总就业人口的近 20%（熊澄宇，2012③）；德国更是明确提出创造就业岗位是发展文化产业和就业政策制定者的最终标准，在这一标准的推动下，文化产业就业总量几乎是汽车与化学工业的 3 倍。④ 此外，还有一部分财政拨款用在了文化类企业的就业培训方面。以文化产业上市公司为例，飞天音响 2013 年政府补助中用于职工就业培训补贴为 16.13 万元；号百控股政府补助中残疾人就业岗位一次性补贴 6000 元，就业技能培训补贴为 11 万元；紫江企业 2013 年度政府补助中职工培训补贴高达 157.22 万元。⑤ 上述政府补助都会对文化产业就业产生直接的促进效应。

（二）间接促进效应

在政府财政拨款补助中，除了直接用于安置职工和就业培训的规定用途之外，还有大量资金用于各种文化专项基金、文化项目扶持补贴等方面。例如，百视通 2013 年收到上海市文创办"促进文化创意产业发展扶持资金"50 万元，用于"基于 OTT 技术的双模电视智能终端研制及运营平台建设"项目 48 万元；歌华有线用于"新业务研究及实现"政府补助经费 25 万元，大地传媒用于"绘本网上少儿移动全媒体开发读物项目"政府补助 100 万元。⑥ 上述政府补助虽然直接目的在于扶持项目，但是企业开展新项目必然需要相应的人力资源，从而间接促进文化企业就业岗位的增加和就业人口的增加。

（三）混合促进效应

按照国家财政部对于政府补助的规定，只有财政拨款规定了资金用途，而财政贴息和税收返还并未规定资金用途。企业在拿到了政府的财政

---

① 参见《财政部关于印发〈企业会计准则——应用指南〉的通知》（财会［2006］18号）。

② 参见华数传媒公司 2013 年度报告。

③ 熊澄宇：《英国创意产业发展的启示》，《求是》2012 年第 7 期。

④ ［德］贝恩德·费瑟尔、迈克尔·松德尔曼：《德国：文化和创意产业发展报告》，http://wzb.mof.gov.cn/pdlb/tszs/201208/t20120809_674364.html，2012 年 8 月 9 日。

⑤ 参见上述上市公司 2013 年度报告。

⑥ 同上。

贴息和税收返还之后，完全可以根据企业发展需要来自行决定补助资金的使用。对于正常经营的企业，通常都会将这部分政府补助用于扩大再生产，以谋求更好的发展。而在这个过程中，通常会有一部分资金直接用于招聘与培训新员工，起到直接的就业促进效应；同时还可能有大量资金用于开展新项目、发展新业务，从而起到间接的就业促进效应。但是，究竟有多少资金发挥了直接效应，多少资金发挥了间接效应，很难有明确的数据统计，但可以通过定量模型对就业促进效应进行研究。

基于上述分析，本书提出如下理论假设：

理论假设 H1：政府补助对文化企业就业具有正向促进作用。

理论假设 H2：政府补助对文化企业就业的促进效应具有滞后性。

二　不同所有制企业的效应差异假设

由于体制因素，我国国有企业往往承担了政府稳定就业的主要职能。而在政府补助方面，往往也向国有企业大幅度倾斜。本书对 2011—2013 年全部文化产业相关上市公司进行统计发现，三年来国有企业在不同所有制性质企业中获得的政府补助相对最高，比重占 70% 以上，所获补助总额 2011 年为 29.44 亿元，2013 年则攀升到 50.63 亿元，均值从 2011 年每家企业的 5771.99 万元增加到 2013 年的 8438.67 万元；而民营企业 2011 年获得政府补助总额为 9.36 亿元、均值为 1075.34 万元，2013 年为 12.89 亿元、均值为 1342.82 万元，仅占 2013 年国有企业政府补助均值的 15.91%。

如此巨大的政府补助差异是否会带来不同所有制企业在就业促进效应方面的显著差异？为了对这一问题进行检验，本书提出如下理论假设：

理论假设 H3：政府补助与文化企业就业的关系受到所有制性质因素的显著影响，即不同所有权性质企业在利用政府补助促进企业就业方面存在显著差异。

此外，国有文化企业在获得政府补助方面得到了政府的"厚爱"，然而巨额的政府补助是否带来了显著的就业促进效应呢？我们进一步通过如下理论假设进行检验：

理论假设 H3-1：在国有文化企业中政府补助对文化企业就业的当期效应比其他所有制性质企业更大。

理论假设 H3-2：在国有文化企业中政府补助对文化企业就业的滞后期效应比其他所有制性质企业更大。

三 不同行业属性的效应差异假设

不同行业在吸纳就业方面具有不同的能力水平。黄涛、陈良等（2002）对各行业就业弹性、行业增长的就业效应以及产业结构与就业的关系进行了定量考察发现商业、饮食和房地产业是容纳就业的主要行业，并指出教育文化艺术广播电影电视业、卫生体育和社会福利业等都具有强劲的社会需求，应予以重点发展。[①] 郭东杰（2012）对中国细分行业的就业创造能力进行的量化研究发现，不同要素密集型行业的就业创造能力差异很大，并指出就业空间的拓展需要大力发展高技术资本密集型行业和知识密集型行业，适当发展、改造传统劳动密集型行业。[②]

需要同时考虑的是，政府补助在不同行业间也存在较大差异。本书对2011—2013年全部文化产业相关上市公司统计发现，在国家统计局《文化及相关产业分类（2012）》中划分的九个行业门类（其中第三个门类不含上市公司）中，2011—2013年三年平均获得政府补助最多的"文化用品的生产"拿到了31.10亿元，平均每家上市公司获得7365.19万元，而最小的"文化创意和设计服务"行业仅得到1.33亿元，平均每家企业仅获得789.57万元政府补助，行业总值和行业均值的变异系数分别达到151.28%和79.60%。

基于上述分析，本书认为，不同行业属性在政府补助与文化企业就业关系中可能会产生具有显著差异的调节效应，而这恰恰正是政府相关部门制定与优化政府补助和文化就业政策的重要参考和依据。有鉴于此，本书提出如下理论假设：

理论假设H4：不同行业中政府补助对文化企业就业促进效应具有显著差异。

国家统计局社会科技和文化产业统计司、中宣部文化体制改革和发展办公室最新发布的《中国文化及相关产业统计年鉴》（2013）进一步将文化及相关产业划分为文化制造业、文化批发和零售业以及文化服务业三种类型，并且公布了2004年和2008年三类行业的就业结构。根据其公布数据可以明显看出，文化制造业是就业的主力军（2004年和2008年从业人数分别为500.29万人和508.14万人），其次是文化服务业（2004年和

---

① 黄涛、陈良、王丽艳：《中国行业吸纳就业的投入产出分析》，《经济科学》2002年第1期。

② 郭东杰：《中国细分行业的就业创造研究》，《中国人口科学》2012年第3期。

2008年从业人数分别为301.47万人和436.49万人），文化批发和零售业最少。基于这一现状，本书进一步提出如下理论假设：

理论假设H4-1：政府补助对文化企业就业促进效应在文化制造行业比其他行业更为显著。

在文化产业中，政府补助对于不同要素密集型行业的就业促进效应可能也存在显著差异。据郭东杰（2012）的研究，劳动密集型行业就业创造能力为0.0487人/万元，高技术资本密集型行业为0.0439人/万元，低技术资本密集型行业为0.0339人/万元。哈里斯（Harris，1991）曾研究指出，政府补助对劳动密集型制造行业就业水平带来了挤出效应。然而，与哈里斯（1991）研究结论不同的是，本书认为，劳动密集型行业对工人的专业技术水平要求并不高，招聘门槛低，在政府补助的刺激下，企业能够较为容易地招聘到需要的工人，进而产生较为明显的就业带动效应，并不会产生挤出效应；而对于技术密集型行业，工人的专业技术水平要求相对较高，进入门槛高，政府补助对于就业的带动效应可能比较缓慢，而且企业可能也会倾向于用技术替代劳动以下进而产生一定的挤出效应。为了检验上述理论分析，本书提出如下理论假设：

理论假设H4-2：政府补助对文化企业就业促进效应在不同要素密集型行业中存在显著差异。

理论假设H4-2a：在劳动密集型行业，政府补助对文化企业就业促进效应比其他要素密集型行业更为明显。

理论假设H4-2b：在技术密集型行业，政府补助对文化企业就业促进效应具有明显的滞后性，并且具有一定的挤出效应。

第二节　研究设计

一　样本与数据

本章对于样本与数据的选取与前文相同。

二　变量选取

解释变量。这里同样将"计入当期损益的政府补助"（以下简称政府补助）设定为解释变量。

被解释变量。这里采用"职工总数"指标作为反映文化企业就业水平的被解释变量。

调节变量。这里考虑企业所有制性质和所属行业两类虚拟变量。在企业所有制性质上，按照所有权结构特点划分为国有企业、国有相对控股企业、集体企业、民营企业和中外合资企业五种类型。在行业类型划分上，依据国家统计局《文化及相关产业分类（2012）》中产业分类第二层划分出来的十个行业门类进行设置，具体分类见下文。

控制变量。考虑到企业规模可能对企业绩效产生重要影响，这里将企业规模作为控制变量。根据国家统计局《统计上大中小微型企业划分办法》（国统字〔2011〕75号）中采用的"从业人员、营业收入、资产总额"指标，为了避免多重共线性，本书采用"总资产"作为企业规模的测量指标。此外，还可能存在某些不可预知的随时间变化的因素，这里将年度波动因素纳入控制变量。

三 模型建立

（一）基于解释变量及其滞后项的计量模型设计

基于理论假设 H1 和 H2，建立计量模型如下：

$$Employ_{i,t} = \alpha_0 + \beta_1 Gov_{i,t} + \beta_2 Gov_{i,t-1} + \beta_3 Asset_{i,t} + \lambda_0 Year + \varepsilon_{i,t}$$

式中，$Employ_{i,t}$ 表示第 i 家文化企业第 t 年的就业水平；下标 i 表示公司（$i \in [1, 161]$），下标 t 表示时间（$t \in [2011, 2013]$）；$Gov_{i,t}$ 表示第 i 家文化企业第 t 年获得的政府补助数额；在控制变量方面，$Asset_{i,t}$ 表示上市公司的总资产，$Year$ 表示年度波动因素。$\varepsilon_{i,t}$ 表示公司和时间混合差异的随机误差项。

（二）基于调节变量的计量模型设计

关于调节虚拟变量的研究，本书借鉴劳伦斯·汉密尔顿（Lawrence Hamilton，2007）在"Statistics with Stata"所采用的虚拟变量分类研究方法进行更为细致的实证研究。[①]

具体模型设计如下：

（1）基于上述理论假设 H3，建立计量模型如下：

$$Employ_{i,t} = \alpha_0 + \beta_1 Gov_{i,t} + \beta_2 Gov_{i,t-1} + \beta_3 Own\_k_{i,t} \times Gov_{i,t} + \beta_4 Own\_k_{i,t} \times Gov_{i,t-1} + \beta_5 Asset_{i,t} + \lambda_0 Year + \varepsilon_{i,t}$$

---

① ［美］劳伦斯·汉密尔顿：《应用 STATA 做统计分析》，郭志刚等译，重庆大学出版社 2011 年版。

在上述模型中，$Own\_k_{i,t}$代表调节虚拟变量——上市公司所有制性质类型，包括五种：国有企业、国有相对控股企业、集体企业、民营企业和中外合资企业，因此 k 的对应取值设定为 [1, 5]。

（2）基于上述理论假设 H4，建立计量模型如下：

$$Employ_{i,t} = \alpha_0 + \beta_1 Gov_{i,t} + \beta_2 Gov_{i,t-1} + \beta_3 Ind\_m_{i,t} \times Gov_{i,t} + \beta_4 Ind\_m_{i,t} \times Gov_{i,t-1} + \beta_5 Asset_{i,t} + \lambda_0 Year + \varepsilon_{i,t}$$

在上述模型中，$Ind\_m_{i,t}$代表调节虚拟变量——上市公司所属行业类型，包括新闻出版发行服务、广播电视电影服务、文化艺术服务、文化信息传输服务、文化创意和设计服务、文化休闲娱乐服务、工艺美术品的生产、文化产品生产的辅助生产、文化用品的生产和文化专用设备的生产。因此 m 的对应取值设定为 [1, 10]。

第三节 实证结果分析

一 直接效应和间接效应检验

对于面板数据，首先需要进行固定效应模型和随机效应模型的选择。由于复杂的误差分解与组合结构，对异质性内涵理解的不同，再加上估计方式、经济含义等不同，导致学术界对于固定效应与随机效应一直没有定论（张红星、贾彦东，2006[①]）。考虑到文化企业就业影响因素的复杂性和随机性，以及本书意义的延展性，本书将采用随机效应模型进行实证分析，并将通过 Breusch – Pagan 检验个体效应影响的随机性，从而验证随机效应模型的有效性。

随机效应模型检验结果如表 8 – 1 所示。Wald χ^2 检验统计量为 1722.38，对应 P 值小于 0.001，组内、组间和样本总体三个层次的拟合优度分别为 0.146、0.929 和 0.930，说明模型总体非常显著，模型拟合优度较高。进一步通过 Breusch – Pagan 检验发现，χ^2 统计量为 119.88，对应 P 值小于 0.001，说明个体的随机效应显著。本书数据为 2011—2013 年的短序列型面板数据，一般也不需要考虑序列相关问题（Baltagi，2005）[②]，而且随

① 张红星、贾彦东：《Panel Data 模型设定的新思路——固定效应与随机效应的统一》，《数量经济技术经济研究》2006 年第 6 期。

② Baltagi, B. H., *Econometric Analysis of Panel Data*, New York: Wiley, 2002, pp. 58 – 66.

机效应模型本身考虑异方差问题，因此，本书采用随机效应模型是有效的。

表 8 -1　　　　　　　　　　　　模型检验结果

变量	模型（随机效应）	
	统计量	显著性（P 值）
Wald χ^2 检验	1722.38	0.000
R^2：组内	0.146	—
R^2：组间	0.929	—
R^2：总体	0.930	—
Breusch – Pagan 检验（χ^2）	119.88	0.000

　　模型检验结果（见表 8 -1）表明，当期政府补助对于文化企业就业水平产生了正向的促进作用（对应 P 值小于 0.01），但是作用效果较弱（系数仅为 0.05）。同时还可以发现，一阶滞后的政府补助对文化企业就业水平的正向促进作用在 10% 的显著性水平下得到验证，但正向促进效应仅为 0.038，效应较弱。上述实证结果表明，理论假设 H1 和 H2 是成立的（显著性水平分别为 1% 和 10%），即政府补助对于文化企业就业的直接促进效应和间接促进效应都得到了验证，但促进效应强度偏弱。

　　近些年来，中央和地方政府持续加大对文化产业扶持力度。本书根据上市公司年报披露数据统计发现，2011 年文化产业上市公司共计获得政府补助 42.50 亿元，2012 年获得 62.62 亿元，2013 年达到 66.41 亿元，三年来增长了 56.28%，年均增长 26.71%（按两个增长年度计算）。然而同期的上市公司就业数据显示，2011 年文化产业上市公司职工总数为 79.07 万人，2012 年为 92.34 万人，2013 年为 95.73 万人，三年增长 21.07%，年均增长 10.23%（按两个增长年度计算），增长幅度大大低于政府补助。如果我们把分析视角扩展到整个文化产业，则问题更为显著。根据《2013 中国文化及相关产业统计年鉴》的数据分析，2004—2012 年文化产业从业人数仅增长了 38.53%，平均每年仅增长 4.82%，对全国就业贡献率八年来则仅增长了 0.4 个百分点。无论是文化产业就业人数增长率还是就业贡献率，都远低于西方国家 20 世纪 80 年代水平。由此也可以推断，政府补助在其中的作用力度还比较微弱。结合前面的实证结果，可以认为当前我国对文化产业的政府补助虽然在就业促进方面起到一定的作用，但是相比西方国家，政府补助的就业促进效应远未发挥。

这里的研究结论应该引起高度重视。笔者认为，造成政府补助就业促进效应偏弱的根本原因在于国家对于文化产业就业问题还缺乏足够的重视，这一点可以从两个方面管窥：其一，国家至今尚未出台文化产业就业方面的专门政策、文件等；其二，在目前出台的文化产业重要文件中对于就业问题要么避而不谈、要么几笔带过。当前，我国的就业市场正面临三重巨大压力：产业结构调整带来的就业结构深度调整的压力，城镇化进程加快带来的新增劳动力转移压力以及大批高校毕业生就业困难的压力。根据国家统计局的最新界定，文化及相关产业实际涵盖了 10 个大类、50 个中类和 120 个小类，涉及众多细分行业和领域，产业扩散效应强、就业容量大、就业形式灵活多样，能够吸纳不同年龄、性别、学历、特长等各类人群实现就业，文化产业具备解决三重就业压力的战略性就业承载功能。此外，相比传统行业，文化产业就业岗位有特殊的"功效"：从事文化产业相关工作的劳动者不仅能够获得工资、奖金、物质福利等经济性薪酬，而且能够同时获得环保的工作环境、愉悦的工作感受，甚至是心灵的陶冶升华，这些"非经济性薪酬"有利于舒缓工作压力、纾解工作矛盾、促进社会稳定。可见，文化产业也具备吸引劳动者的就业"魅力"。因此，从解决我国当前三重就业压力的战略意义而言，应尽可能想方设法大幅度提升政府补助对于文化产业就业的促进效应，充分释放文化产业巨大的就业潜力，提升全社会就业水平。

表 8-2　　　　　　　　模型实证分析结果（理论假设 H1、H2）

变量	模型（随机效应）		假设验证
	系数	显著性（P 值）	
$Gov_{i,t}$	0.050 ***	0.004	支持 H1
$Gov_{i,t-1}$	0.038 *	0.070	支持 H2
$Asset_{i,t}$	0.004 ***	0.000	控制变量
$Year$	−293.239 ***	0.035	控制变量

注：* 表示在 10% 的显著性水平下显著，** 表示在 5% 的显著性水平下显著，*** 表示在 1% 的显著性水平下显著。

表 8 - 3　　　　　　　　　　文化产业从业人员情况

年份	2004	2008	2012
文化产业从业人员数（万人）	873.26	1008.22	1209.69
全国从业人员总数（万人）	74264	75564	76704
比重	1.18%	1.33%	1.58%

资料来源：（1）资料《2013 中国文化及相关产业统计年鉴》；（2）因年鉴中未公布 2012 年文化产业从业人员数据，笔者根据规模以上文化制造业企业、限额以上文化批发和零售业企业、重点服务业文化企业、非重点服务业文化企业、文化服务业事业单位及文化服务业其他单位年从业人员数汇总计算得到。

二　不同所有制企业的效应差异检验

根据温忠麟、侯杰泰、张雷（2005）[1] 的建议，对于自变量为连续性变量、调节变量为分类变量情况，应该采用分组回归方法。鉴于数据样本中"国有相对控股企业"、"集体企业"和"中外合资企业"数量都太少（不足 5 家），这里主要对国有企业和民营企业两种所有制性质企业进行分组回归分析。

（一）针对国有企业的回归结果

当文化企业所有制性质为国有企业（即 $Own\_k_{i,t}$ 中 $k=1$）时，模型有效性验证结果显示，Wald χ^2 检验统计量达到 1919.91，在 1% 的水平下显著，对应组内、组间和样本总体三个层次的拟合优度分别为 0.153、0.931 和 0.933。Breusch - Pagan 检验发现，χ^2 统计量在 1% 显著性水平下达到 107.43，说明随机效应模型有效。模型进一步实证结果如表 8 - 4 所示。

表 8 - 4　　　　　　　模型实证分析结果（国有企业）

变量	模型（随机效应）	
	系数	显著性（P 值）
$Gov_{i,t}$	0.200 ***	0.002
$Gov_{i,t-1}$	0.202 ***	0.000
$Own\_1_{i,t} \times Gov_{i,t}$	- 0.143 **	0.032

---

① 温忠麟、侯杰泰、张雷：《调节效应与中介效应的比较和应用》，《心理学报》2005 年第 2 期。

变量	模型（随机效应）	
	系数	显著性（P值）
$Own\_1_{i,t} \times Gov_{i,t-1}$	-0.189^{***}	0.002
$Asset_{i,t}$	0.004^{***}	0.000
$Year$	-306.733^{**}	0.031
$\_cons$	618606.6^{**}	0.031

注：* 表示在 10% 的显著性水平下显著，** 表示在 5% 的显著性水平下显著，*** 表示在 1% 的显著性水平下显著。

从上述模型结果可以看到，调节变量与解释变量及其一阶滞后项的交互项统计性显著（P 值分别为 0.031 和 0.002），值得通过回归模型进行进一步的深入分析。根据模型系数进一步计算得到预测模型为：

$$Employ_{i,t} = 618606.6 + 0.200Gov_{i,t} + 0.202Gov_{i,t-1} - 0.143Own\_1_{i,t} \times Gov_{i,t} - 0.189Own\_1_{i,t} \times Gov_{i,t-1} + 0.004Asset_{i,t} - 306.733Year = 618606.6 + 0.057Gov_{i,t} + 0.013 \times Gov_{i,t-1} + 0.004Asset_{i,t} - 306.733Year$$

从上述预测模型的系数结果可以看到，当文化企业所有制性质为国有企业时，当期政府补助对于企业就业水平具有正向的 0.057 个单位的促进作用，而一阶滞后政府补助也具有 0.013 个单位的正向促进作用。这种正向作用分别比其他所有制类型的企业低 0.143 个单位和 0.189 个单位。上述结论推翻了理论假设 H3－1 和 H3－2。这一实证结果表明，虽然国有企业在获取政府补助方面具备所有制优势，但是这种优势并没有转化为就业促进效应优势。究其原因：一是国有企业普遍存在的过剩就业问题所致，相关研究显示，从计划经济时期以来，我国国有企业就普遍存在严重的就业过剩问题，就业过剩率甚至达到了 20%—50%（宋静，2013）[1]，大量的就业冗余导致政府补助对就业的促进效应被大打折扣。二是近些年来随着文化体制改革深入推进，大量文化事业单位转企改制形成了国有文化企业，据统计，2011 年以来就有 6 批 181 家经营性文化事业单位转制为企业。[2] 由此可见，目前大量的国有文化企业实际上处于改制后的变革

---

[1]　宋静：《不同所有制结构中资本积累与就业的影响分析》，《经济问题》2013 年第 4 期。
[2]　王劲松：《181 家文化事业单位实现转制》，《中国财经报》2014 年 5 月 10 日。

恢复期和新的现代化管理机制构建期，人员分流"阵痛"、新机制运转效率尚待磨合提升，政府补助对就业的促进效应尚难充分发挥。

（二）针对民营企业的回归结果

当文化企业所有制性质为民营企业（即 $Own\_k_{i,t}$ 中 $k=4$）时，模型有效性验证结果显示，Wald χ^2 检验统计量达到 1714.65，在 1% 的水平下显著，对应组内、组间和样本总体三个层次的拟合优度分别为 0.150、0.929 和 0.930。Breusch – Pagan 检验发现，χ^2 统计量在 1% 显著性水平下达到 120.14，说明随机效应模型有效。模型进一步实证结果如表 8 – 5 所示。

表 8 – 5　　　　　　　　模型实证分析结果（民营企业）

变量	模型（随机效应）	
	系数	显著性（P 值）
$Gov_{i,t}$	0.049	0.006
$Gov_{i,t-1}$	0.043	0.048
$Own\_4_{i,t} \times Gov_{i,t}$	– 0.012	0.915
$Own\_4_{i,t} \times Gov_{i,t-1}$	– 0.093	0.307
$Asset_{i,t}$	0.004	0.000
$Year$	– 277.349	0.048
$\_cons$	559869.6	0.047

注：* 表示在 10% 的显著性水平下显著，** 表示在 5% 的显著性水平下显著，*** 表示在 1% 的显著性水平下显著。

模型实证结果显示，调节变量与解释变量及其一阶滞后项的交互项都不显著（P 值分别为 0.915 和 0.307），说明民营企业对于当期和滞后期政府补助与文化企业就业水平并不具备显著的调节效应。换言之，当期和滞后期政府补助对于文化企业就业水平具有正向促进作用，但这种促进作用并不因为民营企业的所有权性质而有显著变化。产生这一结果的原因很可能在于政府补助力度偏低。实际上，在我国目前的文化就业市场中，民营文化企业是主要的就业载体。对《中国文化及相关产业统计年鉴》（2013）数据分析发现，2012 年民营文化企业（包含规模以上制造业企业、限额以上批零企业和重点文化服务企业）从业人数达到 207.75 万人，是同期国有企业的 3.54 倍，占全行业就业人数的 44.38%。而且上述数据仅仅统计了达到一定规模的企业，如果扩展到小微企业，民营文化企业的就业贡献率将更高。然而民营文化企业在获得政府补助方面大大低于国有企业，根据年报数据统计，2012 年，平均每家民营文化上市公司仅获得 1409.14 万元政府补助，仅占国有文化上市公司的 19.21%。由此可见，民营文化企业获得的政府补助与其就业市场的主体地位极不相符，而低强度的政府补助也很难在资金本来就不充裕的民营文化企业中产生高于其他所有制企业的就业促进效应。

（三）基于所有制性质的综合分析

不同所有制企业在获取政府补助方面存在巨大差异。国有文化企业由于其自身的体制优势，往往能够获得比其他所有制企业更多的政府补助，2011—2013 年的统计数据显示，国有企业三年来获得了民营企业 3.51 倍的政府补助金额。进一步分析就业数据可以发现，2011 年国有上市文化公司合计职工总数为 51.89 万人，占总就业人数的 65.63%，2013 年虽然总数上升到 60.42 万人，但占总数比重下降至 63.12%；同期民营上市文化公司职工总数 17.05 万人，占总数 21.57%，2013 年增长到 25.28 万人，占比增加到 26.41%，上升了近 5 个百分点。上述原始数据在一定程度上佐证了国有企业在政府补助就业促进效应方面反而显著低于其他所有制类型企业的实证分析结论。

然而，对于上述问题还需要进一步深入思考。根据《中国文化及相关产业统计年鉴》（2013）公开数据分析发现（见表 8 - 6），目前我国文化及相关产业中，民营企业贡献了全行业就业人数的 44.38%，远高于国有企业的 12.54%，也就是说，在文化产业领域，民营企业应该是解决就业的主要载体。但是，这种情况在我国文化上市公司层面被颠覆了，在上市公司中，国有文化企业在 2011—2013 年三年中平均承载了近 64% 的就业人口，是民营文化企业的 2.58 倍。虽然国有文化企业就业贡献率三年来下降超过了 2 个百分点，但仍然是上市公司中文化就业的绝对主力。而实证结果也发现在文化就业方面，民营企业并没有发挥出比其他所有制企业显著的优势。

基于上述分析，本书认为，研究我国不同所有制文化企业的就业贡献问题，需要充分考虑企业规模因素：对于中小型企业，民营企业是其中的就业承载主力，政府补助政策应积极向中小型民营企业加大投入力度；而对于大型企业或上市公司，国有文化企业仍然是解决就业问题的主要载体，政府补助资金不能盲目减少，而是要着力提高国有文化企业对政府补助资金的利用效率，并建立文化就业扶持专项资金，做到专款专用，从而保障国有文化企业的就业承载能力持续稳定增强。

表8-6　　　　　　　文化产业按所有制类型从业人数分布情况

比较范围	所有制类型	统计单位数（个）	从业人数（人）	占从业总数比重（%）
全行业	国有企业	3164	587204	12.54
	民营企业	17196	2077544	44.38
上市公司	国有企业	60	568616	63.86
	民营企业	98	220473	24.76

资料来源：笔者根据《中国文化及相关产业统计年鉴》（2013）及上市公司年报汇总计算得到。

三　不同行业属性的效应差异检验

本书对国家统计局《文化及相关产业分类（2012）》中的九个行业门类（不包含第三类"文化艺术服务"，因该行业没有上市公司）进行分组回归，发现9个回归模型的Wald χ^2 检验统计量都在1%的水平下显著，对应的组间和总体 R^2 都达到0.92以上，说明模型拟合优度较高。Breusch - Pagan 检验都显示 χ^2 统计量都在1%显著性水平下显著，随机效应模型有效性得到验证。回归模型相关系数检验结果（见表8-7）显示："新闻出版发行服务"、"广播电视电影服务"、"文化信息传输服务"、"文化创意和设计服务"、"工艺美术品的生产"、"文化产品生产的辅助生产"6个行业的调节变量与解释变量及其一阶滞后项的交互项都不显著（P值都大于0.1），说明当期和滞后期政府补助对于文化企业就业水平的正向促进作用在上述行业中不因行业属性的变化而体现出显著差异。

同时还可以发现，在"文化用品的生产"、"文化专用设备的生产"以及"文化休闲娱乐服务"3个行业中，调节变量与解释变量及其一阶滞后项的交互项不同程度达到了显著水平，说明这三个行业政府补助的就业效应发生了显著性差异。具体分析如下：

（一）劳动密集型文化制造业：显著的正向调节效应

当 $Ind\_9_{i,t}=1$ 时，计算得到如下预测模型：

$$Employ_{i,t} = 370259 - 0.131Gov_{i,t} - 0.063Gov_{i,t-1} + 0.226Ind\_9_{i,t} \times Gov_{i,t} + 0.122Ind\_9_{i,t} \times Gov_{i,t-1} + 0.004Asset_{i,t} - 183.053Year = 370259 + 0.095Gov_{i,t} + 0.059 \times Gov_{i,t-1} + 0.004Asset_{i,t} - 183.053Year$$

根据模型系数及其显著性可知，"文化用品的生产"行业中，当期政府补助对于企业就业水平的正向促进作用得到显著增强（交互项系数为正的 0.226，说明高于其他行业 0.226 个单位，综合计算后的复合效应达到正的 0.095）。

根据国家统计局《文化及相关产业分类（2012）》的分类标准，"文化用品的生产"行业包含了视听设备（如电视机等）、办公用品、乐器、玩具、文化用纸、文化用油墨颜料、文化用化学品、游艺器材及娱乐用品等的生产制造，是为人们消费文化产品与服务提供物质载体的经济部门，大部分企业属于劳动密集的制造行业。此类行业对就业人员的要求不高，进入门槛比较低。当有政府补助用于扩大就业时，劳动密集型文化企业通常可以在较短时间内招聘到大量符合基本要求的从业人员，因此，政府补助的就业促进效应（特别是在当期）就会得到较为显著的体现。需要引起警醒的是，正如蔡昉等（2010）学者研究指出的，当前我国劳动力市场正面临刘易斯拐点到来的"危机"——劳动年龄人口增长大幅度减缓、农村剩余劳动力即将转移殆尽、日益严重的人口老龄化等，上述问题已经表明我国第一阶段的人口红利正在加速消失[①]，劳动密集型的"文化用品的生产"行业想要维持目前的就业优势将会越来越困难。

（二）技术密集型文化制造业：促进效应与挤出效应并存

当 $Ind\_10_{i,t} = 1$ 时，计算得到如下预测模型：

$$Employ_{i,t} = 595352.1 + 0.053Gov_{i,t} + 0.512Gov_{i,t-1} - 0.034Ind\_10_{i,t} \times Gov_{i,t} - 0.172Ind\_10_{i,t} \times Gov_{i,t-1} + 0.004Asset_{i,t} - 295.004Year = 595352.1 + 0.019Gov_{i,t} + 0.340 \times Gov_{i,t-1} + 0.004Asset_{i,t} - 295.004Year$$

对于"文化专用设备的生产"行业，虽然行业属性与当期政府补助交互项系数 P 值为 0.827 不显著，但是行业属性与一阶滞后政府补助交互项系数为 - 0.172，P 值为 0.069，在 10% 水平下显著，表明行业差异效应主要体现在滞后期。综合计算得到行业复合效应为 0.340。也就是说"文化专用设备的生产"行业，当年每增加 1 个单位的政府补助，可以带

---

① 蔡昉：《人口转变、人口红利与刘易斯转折点》，《经济研究》2010 年第 4 期。

来下一年度企业就业水平增加0.340个单位，而这一水平比其他行业平均低0.172个单位，产生了明显的挤出效应。

究其原因，"文化专用设备的生产"行业实际上包含了印刷专用设备、广播电视电影专用设备、其他文化专用设备（如照相机、幻灯投影设备等）制造等细分行业，属于典型的技术密集型行业。根据上市公司年报数据统计，2013年该行业的技术研发人员数量占到了整个文化产业的27.06%。然而，近十年来，我国已面临严峻的"技工荒"：2002—2012年高级工、技师和高级技师岗位一直供不应求，且差距逐年拉大，平均求人倍率十年来分别增长了54%、78%和70%（丁一、吕学静，2013)[①]，在这种情况下，政府补助的就业促进效应发挥必然延迟。此外，文化与科技融合已经成为文化产业发展的国家战略[②]，"文化专用设备的生产"行业正是履行文化与科技融合战略的典型代表，出现技术替代劳动的情况实属行业发展的必然。

（三）文化服务业：负向调节效应明显

根据模型系数计算得到预测模型（当 $Ind\_6_{i,t}=1$ 时）为：

$$Employ_{i,t} = 489036.4 + 0.085Gov_{i,t} + 0.038Gov_{i,t-1} - 0.266Ind\_6_{i,t} \times Gov_{i,t} - 0.035Ind\_6_{i,t} \times Gov_{i,t-1} + 0.004Asset_{i,t} - 242.248Year = 489036.4 - 0.181Gov_{i,t} + 0.003 \times Gov_{i,t-1} + 0.004Asset_{i,t} - 242.248Year$$

由此可知，在"文化休闲娱乐服务"行业，当期政府补助对于文化企业就业水平没有起到促进作用，而是产生了0.181个单位的负向削弱效应。

"文化休闲娱乐服务"行业是典型的文化服务业，此类行业之所以会产生负向调节效应，究其原因还在于其行业特性。以"文化休闲娱乐服务"行业为代表的文化服务业，其就业需求具有明显的短期化、临时性和多样化属性，这些属性导致绝大部分文化服务业企业不愿意，或者也没有足够实力去长期雇工，进而产生了此类行业普遍存在的非正规用工问题

---

① 丁一、吕学静：《提高退休年龄与开发高技能老年人才资源：作用机制及制度设计》，《经济学家》2013年第10期。

② 党的十八大报告明确提出要"扎实推进社会主义文化强国建设，增强全民族文化创造活力，促进文化与科技的融合"。

表8-7

模型实证分析结果

变量	行业 m=1 回归系数（显著性）	行业 m=2 回归系数（显著性）	行业 m=4 回归系数（显著性）	行业 m=5 回归系数（显著性）	行业 m=6 回归系数（显著性）	行业 m=7 回归系数（显著性）	行业 m=8 回归系数（显著性）	行业 m=9 回归系数（显著性）	行业 m=10 回归系数（显著性）
$Gov_{i,t}$	0.048*** (0.007)	0.050*** (0.004)	0.053*** (0.003)	0.049*** (0.005)	0.085*** (0.000)	0.050*** (0.004)	0.050*** (0.005)	-0.131*** (0.000)	0.053*** (0.002)
$Gov_{i,t-1}$	0.042* (0.054)	0.039* (0.067)	0.040* (0.064)	0.037* (0.076)	0.038* (0.061)	0.038* (0.072)	0.039* (0.067)	-0.063 (0.186)	0.512** (0.017)
$Ind\_m_{i,t} \times Gov_{i,t}$	0.074 (0.625)	-0.075 (0.900)	-0.113 (0.281)	-0.921 (0.193)	-0.266*** (0.000)	-0.554 (0.401)	0.223 (0.785)	0.226*** (0.000)	-0.034 (0.827)
$Ind\_m_{i,t} \times Gov_{i,t-1}$	-0.039 (0.724)	-0.249 (0.620)	-0.021 (0.851)	-0.365 (0.499)	-0.035 (0.951)	0.257 (0.806)	-0.247 (0.644)	0.122* (0.017)	-0.172* (0.069)
$Asset_{i,t}$	0.004*** (0.000)	0.004*** (0.000)	0.004*** (0.000)	0.004*** (0.000)	0.004*** (0.000)	0.004*** (0.000)	0.004*** (0.000)	0.004*** (0.000)	0.004*** (0.000)
$Year$	-293.821** (0.036)	-280.453** (0.046)	-286.174** (0.041)	-281.773** (0.043)	-242.248* (0.073)	-283.495** (0.043)	-298.648** (0.033)	-183.053 (0.173)	-295.004** (0.033)
$\_cons$	592933.7** (0.035)	566068.9** (0.046)	577577.7** (0.040)	568827.1** (0.042)	489036.4* (0.072)	572195.8** (0.043)	602666.4** (0.032)	370259 (0.171)	595352.1** (0.033)

注：*表示在10%的显著性水平下显著，**表示在5%的显著性水平下显著，***表示在1%的显著性水平下显著。

（袁红清、李荔波，2013）。① 在高昂的人工成本压力下，即使通过政府补助刺激，也很难引导此类文化服务企业改变当前已属行业常态的低成本的用工方式，企业可能更加倾向于将有限的政府补助用于基础设施改善、仪器设备升级改造维修等非人工投入方面，因此也就很难产生有效的就业促进效应。

---

① 袁红清、李荔波：《休闲娱乐行业外来女性非正规就业分析》，《管理世界》2013 年第 11 期。

第九章　政府补助与文化产业无形资产研究

　　无形资产代表文化企业的核心竞争力。综观全球文化产业强国，无一不是掌握丰厚无形资产的文化输出强国。从文化产业的未来发展趋向看，无形资产作为文化软实力核心，是实现文化产业振兴、文化强国战略最为重要的基石，意义重大。我国文化产业还处于竞争力不强、创新力弱，文化企业规模偏小的发展阶段，大力挖掘、开发与利用无形资产的潜在与显在价值，不仅有助于提升文化企业规模与综合实力，更有利于我国整个文化产业良性发展模式的构建。

　　近些年来，政府对文化产业的扶持补助力度逐年加大。巨额的政府补助，是否有效地促进了文化企业无形资产的增加？同时，不同所有制性质、不同行业属性的企业在获得政府补助方面是存在较大差异的，这种差异是否对政府补助与无形资产的关系产生了关键性的调节作用？上述问题对于政府补助政策的优化和文化产业无形资产提升战略的制定都具有重要的意义。

第一节　文献综述与理论假设

一　文献简述

　　对政府补助与文化产业无形资产的关系研究，直接以此为主题的文献在中国期刊网（CNKI）上未能查阅到，仅有为数不多的专题探讨文化企业无形资产问题的研究。归纳起来，可以分为以下三个维度：

　　（一）关注文化企业无形资产的构成与分类的研究

　　王海云等（2007）对出版企业无形资产的构成要素进行了分析，主要包括特许经营权（出版许可证）、著作权/版权（自有著作权、专有出版权、一般出版权）、商标权（注册的商标、出版物名称）、专利权（外观设计）、邻接权（版式设计权）、商业秘密和商誉（出版社声望与知名度、品牌产品等）七个方面[①]；从分类来看，有的研究将文化产业无形资产分为技术类无形资产、版权类无形资产、权利类无形资产，具有无形性、排他性、稀缺的、可转让性、间接性、创造性、作用长期性与超额收益性等（马晓君，2011[②]；孙亚洁，2012）。[③]

（二）探讨文化企业无形资产问题

由于行业与政府对文化创意转化能力与整个文化产业链风险的不确定，文化企业无形资产问题未能受到应有重视。卢苇（2014）以9家文化产业上市公司作为样本，指出文化企业无形资产占总资产的比重较低，且无形资产内部结构不合理，土地使用权比重与外购比例过高、自主创新能力不足，特许经营意识单薄与特许权比重低、影响文化品牌与核心共性技术的研发，不利于以智力资源为核心的文化产业的健康发展[④]；无形财产的质与量是衡量企业核心竞争力的依据，无形资产能力的大小关系企业核心竞争力的强弱，但是，目前企业无形资产保值、增值管理不善（Mo，2003[⑤]；汤湘希，2004[⑥]）。此外，有的学者研究了演艺企业的无形资产问题，强调无形资产是衡量企业发展潜力的关键指标，特别是演出品牌、演员经纪代理、创意产权、演员声誉等作为无形资产尤为重要。但目前对我国演艺企业无形资产评估存在评估指标界定不清晰、评估方法不一致、评估参数难以取得、评估责任不明确、评估信息披露不充分等问题。[⑦]

（三）关注企业绩效与无形资产关联

企业无形资产是一种战略资产，是一个系统，能够提升企业核心竞争

---

①　王海云、张书勤、高岫：《出版单位无形资产评估指标体系研究》，《出版发行研究》2007年第6期。

②　马晓君：《中国传统文化视角下对无形资产定义及范畴的探讨》，《中国城市经济》2011年第11期。

③　孙亚洁：《基于收益理论的文化创意产业无形资产价值评估研究》，硕士学位论文，长安大学，2012年。

④　卢苇：《传播与文化产业上市公司无形资产分析》，《知识经济》2014年第6期。

⑤　Mo, J. P., T. Ahou, "Tools and Methods for Managing Intangible Assets of Virtual Enter-prise", *Computers in Industry*, Vol. 51, No. 2, 2003, pp. 197 – 210.

⑥　汤湘希：《基于企业核心竞争力理论的无形资产经营》，《中国工业经济》2004年第1期。

⑦　张斌：《中国演艺企业无形资产评估指标体系研究》，《艺术百家》2013年第4期。

力的资产是无形资产（范莉莉、高喜超，2010①）；对无形资产的投入实质是一种企业创新活动的投入，其产生的创新驱动效应、信号传递效应与税收"挡板效应"对企业的整体经营业绩起促进作用（黄洁莉等，2013②）。企业盈利增加和无形资产的投入之间是高度正相关的（Lev，1999③；Anderson，1999④），企业未来的绩效和无形资产之间具有正相关性，无形资产与其他资产的结合可以创造超额利润与竞争优势（王化成，2005⑤；马德林等，2012⑥）；从企业性质来看，政府机构控制的国有企业的绩效更多地依赖使用权类无形资产，对技术类无形资产依赖性较低；高校控制的国有背景企业的绩效则更多依赖技术类无形资产，对使用权类无形资产依赖的少（胡川等，2014⑦）。但是，企业未来盈余度和无形资产水平有时也会产生负相关关系。⑧ 在出版传媒企业，同样无形资产规模和经营绩效间存在着显著的相关性，而且无形资产比重大于整个文化产业行业的平均水平，单位无形资产对企业绩效的贡献明显大于固定资产。⑨

综上所述，学者们对无形资产进行了多个维度的细致分析，为企业无形资产研究搭建了初步的框架，然而，目前学术界关于无形资产的研究从总量上看还比较缺乏，研究的主题还主要聚焦在关于无形资产一些基本问题的探讨，在研究的内容体系上还需要进一步拓展，特别是对于政府补助与文化产业无形资产的研究目前还没有涉及，而这一问题恰恰是未来我国

---

① 范莉莉、高喜超：《企业无形资产的系统评价方法——核心竞争力评价的新视角》，《系统管理学报》2010 年第 3 期。

② 黄洁莉、蒋占华、夏喆：《企业无形资产投入财务溢出效应研究》，《统计与决策》2013 年第 21 期。

③ Lev，B.，"R&D and Capital Market"，*Journal of Applied Corporate Finance*，Vol. 11，No. 4，1999，pp. 21 – 35.

④ Anderson，Michael H.，"Intangible Investment，Debt Financing and Managerial Incentives"，*Journal of Economics and Business*，Vol. 51，No. 1，1999，pp. 3 – 19.

⑤ 王化成：《企业无形资产与未来业绩相关性研究——基于中国资本市场的经验证据》，《中国软科学》2005 年第 10 期。

⑥ 马德林：《中国企业：拿地还是创新？——基于上市公司无形资产信息披露》，《中国软科学》2012 年 11 期。

⑦ 胡川、车险峰、邓莹：《国有背景企业绩效与无形资产关系的比较研究》，《中南财经政法大学学报》2014 年第 1 期。

⑧ Oric，E.，Yarron Barron Donalbyaed，Charles Kile et al.，"High – technology Intangibles and Analysis' Forecasts"，*Journal of Accounting Research*，Vol. 40，No. 2，2002，pp. 289 – 312.

⑨ 司占峰：《我国出版传媒企业无形资产确认、计量及其绩效相关性研究》，硕士学位论文，北京交通大学，2012 年。

文化产业无形资产提升战略的重要课题。有鉴于此，本书将重点对政府补助与文化产业无形资产的关系进行深入分析。

二 理论假设

从政策设计初衷来讲，政府给予文化企业各项补助，其目的之一就是为了能够促进文化企业无形资产的增加，最终实现企业经营绩效的改善。因此，本书提出第一个研究假设：

理论假设 H1：政府补助对文化产业无形资产具有正向促进作用。

还需要考虑的是，政府补助对于文化产业无形资产的促进作用不仅仅体现在投入年，当企业将政府补助用于增加研发能力、引进科研人才等各种创新活动时，产生的促进作用可能是有滞后性的，因此，需要对滞后期的政府补助效果也进行分析。本书提出第二个研究假设：

理论假设 H2：政府补助对文化产业无形资产的正向促进作用具有滞后性。

由于不同所有权性质、不同行业类型的企业在利用政府补助方面可能存在一定的差异性，进而影响到文化产业无形资产的增长。上述因素的结构性调节作用有必要加以考虑，本书提出如下研究假设：

理论假设 H3：政府补助与文化企业无形资产的关系受到所有制性质因素的显著影响，即国有企业和民营企业等不同所有权性质文化企业在利用政府补助增加企业无形资产方面存在显著差异。

理论假设 H4：政府补助与文化企业无形资产的关系受到行业类型因素的显著影响，即不同行业的文化企业在利用政府补助增加无形资产方面存在显著差异。

第二节　研究设计

一 样本与数据

文化产业的持续发展与核心竞争力的提升，同文化企业内容原创能力、技术创新能力息息相关，也就是说，文化产业创新能力可以通过文化企业无形资产的质与量来反映。鉴于上市公司年报对无形资产信息披露的连续性与客观性，本书主要采用 2011—2013 年沪深 A 股上市公司中的文化及相关产业公司的面板数据进行实证研究。有关文化产业上市公司研究样本选择与数据采集方式与前文相同。

二　变量选取

解释变量。这里同样将"计入当期损益的政府补助"（以下简称政府补助）设定为解释变量。

被解释变量。这里主要采用文化产业上市公司年报信息"资产负债表"中披露的"无形资产"期末余额数据。

调节变量。这里考虑文化企业所属行业和所有权性质两类虚拟变量。在行业类型划分上，依据国家统计局《文化及相关产业分类（2012）》中产业分类第二层划分出来的十个行业门类进行设置，具体包括：新闻出版发行服务、广播电视电影服务、文化艺术服务、文化信息传输服务、文化创意和设计服务、文化休闲娱乐服务、工艺美术品的生产、文化产品生产的辅助生产、文化用品的生产和文化专用设备的生产。在企业所有权性质上，按照所有权结构特点划分为国有文化产业上市公司、国有相对控股文化产业上市公司、集体文化产业上市公司、民营文化产业上市公司和中外合资文化产业上市公司五种类型。

控制变量。企业的研发投入可能会对文化产业上市公司无形资产产生重要影响，因此有必要将研发投入作为控制变量。作为研发投入，其核心包含两个部分，即研发费用投入和研发人员的投入。根据文化产业上市公司年报披露信息，这里研发费用投入采用"研发费用总额"，研发人员投入采用"技术人员数"。此外，还可能存在某些不可预知的随时间变化的因素，这里将年度波动因素纳入控制变量。

三　模型建立

(一) 基于解释变量及其滞后项的计量模型设计

基于理论假设 H1 和 H2，建立计量模型 1 如下：

$$\ln IntAssets_{i,t} = \alpha_0 + \beta_1 \ln Gov_{i,t} + \beta_2 \ln Gov_{i,t-1} + \beta_3 \ln R\&D_{i,t} + \beta_4 \ln TeStaff_{i,t} + \lambda_0 Year + \varepsilon_{i,t} \qquad 模型1$$

其中，$IntAssets_{i,t}$ 表示第 i 家文化产业上市公司第 t 年的无形资产；下标 i 表示公司（$i \in [1, 161]$），下标 t 表示时间（$t \in [2011, 2013]$）；$Gov_{i,t}$ 表示第 i 家文化产业上市公司第 t 年获得的政府补助数额；在控制变量方面，$R\&D_{i,t}$ 表示文化产业上市公司的研发投入，$TeStaff_{i,t}$ 表示文化产业上市公司拥有的技术人员数量，$Year$ 表示年度波动因素。$\varepsilon_{i,t}$ 表示公司和时间混合差异的随机误差项。为了使数据更加平稳，将变量取对数。

（二）基于调节变量的计量模型设计

本书借鉴劳伦斯·汉密尔顿（2007）在"Statistics with Stata"中所采用的分类研究方法[①]，根据理论假设 H3 和 H4，分别建立计量模型如下：

（1）基于上述理论假设 H3，建立计量模型 2 如下：

$$\ln IntAssets_{i,t} = \alpha_0 + \beta_1 \ln Gov_{i,t} + \beta_2 \ln Gov_{i,t-1} + \beta_3 Own\_k_{i,t} + \beta_4 Own\_k_{i,t} \times$$
$$\ln Gov_{i,t} + \beta_5 Own\_k_{i,t} \times \ln Gov_{i,t-1} + \beta_6 \ln R\&D_{i,t} + \beta_7 \ln TeStaff_{i,t} + \lambda_0 Year + \varepsilon_{i,t}$$

模型 2

在上述模型中，$Own\_k_{i,t}$ 代表调节调节变量——文化产业上市公司所有制性质类型，包括国有文化产业上市公司、国有相对控股文化产业上市公司、集体文化产业上市公司、民营文化产业上市公司和中外合资文化产业上市公司五种，因此 k 的对应取值设定为 [1，5]。

（2）基于上述理论假设 H4，建立计量模型 3 如下：

$$\ln IntAssets_{i,t} = \alpha_0 + \beta_1 \ln Gov_{i,t} + \beta_2 \ln Gov_{i,t-1} + \beta_3 Ind\_m_{i,t} + \beta_4 Ind\_m_{i,t} \times$$
$$\ln Gov_{i,t} + \beta_5 Ind\_m_{i,t} \times \ln Gov_{i,t-1} + \beta_6 \ln R\&D_{i,t} + \beta_7 \ln TeStaff_{i,t} + \lambda_0 Year + \varepsilon_{i,t}$$

模型 3

在上述模型中，$Ind\_m_{i,t}$ 代表调节变量——文化产业上市公司所属行业类型，根据《文化及相关产业分类（2012）》提出的十个门类：新闻出版发行服务、广播电视电影服务、文化艺术服务、文化信息传输服务、文化创意和设计服务、文化休闲娱乐服务、工艺美术品的生产、文化产品生产的辅助生产、文化用品的生产和文化专用设备的生产，因此 m 的对应取值设定为 [1，10]。

第三节　实证研究结果

一　文化产业无形资产总体状况分析

官方对于无形资产的界定，一是按照 2006 年 2 月颁布的《企业会计准则第 6 号——无形资产》第三条的规定，所谓无形资产是指"企业拥有或者控制的没有实物形态的可辨认非货币性资产，源自合同性权利或其

---

① ［美］劳伦斯·汉密尔顿：《应用 STATA 做统计分析》，郭志刚等译，重庆大学出版社 2011 年版，第 153—166 页。

他法定权利，能够从企业中分离或者划分出来、并能单独或与相关合同、资产或负债一起用于出售、转移、授予许可、租赁或者交换"；二是我国《企业财务通则》（2006）强调无形资产"是指企业长期使用但是没有实物形态的资产，包括专利权、商标权、著作权、土地使用权、非专利技术与商誉等"。

根据上述定义并结合上市公司年报披露信息，本书得到 2011—2013 年文化产业上市公司无形资产基本状况（见表 9 - 1）。2011—2013 年来，我国文化产业上市公司无形资产从总量、均值和占企业总资产比重三个方面都有了较大幅度的增长：在总量方面，三年平均达到了 564.59 亿元，年均增长率为 17.07%；在均值方面，平均每家文化上市公司拥有无形资产价值为 3.50 亿元，年均增长率为 13.73%。然而在无形资产占企业总资产比重方面，虽然三年来连续增加，从 3.71% 增加到 3.96%，但是增长幅度仅有 3.35%，明显低于总量和均值的增长幅度，反映出虽然文化上市公司无形资产有了较大幅度的增长，但是其增幅还是大大低于总资产的增长幅度；而且三年来无形资产在总资产占比中仅仅占 3.87%，比重太低，说明我国文化上市公司无形资产无论总量还是增长幅度都有很大的发展空间。

表 9 - 1　　　　　2011—2013 年文化产业上市公司无形资产状况

项目	2011 年	2012 年	2013 年	三年平均
总额合计（万元）	4724021.63	5749572.10	6464222.81	5645938.85
单位企业均值（万元）	30477.56	35058.37	39415.99	34983.97
占总资产比重（%）	3.71	3.93	3.96	3.87

　资料来源：笔者根据相关年份上市公司年报披露数据进行统计计算得到。

二　模型 1 实证结果分析

随机效应模型检验结果显示，Wald χ^2 检验统计量为 60.19，对应 P 值小于 0.001，组内、组间和样本总体三个层次的拟合优度分别为 0.168、0.391 和 0.365，说明模型总体显著。进一步通过 Breusch - Pagan 检验发现，χ^2 统计量为 52.91，对应 P 值小于 0.001，说明个体随机效应显著。本书数据为 2011—2013 年的短序列型面板数据，一般也不需要考虑序列相关问题（Baltagi，2005①），而且随机效应模型本身考虑到异方差的问题，因此可以认为，本书采用随机效应模型是有效的。

表9-2 模型实证分析结果（1）

变量	模型（随机效应）	
	统计量	显著性（P 值）
Waldχ^2 检验	60.19	0.000
R^2：组内	0.168	——
R^2：组间	0.391	——
R^2：总体	0.365	——
Breusch - Pagan 检验（χ^2）	52.91	0.000

模型实证分析结果显示：当期政府补助系数为正向的 0.172，对应 P 值小于 0.001，说明政府补助对文化产业上市公司无形资产的正向促进作用是显著的，理论假设 H1 得到了验证。同样，滞后一期的政府补助也是在 1% 的显著性水平下显著，理论假设 H2 被证实。可见，政府补助对促进文化产业上市公司无形资产增长具有直接和间接助推作用。

表9-3 模型实证分析结果（2）

变量	模型（随机效应）		假设验证
	系数	显著性（P 值）	
$\ln Gov_{i,t}$	0.172 ***	0.000	支持 H1
$\ln Gov_{i,t-1}$	0.126 ***	0.000	支持 H2
$\ln R\&D_{i,t}$	0.108 *	0.084	控制变量
$\ln TeStaff_{i,t}$	0.121	0.292	控制变量
Year	0.134 **	0.020	控制变量

注：* 表示在 10% 的显著性水平下显著，** 表示在 5% 的显著性水平下显著，*** 表示在 1% 的显著性水平下显著。

三 模型 2 实证结果分析

鉴于数据样本中"国有相对控股文化产业上市公司"、"集体文化产业上市公司"和"中外合资文化产业上市公司"数量太少（不足 5 家），这里主要对国有文化产业上市公司和民营文化产业上市公司两种所有制性

---

① Baltagi, B. H., *Econometric Analysis of Panel Data*, New York：Wiley, 2002, pp. 58 - 66.

质企业进行回归分析。

针对国有文化产业上市公司和民营文化产业上市公司的模型有效性检验结果显示：Wald χ^2 检验统计量分别达到 63.10 和 63.17，并且都在 1% 水平下显著；对应组内、组间和样本总体三个层次的拟合优度分别为 0.180、0.375 和 0.347，0.171、0.386 和 0.355；Breusch - Pagan 检验发现，χ^2 统计量在 1% 显著性水平下分别达到 52.03 和 53.40，说明随机效应模型有效。模型进一步实证结果见表 9 - 4。从表中可以看到，无论是国有文化产业上市公司还是民营文化产业上市公司，当期和一阶滞后期政府补助对于文化产业上市公司无形资产的正向促进作用都得到了验证和支持。而在企业所有权性质差异方面，对于国有文化产业上市公司，所有权性质变量、所有权性质与当期政府补助交互项以及与一阶滞后交互项的系数对应 P 值都大于 0.05，说明政府补助对于文化产业上市公司无形资产的正向促进作用在国有文化产业上市公司中没有产生明显调节作用。

表 9 - 4　　　　　　　　　　模型实证分析结果

变量	模型（国有企业 k = 1）		模型（民营企业 k = 4）	
	系数	显著性（P 值）	系数	显著性（P 值）
$\ln Gov_{i,t}$	0.152 ***	0.003	0.145 ***	0.006
$\ln Gov_{i,t-1}$	0.114 ***	0.002	0.118 ***	0.003
$Own\_ k_{i,t}$	0.409	0.210	− 0.532 *	0.098
$Own\_ k_{i,t} \times \ln Gov_{i,t}$	0.000005	0.639	0.00003	0.627
$Own\_ k_{i,t} \times \ln Gov_{i,t-1}$	0.000004	0.611	− 0.000004	0.943
$\ln R\&D_{i,t}$	0.113 *	0.073	0.113 **	0.077
$\ln TeStaff_{i,t}$	0.086	0.461	0.096	0.414
$Year$	0.134 **	0.021	0.133 **	0.021

注：* 表示在 10% 的显著性水平下显著，** 表示在 5% 的显著性水平下显著，*** 表示在 1% 的显著性水平下显著。

对于民营文化产业上市公司，交互项调节作用同样不显著，但是所有权性质变量系数对应 P 值为 0.098，在 10% 的水平下显著。由此可知，在民营文化产业上市公司，不论对于何种水平的政府补助，其无形资产价值比其他所有权类型的企业都要低一定水平，这恰好说明我国文化产业的强意识形态属性带来的不同于其他产业的独特性和由此产生的民营文化产业上市公司等非公资本进入文化市场高准入门槛的现实。

四　模型3实证结果分析

本书对国家统计局《文化及相关产业分类（2012）》中的九个行业门类（不包含第三类"文化艺术服务"，因该行业没有上市公司）进行一一分组回归发现，9个回归模型的 Wald χ^2 检验统计量都在1%的水平下显著，对应的组间和总体 R^2 都达到0.35以上。Breusch – Pagan 检验都显示 χ^2 统计量都在1%显著性水平下显著，随机效应模型有效性得到验证。回归模型相关系数检验结果如表9－5所示，从回归结果可以得出如下初步结论：

首先，当期和滞后期政府补助对于文化产业上市公司无形资产的正向促进作用在全部细分行业中都得到了验证。可见，文化产业上市公司获得政府补助后，会推动企业相应增加企业无形资产，这与文化产业围绕智力资源进行创新、开发、运营的本质特点相关，是文化产业上市公司实现提升核心竞争力的助推器。

其次，对于政府"新闻出版发行服务"、"广播电视电影服务"、"文化信息传输服务"、"文化创意和设计服务"、"文化休闲娱乐服务"、"文化产品生产的辅助生产"、"文化用品的生产"以及"文化专用设备的生产"八个行业，政府补助对无形资产的正向促进作用没有体现出行业差异。但同时可以发现在"广播电视电影服务"行业，行业属性变量系数为 –6.381，对应 P 值为 0.000，说明在该行业，在给定的政府补助水平下，其对无形资产价值在1%的显著性水平下明显低于其他细分行业。这是与广播电视电影服务行业涉及较多意识形态与内容管制问题息息相关的，除了电影行业非公资本可以进入（但影片的进口权控制在两家国有电影集团手里），广播电视行业非公资本不能进入，政府补助对广播电视企业的无形资产质与量的变化影响不明显。

最后，"工艺美术品的生产"行业政府补助正向作用与其他行业有明显差异，根据模型系数计算得到预测模型（当 $Ind\_7_{i,t} = 1$ 时）为：

$$\ln IntAssets_{i,t} = -247.731 + 0.154\ln Gov_{i,t} + 0.123\ln Gov_{i,t-1} + 1.724Ind\_m_{i,t} + 0.002Ind\_m_{i,t} \times \ln Gov_{i,t} - 0.005Ind\_m_{i,t} \times \ln Gov_{i,t-1} + 0.096\ln R\&D_{i,t} + 0.175\ln TeStaff_{i,t} + 0.126Year = -246.007 + 0.156\ln Gov_{i,t} + 0.118\ln Gov_{i,t-1} + 0.096\ln R\&D_{i,t} + 0.175\ln TeStaff_{i,t} + 0.126Year$$

可见，在"工艺美术品的生产"行业，虽然当期和滞后期政府补助对于文化产业上市公司无形资产调节效应都是显著的（P 值分别为 0.005

表9-5　细分行业实证分析结果

变量	行业 m=1 回归系数 (显著性)	行业 m=2 回归系数 (显著性)	行业 m=4 回归系数 (显著性)	行业 m=5 回归系数 (显著性)	行业 m=6 回归系数 (显著性)	行业 m=7 回归系数 (显著性)	行业 m=8 回归系数 (显著性)	行业 m=9 回归系数 (显著性)	行业 m=10 回归系数 (显著性)
$\ln Gov_{i,t}$	0.164*** (0.000)	0.161*** (0.000)	0.177*** (0.000)	0.166*** (0.000)	0.166*** (0.000)	0.154*** (0.001)	0.177*** (0.000)	0.164*** (0.001)	0.174*** (0.000)
$\ln Gov_{i,t-1}$	0.123*** (0.000)	0.101*** (0.004)	0.128*** (0.000)	0.125*** (0.000)	0.125*** (0.000)	0.123*** (0.000)	0.125*** (0.001)	0.124*** (0.001)	0.122*** (0.000)
$Ind\_m_{i,t}$	1.716 (0.246)	−6.381*** (0.000)	−0.279 (0.422)	−1.081 (0.110)	0.245 (0.940)	1.724* (0.081)	0.517 (0.386)	0.398 (0.177)	−0.545 (0.246)
$Ind\_m_{i,t} \times \ln Gov_{i,t}$	−0.001 (0.328)	0.016 (0.308)	−0.00003 (0.506)	0.0003 (0.390)	0.0004 (0.539)	0.002*** (0.005)	−0.0001 (0.755)	0.000008 (0.479)	−0.00002 (0.667)
$Ind\_m_{i,t} \times \ln Gov_{i,t-1}$	0.001 (0.283)	0	0.000009 (0.815)	−0.00009 (0.770)	0	−0.005*** (0.003)	−0.000007 (0.974)	0.000003 (0.684)	0.00003 (0.225)
$\ln R\&D_{i,t}$	0.117* (0.063)	0.060 (0.341)	0.098 (0.124)	0.125** (0.049)	0.122* (0.054)	0.096 (0.113)	0.116* (0.068)	0.089 (0.161)	0.106* (0.092)
$\ln TeStaff_{i,t}$	0.124 (0.282)	0.130 (0.238)	0.145 (0.214)	0.123 (0.286)	0.126 (0.269)	0.175 (0.133)	0.128 (0.266)	0.114 (0.328)	0.132 (0.249)
$Year$	0.129** (0.026)	0.144** (0.011)	0.132** (0.024)	0.136** (0.021)	0.136** (0.020)	0.126** (0.024)	0.136** (0.021)	0.140** (0.017)	0.134** (0.021)

注：* 表示在10%的显著性水平下显著，** 表示在5%的显著水平下显著，*** 表示在1%的显著性水平下显著。

和 0.003），但调节效应都比较微弱（分别是 0.002 和 0.005），而综合计算后的复合效应为正，说明在"工艺美术品的生产"行业中政府补助对于文化产业上市公司无形资产具有正向促进效应，但是可能由于工艺美术品行业的价值增值还主要集中在运营与分销环节等产业链的中下端，产业链前端的创意环节的作用尚未释放出来，对著作权/版权、商标权、专利权等无形资产的诉求不明显，因而没有表现出较强的调节效应。

第十章　中国文化产业政府补助模式创新与路径优化初探

文化产业发展的政府补助是一个世界性难题，全球各国政府多年来一直在探索如何建立科学、有效的文化产业政府补助体系，至今没有非常成功的经验，更没有完全适合中国借鉴采用的现成模式。中国的文化产业政府补助道路需要中国自己来走。

第一节　构建文化产业价值链政府补助新模式

中国从 2000 年 10 月《中共中央关于制定国民经济和社会发展第十个五年计划的建议》中第一次以中央文件名义正式提出"文化产业"以来，就在不断制定、修订、变革有关文化产业政府补助的体制、机制、政策及措施。时至今日，历经十五年的摸索创新确实取得了一定的成效，中国文化产业增加值也实现了从 2004 年的 3440 亿元到 2013 年的 2.14 万亿元的跨越式增长。在这个过程中，中国的文化产业政府补助传统模式也积累了大量问题，概括地讲，有如下四个方面：

一是"供需错位"问题。总体来讲，中国和各级地方政府对于文化产业的公共财政资金总量已经很大，如前文所述，2012 年，国家仅在文化传媒体育方面的公共财政资金就达到 2000 多亿元。然而，现实问题是一方面大量政府补助资金因为找不到合适的项目而闲置，例如北京市政府 2012—2013 年度文创资金就有 18.3 亿元沉淀闲置[①]；另一方面又有大量的中小微型企业因得不到政府扶持而举步维艰。

[①]　张楠：《2015 年后本市文创专项资金将"以事定钱"》，《北京晚报》2014 年 11 月 26 日。

二是"马太效应"问题。在政府补助领域普遍存在着"嫌贫爱富"的现象：2014 年万达向港交所递交的上市材料披露，2011 年以来的三年半时间里，万达共计获得政府补助 78.19 亿元[①]；同年，国内动漫巨头深圳华强文化公司预披露的 IPO 招股说明书显示，该公司 2011 年获得政府补助 7.3 亿元，2012 年获得 9.9 亿元，2013 年获得 7.2 亿元，2014 年1—6 月获得 4.4 亿元，共计获得 28.8 亿元，且历年累计获得 42.3 亿元政府补助。[②] 而且仔细研究各地的文化产业专项扶持资金有关政策文件可以发现，其中一般都有明确的条款表示对大企业、大项目的重点扶持政策。

三是"过滥过繁"问题。通过关于文化产业政府补助内容结构的梳理分析可以发现一个现象，即当前中国各级各类政府部门对于文化产业的政府补助可谓"名目繁多"。正如《国务院关于清理规范税收等优惠政策的通知》（国发〔2014〕62 号）中所指出的，一些地方的财政税收优惠政策已经扰乱了市场秩序、影响到国家宏观调控政策效果、违反了国家的法律法规，甚至可能违反了中国的对外承诺，引发国际贸易摩擦问题。

四是"无效评估"问题。虽然国家财政部从 2011 年就出台了多项财政支出绩效评估的文件，又提出开展财政资金全面预算绩效管理的要求，然而文化产业领域的政府补助一直缺乏有效的绩效评估与管理，普遍存在着重前端评审、轻事中监管、轻事后验收的现象，甚至已经出现了中端流于形式、末端几乎失控的尴尬局面。

产生上述问题的根本原因在于：

一是难以统筹协调的多部门管理体制。文化产业的政府补助之所以名目繁多，甚至互相交叉冲突，其主要原因在于政出多门，而政出多门的根本原因在于多头管理、各自为政。当前中国文化产业的管理体制属于典型的多部门管理，国家层面承担文化产业管理职能的有关部委包括文化部、新闻出版广电总局（国家版权局）、工业和信息化部，中央层面有中央精神文明建设指导委员会、中共中央宣传部。部门分割式的文化管理格局在民间更是被戏称为"上面三国演义、下面八国联军"。[③] 而与文化产业政府补助相关的部委还包括发展和改革委、财政部、科技部、商务部、中国

---

①　刘倩雯：《万达三年半获政府补贴 78 亿》，《长江商报》2014 年 12 月 10 日。

②　梁锦弟：《动漫巨头拟上市，补贴还能走多久》，《南方都市报》2014 年 9 月 10 日。

③　朱永新：《关于改革文化体制管理格局、成立文化大部委问题的建议（征求意见稿）》，新浪认证博客，http://blog.sina.com.cn/s/blog_4aeb7d930100q0p4.html，2015 年 2 月 5 日。

人民银行、国家税务总局、海关总署、人力资源社会保障部以及中办、国办等部门。如此众多的管理部门必然带来文化产业政府补助管理过程中的多头管理、职能交叉、各自为政，进而造成国家文化产业政府补助缺乏科学的顶层设计，带来重复建设、资源浪费，甚至恶意夺权等众多问题。

二是"部门政绩"理念的主导。为什么政府补助往往"嫌贫爱富"？往往倾向于大企业、大项目？往往倾向于投入文化制造业等重资产领域？根本原因还在于部门利益分割基础上的政府补助决策者的"政绩"导向。部门分割带来的就是部门利益主义，进而导致了政府官员的部门政绩观。当以"部门政绩"作为政府补助的理念导向时，政府补助必然倾向于投入到那些风险小、最好是无风险的领域；当必须承担风险时，则最好是投入到那些大企业、大项目或"明星"项目，这样即使失败了也有足够的规避责任的理由。而目前的政治逻辑是，即使政府的资金投放获得了较好的收益，政府官员本人也不能分享任何收益；而一旦政府资金投放出现了失败或亏损，那么政府官员则必须承担有关责任。在这种机制下，政府官员采取规避风险的政府补助行为也属人之常情可以理解，但是政府补助对于文化产业发展的促进效应则必然受到严重影响。

三是碎片化的管理机制。2000 年 10 月，《中共中央关于制定国民经济和社会发展第十个五年计划的建议》中第一次正式提出"文化产业"和"文化产业政策"，也就是说，中国对文化开始从产业层面来进行管理至今尚不足 15 年时间。在这短短十多年的时间里，关于文化产业的补助扶持政策，基本属于三种模式：一种是部门职责履行模式，即根据本部门职责出台相关的补助扶持政策，例如《文化产业发展专项资金管理暂行办法》等；另一种是"头痛医头、脚痛医脚"模式，即面对突变的国际国内形势及新情况新问题出台相关的政府补助政策，例如《文化产业振兴规划》等；再一种是较为系统的重大决策和管理规划，例如《中共中央关于深化文化体制改革推动社会主义文化大发展大繁荣若干重大问题的决定》、《国家"十二五"时期文化体制改革和发展规划纲要》等。然而各种模式始终都没有解决一个核心问题，即文化产业政府补助的一体化管理机制问题。在多部门的管理体制下所产生的必然是碎片化的，甚至可能是互相冲突的政策与措施，进而造成文化产业政府补助资源的严重浪费。正如北京市常务副市长李士祥指出的，所谓的近 60 亿元的北京市文化创新发展专项资金，其实是将"各部门的基本建设、部门预算和体育、旅游、文物等专项资金简单归并",这种做法实际上"从源头上导致了专项资金管理体制不顺、定位不清"。①

基于上述分析,结合前文的研究,应该构建基于文化产业价值链的政府补助新模式。

一是深化文化大部制改革,成立"文化发展与治理委员会"。2013 年 3 月,国家新闻出版总署和国家广电总局合并为国家新闻出版广电总局,并加挂国家版权局牌子,可以说中国文化管理大部制改革历经多重阻隔终于迈出了坚实的一步。然而,这仅仅是中国文化体制改革的第一步。上述三大部委的合并仍然没有改变文化管理"九龙治水"的部门分立格局,多头管理、政出多门的状况仍然主导着中国文化产业发展的现实路径。中国文化管理大部制改革必然需要继续前行。

综观全球主要发达国家关于国家层面文化管理的机构设置,采用的都是大部制的管理体制。根据中央机构编制委员会办公室对国外中央政府机构设置的情况介绍以及有关学者的研究可知,英国的文化管理主要由"文化、传媒与体育部"承担;美国没有专门的文化部,文化相关事务以"国家艺术和人文学科基金会"为主进行统筹管理;法国则设有"文化和通信部"管理文化事务;日本设有"文部科学省"更是典型的大部制,负责署理文化、教育、科学技术及体育等多方面事务。②③

结合中国当前文化管理的现实状况和"社会主义文化强国"建设要求,建议中央在"十三五"时期进一步深化文化大部制改革,整合现有多个条线的文化管理有关机构和职能,成立"中华人民共和国文化发展与治理委员会"。具体组织架构初步设想如图 10 - 1 所示。

文化发展与治理委员会主体由目前的文化部、新闻出版广电总局以及工业和信息化部有关文化职能整合构成。这样可以将目前分立甚至对立的文化管理职能进行有机整合协调,理顺文化管理的体制机制,充分发挥机构整合优势。在内部机构方面可以根据具体管辖内容下设新闻出版、广播电视、艺术创作、文化遗产、网络文化、文化科技、对外文化、公共文化

① 张楠:《2015 年后本市文创专项资金将"以事定钱"》,《北京晚报》2014 年 11 月 26 日。

② 《中央机构编制网——国际动态》,http://www.scopsr.gov.cn/gjdt,2015 年 2 月 5 日。

③ 任进:《五国政府机构设置近况及其特点分析》,《中国机构改革与管理》2012 年第 5 期。

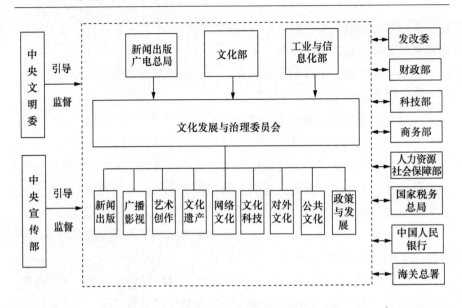

图 10 – 1　文化发展和治理委员会组织架构

以及其他相关司局部门，同时设立政策与发展司，专门负责文化发展规划、政策与政府补助相关事务。

中央精神文明建设指导委员会和中共中央宣传部主要承担对文化发展与治理委员会的引导和监督职能。

发展改革委、财政部、科技部、商务部、人力资源社会保障部、中国人民银行、国家税务总局、海关总署等部委根据自身职能为文化发展与治理委员会提供相关支持与协调配合。

二是基于文化大部制建立文化产业价值链的补助理念。现有关于文化产业政府补助的相关政策，其背后核心的指导理念是"部门政绩"导向，文化产业管理有关各个部门更多的是从本部门利益出发进行政府补助的相关决策。而当文化管理部门割据的局面被打破、建立文化管理大部制之后，首先需要考虑的就是政府补助理念导向问题，即应该以何种理念来指导文化产业政府补助有关政策的制定？

本书第五章提出了中国文化产业价值链模型，并根据该价值链模型，基于 2013 年 171 家文化产业上市公司政府补助细化项目数据，对中国文化产业各个价值链环节所接受的政府补助频度和力度进行了总体评估、企业所有制评估、细分行业评估和注册地区评估，较为清晰地掌握了当前中国文化产业政府补助在产业价值链层面的分布状况及存在的深层次问题。

笔者认为，中国文化产业政府补助应该建立基于文化产业价值链的政府补助理念：一是基于文化产业价值链建立文化产业政府补助整体规划的理念。在文化管理大部制背景下，文化产业政府补助整体规划成为可能。要根据文化产业价值链各个环节在文化产业整体发展中的地位、权重、实力强弱、资金冗余及需求紧迫性等因素统筹规划、合理分配文化产业政府补助资源。北京市政府已经充分认识到规划先行的重要意义，并明确提出2015 年将重点研究制定《深化首都文化体制改革的实施意见》、《首都全国文化中心建设规划》，以及文化中心建设年度项目计划，从而"明确专项资金的功能用途、支持范围、支持重点和优先次序，优化专项资金结果和使用方式"。① 根据本书的研究成果，建议北京市在加强资金管理改革的同时，更需要考虑文化管理大部制改革。二是基于文化产业价值链建立容忍失败的政府补助理念。官员以"政绩"为决策取向是政府运行之必然，古今中外各国无不如此。如何能够让"政绩"导向与政府补助并行不悖呢？文化管理大部制和文化产业价值链为建立容忍失败的政府补助机制提供了可能。基于文化产业价值链，结合以往有关专业数据可以对各个环节的政府补助投入风险进行较为科学的评估测量，进而得到文化产业价值链不同环节的政府补助风险系数和失败容忍度，从而明确文化产业价值链哪些环节政府补助投入风险高、失败率高（如内容创作环节），对于这些环节可以设置一定的容忍失败的机制，然后在大部制体制内部通过协调平衡确保政府补助总体成功率。相信通过上述两大理念的应用，可以在很大程度上消除文化产业政府补助的"马太效应"。

三是建立一体化的文化产业价值链政府补助管理机制。文化管理大部制需要将碎片化的文化产业政府补助机制有机整合，而整合的依据和原则主线正是文化产业价值链模型。

中央政府和各级地方政府的"文化发展与治理委员会"是各级政府文化产业政府补助的唯一牵头单位，形成单一部门领导的文化产业政府补助大格局。文化发展与治理委员会中具体由政策与发展部门牵头负责文化

---

① 张楠：《2015 年后本市文创专项资金将"以事定钱"》，《北京晚报》2014 年 11 月 26 日。

产业政府补助相关规划编制、政策制定及内外协调等工作（见图 10-2）。

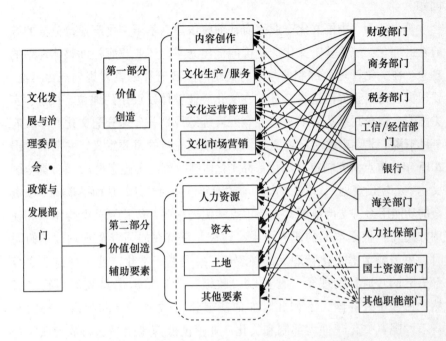

图 10-2　基于文化产业价值链的政府补助管理机制

中央政府和各级地方政府的财政、税务、银行等金融机构承担文化产业价值链中大部分环节的政府补助协同、支持、配合与执行责任。工业和信息化、商务、人力资源社会保障、国土资源、海关总署及其他相关部门依据各自职能承担文化产业价值链相关环节的政府补助协同、支持、配合与执行责任。

财政部门同时还承担文化产业政府补助预算管理与绩效评估职能。

第二节　中国文化产业政府补助优化路径浅议

一　建立政府补助引导、监督与评估机制

尽管近些年来文化产业政府补助在一些地方政府部门和企业中的应用不规范，甚至有违法违纪的情况，但是这并不代表政府补助失去了现实意义。令人欣慰的是，通过对 2011—2013 年 161 家文化产业上市公司面板

数据的实证研究结果表明，政府补助对于中国文化产业的经营绩效、研发投入、社会就业以及无形资产等方面都产生了一定的促进效应。这一研究结论验证了政府补助制度的合理价值，笔者认为，政府应该坚定地、持续地加大对文化产业的补助扶持力度。

一般来说，政府对文化企业进行补助，目的在于提升文化产业绩效。然而在这个过程中，往往会产生两种效应：一种是"账面效应"，即通过政府补助弥补了文化企业亏损，增加了账面盈利，但是这种盈利只是表面的，如果不能真正帮助文化企业提升核心竞争力，增强其真实的盈利能力，即使政府补助再多，也只能是填补窟窿。对于没有核心竞争能力的文化企业而言，这个窟窿只会越来越大。另一种是"能力效应"，即文化企业通过将政府补助用于内容创作、技术创新、市场营销，或者扩大再生产等价值创造活动，或者用于改善人力资源状况、改造基础设施、购买原材料等价值创造辅助要素等，进而提升文化企业未来竞争能力。当前，之所以产生政府补助的众多质疑，其根本原因在于一些地区和文化企业仅仅发挥了政府补助的"账面效应"，仅仅将政府补助用于弥补亏损，却未能用于企业核心竞争能力的打造。

为了有效促进文化产业政府补助"能力效应"的发挥，应建立文化产业政府补助引导、监督与评估机制。

一是建立文化产业政府补助的引导机制。实证研究过程中发现，政府补助对文化产业经营绩效的改善作用是存在滞后性的，从实际操作层面考虑，这种滞后效应往往会受到政府补助应用路径的极大影响，如果文化企业将政府补助应用于增加研发投入、开拓主营市场等"造血"环节，那么将会在一定时期后明显改善文化企业绩效；而如果文化企业仅仅将政府补助用于弥补亏损、改善管理层工资待遇，那么这种正向促进效应将很难有效发挥。因此，应建立文化产业政府补助的引导机制，率先从思想观念上更加重视政府补助的后期延展效应而非短期经济效益，坚持长效理念；在操作层面可以借鉴国外经验，例如英国政府实施"陪同赞助"方式，按1∶1比例补贴文化企业，大大提高了英国文化企业的积极性，已有3000多家公司加入到赞助行列，资金总额达上亿英镑。[①]

二是建立严格的文化产业政府补助监督机制。北京市十四届人大常委

①　郑苒：《英国文化产业融资1/3依赖社会》，《中国文化报》2013年12月5日第10版。

会第十五次会议反馈北京市文化创新发展专项资金在使用过程中存在"区县、部门和资金使用单位对项目监管不到位，存在擅自改变支出用途等问题"。[①] 北京市尚且如此，其他地区政府补助的使用规范状况可想而知。因此，特别有必要对文化产业政府补助的使用规范性加强管理，建立严格的监管机制，切实做到专款专用，并规范政府补助的使用路径、监督政府补助的使用过程，确保政府补助资金的高效运用。

三是建立政府补助绩效评估与优化机制。其一，开展定期评估，制定科学、合理的政府补助绩效评估标准，包括评估政府补助实现预期目标的程度、政府补助资金使用规范情况，企业经营绩效改善情况等。其二，将政府补助绩效评估结果与后续政府补助发放相挂钩，对于规范使用政府补助、绩效改善效果好的文化企业，保持或者增加后期政府补助；反之，则需减少甚至取消后期政府补助。基于上述机制，形成文化产业政府补助的良性循环，不断提高利用效率。

二 构建各种所有制企业公平与公正竞争平台

不同所有制的文化企业在获取政府补助方面存在实质的不公平，国有文化企业由于其自身的体制优势，往往能够获得比其他所有制企业更多的政府补助，2011—2013 年，国有文化企业就获得了民营文化企业 3.51 倍的政府补助金额。实际上，从国际文化产业发展过程与经验来看，民营文化企业是文化产业最庞大的企业主体与最活跃的创新来源，特别是在新兴文化产业领域，民营文化企业的地位更加突出，但长期以来我国民营文化企业却一直面临着资金短缺、成本高与风险高、融资能力弱等发展"瓶颈"，在政府补助政策"扶强不扶弱、扶大不扶小"导向下，民营文化企业发展受到极大制约与影响。本书的实证分析表明，不同所有制企业在利用政府补助促进公司绩效改善方面并没有明显差异，国有企业虽然获得了比民营企业数额多得多的政府补助，但是国有企业政府补助的利用效果并没有显著好于民营企业。

基于上述研究结论，本书认为，政府应该主动打破这种"先天"的不公平竞争环境，打破依靠"政治关系资源"评判政府补助扶持对象的游戏规则，构建一个公平公开、平等竞争、以能力取胜的公平竞争机制和

---

① 张楠：《2015 年后本市文创专项资金将"以事定钱"》，《北京晚报》2014 年 11 月 26 日。

发展生态环境；加快改变以往政府补助向国有企业倾斜的陈旧观念，顺应新时期、新情况下我国文化产业快速崛起的现实与客观要求，积极建立基于文化产业价值链导向的政府补助的新理念，给予民营文化企业平等的关注，特别是在政府补助目标、政府补助资金预算、政府补助范围与补助规模等方面反映出"国有文化企业与民营文化企业同等待遇"的补助基准，有力地促进与提高政府补助在引导不同所有制性质文化企业提升绩效、繁荣发展中的作用，真正不断壮大文化产业价值链的整体实力。

三　充分注重行业差异　促进政府补助"精确制导"

实证研究结论表明，在文化产业的不同细分行业，利用政府补助改善文化企业绩效方面存在显著性差异。这一结论说明，政府在制定补助政策时需要充分注重文化产业各细分行业的不同特点与差异，着力构建体现差异化而非"一刀切"的政府补助政策体系，构建分类化的专项补助机制：

一是充分研究文化产业各细分行业的特点，深度了解各行业的发展难点、"瓶颈"点与新前沿动态。在政府补助总量有限的情况下，要抓主要矛盾，在文化政策制定环节多投入精力搞好行业研究，对文化产业不同细分行业及其价值链不同环节的资金需求点、能力缺失点要研究深、琢磨透，从而制定差异化、有针对性的分类式的政府补助专项方案。

二是引入多元主体共同参与政府补助决策机制。要充分发挥不同文化产业领域的专家作用，将行业协会、代表性企业、资深行业专家吸纳进入政府补助决策研讨论证过程，建立政府补助多元主体共同参与决策的科学机制。

三是积极探索、创新政府补助形式的多样化、科学化与人性化。尽管政府补助从类别上包括财政拨款、财政贴息、税收返还以及无偿划拨非货币性资产四种类型，但是在具体操作层面上，应当允许探索行业特色化、科学化的政府补助形式。在具体操作层面上，一方面，针对"工艺美术品的生产"、"文化创意和设计服务"、"文化休闲娱乐服务"、"文化用品的生产"、"新闻出版发行服务"五个行业，可适当加强政府补助的投入，提升与释放这些领域文化企业的经济绩效与社会绩效；另一方面，对于"文化产品生产的辅助生产"、"文化专用设备的生产"、"广播电视电影服务"以及"文化信息传输服务"四个行业，则要首先重点研究政府补助在这些行业中的具体应用渠道、应用方式及应用效果，找出目前存在的深层次问题及其背后的原因，根据这些行业不同的发展特点、机理与发展趋势，制定政府补助有效利用的优化策略。

此外，对于某些政府部门为了鼓励企业出口创汇不惜牺牲国家宝贵珍稀资源的政府补助做法，要坚决予以遏制。这一案例实际上也是给我们的一个警示，即政府在制定补助扶持政策，特别是在执行有关政府补助政策过程中，特别要注意因地制宜、因事制宜，促进政府补助真正落到实处、产生实效。

四 加强对文化产业无形资产的政府补助力度

无形资产是文化产业核心竞争力的根基。然而，数据统计分析发现目前中国各级政府对于文化产业无形资产的政府补助真是"少得可怜"：2013 年无形资产类政府补助占比仅为 0.28%。

2011—2013 年文化产业上市公司无形资产在总资产占比不足 4%；而且近五年来全国对文化产业的投资规模年均增幅高达 20%，2012 年文化产业投资同比增长了 28.01%，固定资产投资增幅高达 39.33%，而无形资产投资增幅仅为 3.82%。[①] 有鉴于此，应特别加大政府补助对文化企业无形资产专项投入的政策倾斜，大力鼓励文化企业自主研发的积极性和关注著作权/版权的挖掘与开发、关注技术含量与研发投入的提升，实现无形资产的品牌构建、品牌延伸与做好无形资产保护的同步，以构建文化产业持续发展的核心能力。同时，可以学习欧美等发达国家成功做法，如美国 2013 年将研发、娱乐、文学艺术创作等归属无形资产的内容列为"知识产权产品"新门类，计入 GDP 的统计；法国则于 2007 年建立世界上首个国家无形资产管理局，将"无形资产"作为法国企业日常支出的基本项目；日本重视科技研发与文学艺术创作等"无形资产"的重要性，通过低息贷款、财政补贴、税收优惠等经济手段给予新型企业支持，特别是新兴产业，享受政府拨付的"文化投资"专项经费，用于研究投资与科学技术投资。[②]

文化产业细分行业的实证研究中还发现"广播电视电影服务"无形资产价值显著低于其他行业水平。对三年来统计数据进行分析同样发现，"广播电视电影服务"行业上市公司无形资产三年均值仅为 2744.86 万

---

① 陈汉辞：《"政策红利期"已过：文化产业转投无形资产》，http://www.yicai.com/news/2014/04/3702098.html，2014 年 4 月 14 日。

② 子夜、杰夕、薇冉、禾泽：《美国 GDP 算法改革，韩国紧跟，法国讨论——多国正视文化艺术投资的 GDP 地位》，《中国文化报》2013 年 8 月 15 日。

元，而同期全部行业上市公司均值为 35067.94 万元，"广播电视电影服务"行业尚不足行业平均水平的 8%。这一数据说明，我国的"广播电视电影服务"行业对文化原创力价值的重视程度严重不足，拥有核心版权的文化企业数量还太少、在共性技术创新与核心关键技术创新方面还特别有待于加强。

中国的广播电视电影服务行业亟须加快构建影视版权、发行权、著作权、非专利技术等核心的无形资产能力体系，走出广播电视节目过度依赖国外节目版权引进、电影票房高度依赖欧美"好莱坞"电影作品的发展现状，加快打造符合文化市场需求的原创性的广播电视节目品牌、影视作品品牌从而彻底增强"广播电视电影服务"行业核心竞争能力。

五　创新政府补助机制　释放文化产业就业促进效应

为了充分发挥政府补助在文化产业就业中的积极效应，建议在政策层面做好如下四方面的工作：一是建立与支柱性产业发展规划相匹配的文化就业战略，将文化产业就业问题提升到与文化产业振兴、文化强国战略同等重要高度。二是中央政府和各级地方政府建立政府补助促进文化产业就业的常态化机制，并在财政预算中安排专项资金保障文化产业就业政府补助资金的持续稳定来源。三是各相关部门应积极配合，出台政策"组合拳"：文化部门应做好全盘统筹规划和组织协调，人力资源和社会保障部门应着力构建文化从业人员全面就业保障体系，发展改革部门应注重产业结构优化和文化产业各项振兴政策的落地，财政、金融等部门应制定文化产业就业资金保障的配套政策，工商、税务等部门应制定促进和鼓励文化创业的各项政策，科技管理部门应制定文化企业研发技术人才扶持政策，教育部门应积极培育市场急需的创意策划、经营管理、经纪代理、文化贸易等专业人才和复合型人才。四是建立政府补助促进就业的政策评估机制，及时发现政策制定、执行过程中存在的问题，不断优化并持续提升政府补助的利用效率。

民营中小微型文化企业应通过政府补助政策，积极培育市场化的文化就业服务中介机构。文化产业特点决定了很多就业需求是短期的、临时性的、多样化的，导致很多中小微型文化企业不愿意也没有足够实力去长期雇佣，文化就业服务中介机构既可以为劳动力提供基本的社会保障和文化就业技能培训，做好初级的人力资本投资，又能够起到文化人才与文化企业之间的就业桥梁作用，解决中小微型文化企业多样化的就业需求。

文化产业就业的政府补助政策还需要根据行业属性进行精细化设计：

第一，政府补助政策需结合行业特点进一步优化，分别针对文化制造业、文化服务业、文化批发和零售业建立有针对性的政府补助就业政策。

第二，对于劳动密集型的文化制造行业，政府可以通过建立就业引导扶持专项基金，鼓励企业适当增加就业岗位，充分发挥政府补助促进就业的直接效应；同时还要注意，随着信息化、网络化技术的引入，"文化用品的生产"行业也面临着严峻的转型升级压力，其对劳动力的技术要求也会越来越高，因此，在政府补助政策中应配套一定的职业技术培训资金，帮助此类行业不断提升劳动力的技能水平。鉴于政府直接参与人力资本投资的低效率（翁杰，2012①），建议职业技能培训应坚持市场化原则与操作方式。

第三，对于技术密集型的文化制造行业，考虑到此类行业的滞后效应和挤出效应，建议政府补助政策着重在如下两个方面加强：一是加强政府补助对职业技能培训的扶持力度，通过大幅度提升劳动者素质来减缓技术替代效应；二是更加注重政府补助对就业的间接促进效应，通过加强对政府补助的投入和监管，提升政府补助在促进文化企业研发创新、国际贸易等领域的利用效率，促进文化企业经营绩效改善和生产经营规模的扩大，从而带来更多的就业岗位。

第四，着力加强政府对"文化休闲娱乐服务"行业的就业引导扶持和规范管理。伴随居民人均收入水平的提高、文化消费潜力的逐步释放，文化休闲旅游成为人们文化生活的主导，并同时带动了酒店、餐饮、休闲娱乐、商业零售等相关产业发展，该类行业的就业成长空间巨大。因此，建议政府加强对该行业的引导扶持，并特别加强对此类行业用工行为的监督和规范，同时考虑到该行业用工需求的临时性、多样化特点，政府要加快探索更加科学的多元化的用工管理模式，尝试建立持证上岗制度、就业培训制度、资格认证制度等，确保政府对该行业的就业补助真正落地，并逐步将该行业低级、非正规的劳动力市场改造为有序、规范的人力资源市场。

第五，借鉴欧盟在提高文化产业就业水平方面的举措，鼓励文化产业

---

① 翁杰：《政府对农村转移劳动力人力资本投资的效果评估——来自浙江省杭州市制造业的调查》，《中国人口科学》2012 年第 6 期。

链的前端、中端与下端等不同环节间协作、融合，并大力促进文化产业与其他相关行业的跨界融合发展，从而拓宽文化产业就业渠道、扩大文化产业就业空间，促进文化产业就业促进效应的充分释放。

六　切勿借政府补助之机干预企业主营管理

本书还发现一个有价值的结论，即国有企业作为实际控制人的文化产业上市公司比政府作为实际控制人的文化产业上市公司更加重视政府补助对研发投入的引导效应。其中的根本原因实际在于"政府"与"企业"的本质区别。政府是管理国家的机器，但不是以营利为目的的组织，因而也没有经营绩效指标的压力，而企业则有根本不同，即便是国有企业的领导，如果经营业绩不达标，其仕途也会大受影响，因此，国有企业的领导，相比地方政府领导，更加具有改善企业经营业绩的主观能动性。这一研究结论实际上证实了文化体制改革、转企改制、政企分开的正确性。然而根据上市公司年报统计显示，截至 2013 年，由中央和地方政府作为实际控制人的文化产业上市公司仍然占 28.66%，将近三成，说明目前文化产业领域的"政企分开"还很不到位。

国家和各级地方政府应进一步加大文化体制改革的力度，加快推进国有文化企业股权结构变革、治理机制改革，真正释放文化产业的创新活力，切不可借政府补助之机干预企业正常的经营与发展。

附　　录

中国文化产业政府补助原始数据[①]

一　全国公共财政文化体育与传媒支出　　单位：亿元

年份/地区	文化体育与传媒公共财政支出	文化	文物	体育	广播影视	新闻出版	其他
2007	898.64	326.98	96.69	169.75	206.46	47.41	51.33
2008	1095.74	379.1	131.19	205.29	238.76	58.5	82.9
2009	1393.07	485.57	144.3	238.26	309.78	66.35	148.81
2010	1542.7	529.54	157.87	254.17	326.1	94.41	180.61
2011	1893.36	618.74	198.49	266.35	482.26	117.43	210.09
2012	2268.35	757.1	259.53	272.49	537.31	126.42	315.49
中　央	193.56	26.82	16.53	15.04	56.42	52.45	26.3
地方合计	2074.79	730.28	243	257.45	480.89	73.97	289.19
北　京	141.37	42.46	20.53	15.44	7.88	0.81	54.25
天　津	35.85	16.84	1.32	8.69	3.51	0.9	4.59
河　北	59.29	22.38	8.02	7.53	11.13	2.63	7.59
山　西	60.2	17.97	13.49	6.79	13.43	3	5.53
内蒙古	87.21	30.01	9.66	9.55	27.21	3.79	6.99
辽　宁	79.25	21.97	6.55	13.11	28.31	2.22	7.08
吉　林	47.48	13.59	4.23	5.36	18.69	2.98	2.62
黑龙江	47.27	11.96	3.57	5.17	20.4	1.46	4.71

---

① 根据《中国文化及相关产业统计年鉴》（2013）整理。

年份/地区	文化体育与传媒公共财政支出	文化	文物	体育	广播影视	新闻出版	其他
上　海	72.51	33.34	6.21	15.46	3.23	0.94	13.34
江　苏	150.9	59.75	13.07	19.72	29.19	2.27	26.89
浙　江	94.18	45.34	10.77	13.72	10.8	2.06	11.49
安　徽	71.43	18.61	5.21	4.82	32.93	2.56	7.32
福　建	46.07	17.45	6.19	7.37	8.82	0.97	5.28
江　西	44.77	11.36	6.69	3.04	16.72	1.49	5.47
山　东	114.27	45.25	9.28	19.86	25.64	3.06	11.17
河　南	69.63	23.47	14.42	6.18	13.44	2.27	9.85
湖　北	62.47	22.9	8.02	5.8	12.63	2.28	10.84
湖　南	54.5	17.79	9.21	4.77	9.15	3.34	10.24
广　东	137.64	62.91	11.26	30.91	11.63	2.75	18.18
广　西	45.52	15.03	3.89	5.72	12.16	2.53	6.19
海　南	19.85	9.48	1.37	2.38	3.85	0.38	2.38
重　庆	33.08	13.73	4.87	5.83	4.29	1.44	2.91
四　川	120.7	44.64	12.67	9.36	38.12	4.05	11.87
贵　州	49.85	11.91	4.33	3.46	21.1	2.4	6.65
云　南	62.06	25.21	7.25	6.19	14.72	3.02	5.67
西　藏	24.18	7.11	3.37	0.71	7.63	4.16	1.21
陕　西	91.81	21.71	18.1	6.2	27.91	2.35	15.54
甘　肃	49.87	13.55	10.9	4.32	15.26	1.66	4.19
青　海	18.92	6.32	1.66	2.31	4.99	1.23	2.41
宁　夏	14.44	5.9	1.29	1.74	3.34	1.18	1
新　疆	68.23	20.32	5.62	5.95	22.8	7.79	5.75

二　地方财政文化体育与传媒支出　　　　　单位：亿元

地　区	2007年	2008年	2009年	2010年	2011年	2012年
地方合计	771.43	955.13	1238.32	1392.57	1704.64	2074.79
北　京	53.62	61.11	74.75	79.36	87.01	141.37
天　津	15.96	18.01	19.81	24.28	29.76	35.85
河　北	20.75	29	38.02	37.09	50.45	59.29
山　西	26.81	27.19	27.97	31.24	48.17	60.2
内蒙古	27.71	31.62	47.33	52.96	68.78	87.21
辽　宁	24.8	29.94	76.25	56.76	68.6	79.25
吉　林	22.33	28.21	29.36	32.93	44.25	47.48

续表

地 区	2007 年	2008 年	2009 年	2010 年	2011 年	2012 年
黑龙江	20.35	23.96	33.46	39.5	44.94	47.27
上 海	43.41	49.52	53.12	54.95	68.8	72.51
江 苏	48.16	66.74	77.18	88.67	116.86	150.9
浙 江	49.34	63.76	64.09	77.15	85.09	94.18
安 徽	26.26	32.75	42.14	51.68	62.35	71.43
福 建	18.29	22.43	25.77	27.1	35.86	46.07
江 西	15.8	18.78	22.93	28.38	39.66	44.77
山 东	44.11	55.22	70.4	74.03	91.57	114.27
河 南	33.38	41.46	58.67	54.99	57.54	69.63
湖 北	24.92	25.25	36.03	36.67	47.09	62.47
湖 南	20.15	25.35	33.08	39.66	44.87	54.5
广 东	53.03	66.72	111.5	166.16	170.56	137.64
广 西	21.41	29.25	29.27	32.77	37.48	45.52
海 南	4.57	6.82	9.75	11.61	16.6	19.85
重 庆	10.58	16.54	19.04	24.04	31.16	33.08
四 川	28.59	34.57	45.7	59.37	87.35	120.7
贵 州	15.71	17.84	23.62	23.98	35.31	49.85
云 南	19.84	27.98	32.38	35.53	45.34	62.06
西 藏	7.23	9.21	13.36	12.48	18.91	24.18
陕 西	21.73	31.81	40.89	47.86	61.27	91.81
甘 肃	15.23	19.45	24.5	29.78	33.07	49.87
青 海	6.94	9.89	15.58	11.57	14.32	18.92
宁 夏	7.06	7.09	9.03	16.09	13.94	14.44
新 疆	23.35	27.66	33.34	33.92	47.7	68.23

三 文化及相关产业固定资产投资实际到位资金 单位：亿元、%

年份	实际到位资金合计	国家预算资金	预算资金占比
2005	2892.3	103.1	3.6
2006	3404.5	129.4	3.8
2007	4301.1	186.7	4.3
2008	5725.7	285.9	5.0
2009	7803.8	383.8	4.9
2010	9583.7	496.2	5.2
2011	11003.6	562.8	5.1
2012	16256.6	836.9	5.1

四　文化制造业细分行业财政补贴收入（2012 年）

单位：万元、个

类别	企业单位数	营业利润	补贴收入
合　　计	15940	18144529	333136
工艺美术品的制造	3528	3940190	43719
园林、陈设艺术及其他陶瓷制品制造	189	112891	428
印刷复制服务	3978	3660626	58630
办公用品的制造	500	310494	293
乐器的制造	208	149420	2027
玩具的制造	1229	700586	4313
游艺器材及娱乐用品的制造	131	155682	1861
视听设备的制造	839	2480534	53255
焰火、鞭炮产品制造	1025	992992	5750
文化用纸的制造	1572	2540381	68763
文化用油墨颜料的制造	502	438597	7325
文化用化学品的制造	189	183528	22700
其他文化用品的制造	1162	1111948	18579
印刷专用设备的制造	258	246957	7720
广播电视电影专用设备的制造	413	704309	29734
其他文化专用设备的制造	217	415394	5916

五　各地区文化制造业财政补贴收入（2012 年）单位：万元、个

地区	企业单位数	营业利润	补贴收入
全　国	15940	18144529	333136
北　京	204	151142	12711
天　津	174	343119	2038
河　北	455	612845	6561
山　西	57	30600	1558
内蒙古	34	166869	391
辽　宁	343	488561	10937
吉　林	74	58830	10901
黑龙江	68	28531	1276
上　海	535	614564	21387

续表

地区	企业单位数	营业利润	补贴收入
江 苏	2160	2987356	29626
浙 江	1904	1007107	57588
安 徽	528	643244	10046
福 建	969	1031937	11814
江 西	401	714956	2317
山 东	1589	2539491	34857
河 南	709	1220706	4789
湖 北	324	298191	9440
湖 南	1088	960471	12421
广 东	3361	3036210	66357
广 西	291	398272	6831
海 南	5	20415.5	
重 庆	125	212795.8	3560.5
四 川	319	333148.6	2747.9
贵 州	27	34853.1	2179.6
云 南	75	141921.2	1227.3
西 藏	2	2080.8	83.4
陕 西	77	106670.9	792.8
甘 肃	9	414.1	2388
青 海	9	12730.3	99
宁 夏	9	-62658.8	5650.9
新 疆	15	9155.7	561.5

六 各地区艺术表演团体财政拨款及补贴收入（2012 年）

地区	机构数（个）	收入情况（万元）		政府采购的公益演出活动情况		
		财政拨款	演出收入	演出场次（万场次）	观众人次（万人次）	补贴收入（万元）
全 国	7321	1140718	641480	10.3	10358.5	208672
中央本级	17	35383	22594	0	44.9	3188
北 京	324	67356	32963	0.3	157.9	8366
天 津	48	49326	2467	0	9.8	400

续表

地区	机构数（个）	收入情况（万元）		政府采购的公益演出活动情况		
		财政拨款	演出收入	演出场次（万场次）	观众人次（万人次）	补贴收入（万元）
河　北	448	25421	25993	0.3	372.9	3524
山　西	301	29697	22930	0.5	490.3	3375
内蒙古	137	54995	4886	0.3	236.9	5333
辽　宁	155	28420	7517	0.1	26.4	1089
吉　林	41	17491	5615	0.2	217.2	538
黑龙江	85	36063	2051	0.1	95.7	135
上　海	147	62806	42065	0.2	123.8	664
江　苏	434	47446	55346	0.6	455.7	6627
浙　江	609	77005	84219	0.9	979.7	31116
安　徽	1015	54529	39745	0.4	372.3	41697
福　建	341	40489	34355	0.2	125	5566
江　西	187	28539	5979	0.9	577.1	10335
山　东	303	53016	13871	0.4	442.3	8687
河　南	364	42737	22176	1.1	1693.1	6209
湖　北	226	37558	16564	0.4	526.2	1838
湖　南	157	30727	18827	0.8	557.3	12236
广　东	337	38084	27859	0.1	269.7	2166
广　西	68	12709	4631	0.1	80.1	184
海　南	61	8141	10863	0	35.1	635
重　庆	244	16470	22359	0.1	211.2	3572
四　川	469	71805	50710	0.4	414.2	29260
贵　州	79	21512	5831	0.1	194.8	12577
云　南	220	31656	31958	0.3	484.9	3574
西　藏	92	11785	1864	0	17.9	12
陕　西	116	25780	13006	0.3	324.8	1143
甘　肃	103	26860	5954	0.3	251.2	1133
青　海	40	5225	657	0.1	33.5	60
宁　夏	16	9347	469	0.2	202.3	401
新　疆	137	42341	5160	0.5	334.4	3035

七　各地区艺术表演场馆财政拨款情况（2012 年）

单位：个、万元

地　区	机构数	收入情况	
		财政拨款	艺术演出收入
全　国	2364	133141	281881
中央本级	7	11	563
北　京	96	21985	72438
天　津	35	275	2051
河　北	138	1904	3426
山　西	129	3399	2154
内蒙古	20	6528	32
辽　宁	111	2435	2552
吉　林	37	1857	1193
黑龙江	43	471	134
上　海	117	10475	38407
江　苏	217	15911	13597
浙　江	271	10589	14607
安　徽	72	2666	2521
福　建	53	2324	6654
江　西	73	1132	1459
山　东	103	9999	4264
河　南	145	4096	2280
湖　北	66	4381	4511
湖　南	83	3786	4436
广　东	93	11051	45204
广　西	20	85	975
海　南	13	10	3153
重　庆	31	1338	3045
四　川	130	2441	27707
贵　州	10	230	877
云　南	60	553	18688
西　藏	22	1436	
陕　西	98	2989	4095
甘　肃	25	4145	326

续表

地　区	机构数	收入情况	
		财政拨款	艺术演出收入
青　海	23	392	10
宁　夏	7	567	485
新　疆	16	3683	38

八　各地区国家级风景名胜区国家拨款情况（2012 年）

地区	风景名胜区面积（平方公里）	景区资金收入合计（万元）	国家拨款（万元）	经营收入（万元）
全　国	96506	4974808	540605	3945019
北　京	316	66707	3219	57375
天　津	106	7729	792	6937
河　北	3991	170304	2559	130045
山　西	1374	37310	1900	34810
内蒙古	1234	60		
辽　宁	1865	94003	2360	87833
吉　林	828	8209		8209
黑龙江	2874	36575	14636	21750
江　苏	1137	172922	30586	130350
浙　江	4317	326949	102265	218718
安　徽	2229	393527	14431	349997
福　建	1250	634181	34681	559756
江　西	3043	427755	47313	353469
山　东	884	147065	7273	124115
河　南	1407	165946	5832	137357
湖　北	1590	309489	82486	88978
湖　南	3140	444009	46227	346260
广　东	714	96002	20226	61035
广　西	6465	58370	755	29445
海　南	231	140505	17975	110530

续表

地区	风景名胜区面积（平方公里）	景区资金收入合计（万元）	国家拨款（万元）	经营收入（万元）
重　庆	2500	206491	9722	196232
四　川	17014	321639	53188	262484
贵　州	3263	363216	29994	312470
云　南	2607	175672	740	160129
西　藏	13791	7267	10	7167
陕　西	760	107215	2965	102861
甘　肃	1099	18285	949	17336
青　海	8978	13541		13541
宁　夏	86	5176	1662	3150
新　疆	7413	18689	5859	12680

国家统计局《文化及相关产业分类（2012）》

一　目的和作用

1. 为深入贯彻落实党的十七届六中全会关于深化文化体制改革、推动社会主义文化大发展大繁荣的精神，建立科学可行的文化及相关产业统计制度，制定本分类。

2. 本分类为界定我国文化及相关单位的生产活动提供依据，为当前的社会主义文化建设、文化宏观管理提供参考，为文化及相关产业统计提供统一的定义和范围。

二　定义和范围

（一）定义

本分类规定的文化及相关产业是指为社会公众提供文化产品和文化相关产品的生产活动的集合。

（二）范围

根据以上定义，中国文化及相关产业的范围包括：

（1）以文化为核心内容，为直接满足人们的精神需要而进行的创作、制造、传播、展示等文化产品（包括货物和服务）的生产活动；

（2）为实现文化产品生产所必需的辅助生产活动；

（3）作为文化产品实物载体或制作（使用、传播、展示）工具的文化用品的生产活动（包括制造和销售）；

（4）为实现文化产品生产所需专用设备的生产活动（包括制造和销售）。

三　分类原则

（一）以《国民经济行业分类》为基础

本分类以《国民经济行业分类》（GB/T 4754—2011）为基础，根据文化及相关单位生产活动的特点，将行业分类中相关的类别重新组合，是《国民经济行业分类》的派生分类。

（二）兼顾部门管理需要和可操作性

根据我国文化体制改革和发展的实际，本分类在考虑文化生产活动特点的同时，兼顾政府部门管理的需要；立足于现行的统计制度和方法，充分考虑分类的可操作性。

（三）与国际分类标准相衔接

本分类借鉴了联合国教科文组织的《文化统计框架——2009》的分类方法，在定义和覆盖范围上可与其衔接。

四　分类方法

本分类依据上述分类原则，将文化及相关产业分为五层。

第一层包括文化产品的生产、文化相关产品的生产两部分，用"第一部分"、"第二部分"表示；

第二层根据管理需要和文化生产活动的自身特点分为 10 个大类，用"一"、"二"……"十"表示；

第三层依照文化生产活动的相近性分为 50 个中类，在每个大类下分别用"（一）"、"（二）"、"（三）"……表示；

第四层共有 120 个小类，是文化及相关产业的具体活动类别，直接用《国民经济行业分类》（GB/T 4754—2011）相对应行业小类的名称和代码表示。对于含有部分文化生产活动的小类，在其名称后用"＊"标出。

第五层为带"＊"小类下设置的延伸层。通过在类别名称前加"—"表示，不设代码和顺序号，其包含的活动内容在表 2 中加以说明。

五　文化及相关产业分类表

表1　　　　　　　文化及相关产业的类别名称和行业代码

类　别　名　称	国民经济行业代码
第一部分　文化产品的生产	
一、新闻出版发行服务	
（一）新闻服务	
新闻业	8510
（二）出版服务	
图书出版	8521
报纸出版	8522
期刊出版	8523
音像制品出版	8524
电子出版物出版	8525
其他出版业	8529
（三）发行服务	
图书批发	5143
报刊批发	5144
音像制品及电子出版物批发	5145
图书、报刊零售	5243
音像制品及电子出版物零售	5244
二、广播电视电影服务	
（一）广播电视服务	
广播	8610
电视	8620
（二）电影和影视录音服务	
电影和影视节目制作	8630
电影和影视节目发行	8640
电影放映	8650
录音制作	8660
三、文化艺术服务	
（一）文艺创作与表演服务	
文艺创作与表演	8710
艺术表演场馆	8720
（二）图书馆与档案馆服务	
图书馆	8731

续表

类　别　名　称	国民经济行业代码
档案馆	8732
（三）文化遗产保护服务	
文物及非物质文化遗产保护	8740
博物馆	8750
烈士陵园、纪念馆	8760
（四）群众文化服务	
群众文化活动	8770
（五）文化研究和社团服务	
社会人文科学研究	7350
专业性团体（的服务）*	9421
——学术理论社会团体的服务	
——文化团体的服务	
（六）文化艺术培训服务	
文化艺术培训	8293
其他未列明教育*	8299
——美术、舞蹈、音乐辅导服务	
（七）其他文化艺术服务	
其他文化艺术业	8790
四、文化信息传输服务	
（一）互联网信息服务	
互联网信息服务	6420
（二）增值电信服务（文化部分）	
其他电信服务*	6319
——增值电信服务（文化部分）	
（三）广播电视传输服务	
有线广播电视传输服务	6321
无线广播电视传输服务	6322
卫星传输服务*	6330
——传输、覆盖与接收服务	
——设计、安装、调试、测试、监测等服务	
五、文化创意和设计服务	
（一）广告服务	

续表

类　别　名　称	国民经济行业代码
广告业	7240
（二）文化软件服务	
软件开发 *	6510
——多媒体、动漫游戏软件开发	
数字内容服务 *	6591
——数字动漫、游戏设计制作	
（三）建筑设计服务	
工程勘察设计 *	7482
——房屋建筑工程设计服务	
——室内装饰设计服务	
——风景园林工程专项设计服务	
（四）专业设计服务	
专业化设计服务	7491
六、文化休闲娱乐服务	
（一）景区游览服务	
公园管理	7851
游览景区管理	7852
野生动物保护 *	7712
——动物园和海洋馆、水族馆管理服务	
野生植物保护 *	7713
——植物园管理服务	
（二）娱乐休闲服务	
歌舞厅娱乐活动	8911
电子游艺厅娱乐活动	8912
网吧活动	8913
其他室内娱乐活动	8919
游乐园	8920
其他娱乐业	8990
（三）摄影扩印服务	
摄影扩印服务	7492
七、工艺美术品的生产	
（一）工艺美术品的制造	

续表

类　别　名　称	国民经济行业代码
雕塑工艺品制造	2431
金属工艺品制造	2432
漆器工艺品制造	2433
花画工艺品制造	2434
天然植物纤维编织工艺品制造	2435
抽纱刺绣工艺品制造	2436
地毯、挂毯制造	2437
珠宝首饰及有关物品制造	2438
其他工艺美术品制造	2439
（二）园林、陈设艺术及其他陶瓷制品的制造	
园林、陈设艺术及其他陶瓷制品制造 *	3079
——陈设艺术陶瓷制品制造	
（三）工艺美术品的销售	
首饰、工艺品及收藏品批发	5146
珠宝首饰零售	5245
工艺美术品及收藏品零售	5246
第二部分　文化相关产品的生产	
八、文化产品生产的辅助生产	
（一）版权服务	
知识产权服务 *	7250
——版权和文化软件服务	
（二）印刷复制服务	
书、报刊印刷	2311
本册印制	2312
包装装潢及其他印刷	2319
装订及印刷相关服务	2320
记录媒介复制	2330
（三）文化经纪代理服务	
文化娱乐经纪人	8941
其他文化艺术经纪代理	8949
（四）文化贸易代理与拍卖服务	
贸易代理 *	5181

类 别 名 称	国民经济行业代码
——文化贸易代理服务	
拍卖 *	5182
——艺（美）术品、文物、古董、字画拍卖服务	
（五）文化出租服务	
娱乐及体育设备出租 *	7121
——视频设备、照相器材和娱乐设备的出租服务	
图书出租	7122
音像制品出租	7123
（六）会展服务	
会议及展览服务	7292
（七）其他文化辅助生产	
其他未列明商务服务业 *	7299
——公司礼仪和模特服务	
——大型活动组织服务	
——票务服务	
九、文化用品的生产	
（一）办公用品的制造	
文具制造	2411
笔的制造	2412
墨水、墨汁制造	2414
（二）乐器的制造	
中乐器制造	2421
西乐器制造	2422
电子乐器制造	2423
其他乐器及零件制造	2429
（三）玩具的制造	
玩具制造	2450
（四）游艺器材及娱乐用品的制造	
露天游乐场所游乐设备制造	2461
游艺用品及室内游艺器材制造	2462
其他娱乐用品制造	2469
（五）视听设备的制造	

续表

类　别　名　称	国民经济行业代码
电视机制造	3951
音响设备制造	3952
影视录放设备制造	3953
（六）焰火、鞭炮产品的制造	
焰火、鞭炮产品制造	2672
（七）文化用纸的制造	
机制纸及纸板制造 *	2221
——文化用机制纸及纸板制造	
手工纸制造	2222
（八）文化用油墨颜料的制造	
油墨及类似产品制造	2642
颜料制造 *	2643
——文化用颜料制造	
（九）文化用化学品的制造	
信息化学品制造 *	2664
——文化用信息化学品的制造	
（十）其他文化用品的制造	
照明灯具制造 *	3872
——装饰用灯和影视舞台灯制造	
其他电子设备制造 *	3990
——电子快译通、电子记事本、电子词典等制造	
（十一）文具乐器照相器材的销售	
文具用品批发	5141
文具用品零售	5241
乐器零售	5247
照相器材零售	5248
（十二）文化用家电的销售	
家用电器批发 *	5137
——文化用家用电器批发	
家用视听设备零售	5271
（十三）其他文化用品的销售	
其他文化用品批发	5149

续表

类　别　名　称	国民经济行业代码
其他文化用品零售	5249
十、文化专用设备的生产	
（一）印刷专用设备的制造	
印刷专用设备制造	3542
（二）广播电视电影专用设备的制造	
广播电视节目制作及发射设备制造	3931
广播电视接收设备及器材制造	3932
应用电视设备及其他广播电视设备制造	3939
电影机械制造	3471
（三）其他文化专用设备的制造	
幻灯及投影设备制造	3472
照相机及器材制造	3473
复印和胶印设备制造	3474
（四）广播电视电影专用设备的批发	
通讯及广播电视设备批发*	5178
——广播电视电影专用设备批发	
（五）舞台照明设备的批发	
电气设备批发*	5176
——舞台照明设备的批发	

表2　　　　　　　　　对延伸层文化生产活动内容的说明

序号	类别名称及代码		文化生产活动的内容
	小类	延伸层	
1	专业性团体（的服务）（9421）	学术理论社会团体的服务	包括党的理论研究、史学研究、思想工作研究、社会人文科学研究等团体的服务
		文化团体的服务	包括新闻、图书、报刊、音像、版权、广播、电视、电影、演员、作家、文学艺术、美术家、摄影家、文物、博物馆、图书馆、文化馆、游乐园、公园、文艺理论研究、民族文化等团体的服务
2	其他未列明教育（8299）	美术、舞蹈、音乐辅导服务	包括美术、舞蹈和音乐等辅导服务

续表

序号	类别名称及代码		文化生产活动的内容
	小类	延伸层	
3	其他电信服务（6319）	增值电信服务（文化部分）	包括手机报、个性化铃音、网络广告等业务服务
4	卫星传输服务（6330）	传输、覆盖与接收服务	包括卫星广播电视信号的传输、覆盖与接收服务
		设计、安装、调试、测试、监测等服务	包括卫星广播电视传输、覆盖、接收系统的设计、安装、调试、测试、监测等服务
5	软件开发（6510）	多媒体、动漫游戏软件开发	包括应用软件开发及经营中的多媒体软件和动漫游戏软件开发及经营活动
6	数字内容服务（6591）	数字动漫、游戏设计制作	包括数字动漫制作和游戏设计制作等服务
7	工程勘查设计（7482）	房屋建筑工程设计服务	包括房屋（住宅、商业用房、公用事业用房、其他房屋）建筑工程设计服务
		室内装饰设计服务	包括住宅室内装饰设计服务和其他室内装饰设计服务
		风景园林工程专项设计服务	包括各类风景园林工程专项设计服务
8	野生动物保护（7712）	动物园和海洋馆、水族馆管理服务	包括动物园管理服务，放养动物园管理服务，鸟类动物园管理服务，海洋馆、水族馆管理服务
9	野生植物保护（7713）	植物园管理服务	包括各类植物园管理服务
10	园林、陈设艺术及其他陶瓷制品制造（3079）	陈设艺术陶瓷制品制造	包括室内陈设艺术陶瓷制品、工艺陶瓷制品、陶瓷壁画、陶瓷制塑像和其他陈设艺术陶瓷制品的制造
11	知识产权服务（7250）	版权和文化软件服务	版权服务包括版权代理服务，版权鉴定服务，版权咨询服务，海外作品登记服务，涉外音像合同认证服务，著作权使用报酬收转服务，版权贸易服务和其他版权服务。文化软件服务指与文化有关的软件服务，包括软件代理、软件著作权登记、软件鉴定等服务
12	贸易代理（5181）	文化贸易代理服务	包括文化用品、图书、音像、文化用家用电器和广播电视器材等国际国内贸易代理服务

序号	类别名称及代码		文化生产活动的内容
	小类	延伸层	
13	拍卖（5182）	艺（美）术品、文物、古董、字画拍卖服务	包括艺（美）术品拍卖服务，文物拍卖服务，古董、字画拍卖服务
14	娱乐及体育设备出租（7121）	视频设备、照相器材和娱乐设备的出租服务	包括视频设备出租服务，照相器材出租服务，娱乐设备出租服务
15	其他未列明商务服务业（7299）	公司礼仪和模特服务	公司礼仪服务包括开业典礼、庆典及其他重大活动的礼仪服务。模特服务包括服装模特、艺术模特和其他模特等服务
		大型活动组织服务	包括文艺晚会策划组织服务，大型庆典活动策划组织服务，艺术、模特大赛策划组织服务，艺术节、电影节等策划组织服务，民间活动策划组织服务，公益演出、展览等活动的策划组织服务，其他大型活动的策划组织服务
		票务服务	包括电影票务服务，文艺演出票务服务，展览、博览会票务服务
16	机制纸及纸板制造（2221）	文化用机制纸及纸板制造	包括未涂布印刷书写用纸制造，涂布类印刷用纸制造，感应纸及纸板制造
17	颜料制造（2643）	文化用颜料制造	包括水彩颜料、水粉颜料、油画颜料、国画颜料、调色料、其他艺术用颜料、美工塑型用膏等制造
18	信息化学品制造（2664）	文化用信息化学品的制造	包括感光胶片的制造，摄影感光纸、纸板及纺织物制造，摄影用化学制剂、复印机用化学制剂制造，空白磁带、空白磁盘、空盘制造
19	照明灯具制造（3872）	装饰用灯和影视舞台灯制造	包括装饰用灯（圣诞树用成套灯具、其他装饰用灯）和影视舞台灯的制造
20	其他电子设备制造（3990）	电子快译通、电子记事本、电子词典等制造	包括电子快译通、电子记事本、电子词典等电子设备的制造
21	家用电器批发（5137）	文化用家用电器批发	包括电视机、摄录像设备、便携式收录放设备、音响设备等的批发

续表

序号	类别名称及代码		文化生产活动的内容
	小类	延伸层	
22	通讯及广播电视设备批发(5178)	广播电视电影专用设备批发	包括广播设备、电视设备、电影设备、广播电视卫星设备等的批发
23	电气设备批发(5176)	舞台照明设备的批发	包括各类舞台照明设备的批发

中国文化产业上市公司名录[*]

　　本书根据国家统计局《文化及相关产业分类（2012）》的分类标准对2011—2013年上海证券交易所和深圳证券交易所A股全部上市公司年报披露信息进行——比对甄选得到本报告的研究样本，合计171家文化产业上市公司，详情如下表所示（按注册地址排序）：

证券代码	企业名称	所有制性质	注册地址	产业分类第二层	上市时间（年）
002230	科大讯飞	民营企业	安徽省	九、文化用品的生产	2008
600054	黄山旅游	国有企业	安徽省	六、文化休闲娱乐服务	1997
600551	时代出版	国有企业	安徽省	一、新闻出版发行服务	2002
600567	山鹰纸业	民营企业	安徽省	九、文化用品的生产	2001
601801	皖新传媒	国有企业	安徽省	一、新闻出版发行服务	2010
000504	ST传媒	国有企业	北京市	一、新闻出版发行服务	1992
000725	京东方A	国有企业	北京市	九、文化用品的生产	2001
000802	北京旅游	民营企业	北京市	六、文化休闲娱乐服务	1998
000839	中信国安	国有企业	北京市	四、文化信息传输服务	1997
002148	北纬通信	民营企业	北京市	四、文化信息传输服务	2007
002310	东方园林	民营企业	北京市	五、文化创意和设计服务	2009

　　[*] 参见臧志彭、解学芳《中国文化及相关产业上市公司研究报告（2011—2013）》，知识产权出版社2015年版。

证券代码	企业名称	所有制性质	注册地址	产业分类第二层	上市时间（年）
002362	汉王科技	中外合资企业	北京市	九、文化用品的生产	2010
002467	二六三	民营企业	北京市	四、文化信息传输服务	2010
002599	盛通股份	民营企业	北京市	八、文化产品生产的辅助生产	2011
300005	探路者	民营企业	北京市	九、文化用品的生产	2009
300058	蓝色光标	民营企业	北京市	五、文化创意和设计服务	2010
300071	华谊嘉信	民营企业	北京市	五、文化创意和设计服务	2010
300079	数码视讯	民营企业	北京市	十、文化专用设备的生产	2010
300104	乐视网	民营企业	北京市	四、文化信息传输服务	2010
300182	捷成股份	民营企业	北京市	四、文化信息传输服务	2011
300229	拓尔思	民营企业	北京市	四、文化信息传输服务	2011
300251	光线传媒	民营企业	北京市	二、广播电视电影服务	2011
300291	华录百纳	国有企业	北京市	二、广播电视电影服务	2012
300315	掌趣科技	民营企业	北京市	五、文化创意和设计服务	2012
600037	歌华有线	国有企业	北京市	四、文化信息传输服务	2001
600100	同方股份	国有企业	北京市	十、文化专用设备的生产	1997
600288	大恒科技	民营企业	北京市	十、文化专用设备的生产	2000
600386	北巴传媒	国有企业	北京市	五、文化创意和设计服务	2001
600860	京城股份	国有企业	北京市	十、文化专用设备的生产	1994
601886	江河创建	民营企业	北京市	五、文化创意和设计服务	2011
603000	人民网	国有企业	北京市	四、文化信息传输服务	2012
002102	冠福家用	民营企业	福建省	七、工艺美术品的生产	2006
002228	合兴包装	民营企业	福建省	八、文化产品生产的辅助生产	2008
002229	鸿博股份	民营企业	福建省	八、文化产品生产的辅助生产	2008
002235	安妮股份	民营企业	福建省	九、文化用品的生产	2008
300051	三五互联	民营企业	福建省	四、文化信息传输服务	2010
300188	美亚柏科	民营企业	福建省	四、文化信息传输服务	2011
600163	福建南纸	国有企业	福建省	九、文化用品的生产	1998
000016	深康佳A	国有相对控股企业	广东省	九、文化用品的生产	1992
000020	深华发	民营企业	广东省	九、文化用品的生产	1992
000050	深天马A	国有企业	广东省	十、文化专用设备的生产	1995

续表

证券代码	企业名称	所有制性质	注册地址	产业分类第二层	上市时间（年）
000066	长城电脑	国有企业	广东省	九、文化用品的生产	1997
000069	华侨城A	国有企业	广东省	六、文化休闲娱乐服务	1997
000100	TCL集团	国有企业	广东省	九、文化用品的生产	2004
002045	国光电器	民营企业	广东省	九、文化用品的生产	2005
002052	同洲电子	民营企业	广东省	十、文化专用设备的生产	2006
002181	粤传媒	国有企业	广东省	一、新闻出版发行服务	2007
002191	劲嘉股份	民营企业	广东省	八、文化产品生产的辅助生产	2007
002238	天威视讯	国有企业	广东省	四、文化信息传输服务	2008
002292	奥飞动漫	民营企业	广东省	五、文化创意和设计服务	2009
002301	齐心文具	民营企业	广东省	九、文化用品的生产	2009
002303	美盈森	民营企业	广东省	八、文化产品生产的辅助生产	2009
002308	威创股份	中外合资企业	广东省	十、文化专用设备的生产	2009
002319	乐通股份	民营企业	广东省	九、文化用品的生产	2009
002325	洪涛股份	民营企业	广东省	五、文化创意和设计服务	2009
002345	潮宏基	中外合资企业	广东省	七、工艺美术品的生产	2010
002348	高乐股份	民营企业	广东省	九、文化用品的生产	2010
002351	漫步者	民营企业	广东省	九、文化用品的生产	2010
002400	省广股份	国有企业	广东省	五、文化创意和设计服务	2010
002420	毅昌股份	民营企业	广东省	五、文化创意和设计服务	2010
002431	棕榈园林	民营企业	广东省	五、文化创意和设计服务	2010
002482	广田股份	民营企业	广东省	五、文化创意和设计服务	2010
002502	骅威股份	民营企业	广东省	九、文化用品的生产	2010
002575	群兴玩具	民营企业	广东省	九、文化用品的生产	2011
002678	珠江钢琴	国有企业	广东省	九、文化用品的生产	2012
300043	星辉车模	民营企业	广东省	九、文化用品的生产	2010
300052	中青宝	民营企业	广东省	五、文化创意和设计服务	2010
300057	万顺股份	民营企业	广东省	八、文化产品生产的辅助生产	2010
300063	天龙集团	民营企业	广东省	九、文化用品的生产	2010
300178	腾邦国际	民营企业	广东省	四、文化信息传输服务	2011
300235	方直科技	民营企业	广东省	五、文化创意和设计服务	2011
300264	佳创视讯	民营企业	广东省	四、文化信息传输服务	2011

续表

证券代码	企业名称	所有制性质	注册地址	产业分类第二层	上市时间（年）
601515	东风股份	中外合资企业	广东省	八、文化产品生产的辅助生产	2012
000978	桂林旅游	国有企业	广西壮族自治区	六、文化休闲娱乐服务	2000
300288	朗玛信息	民营企业	贵州省	五、文化创意和设计服务	2012
000793	华闻传媒	国有企业	海南省	一、新闻出版发行服务	1997
600209	罗顿发展	民营企业	海南省	五、文化创意和设计服务	1999
600135	乐凯胶片	国有企业	河北省	九、文化用品的生产	1998
000719	大地传媒	国有企业	河南省	一、新闻出版发行服务	1997
600069	银鸽投资	国有相对控股企业	河南省	九、文化用品的生产	1997
000587	金叶珠宝	民营企业	黑龙江省	七、工艺美术品的生产	1996
000665	湖北广电	国有企业	湖北省	二、广播电视电影服务	1996
600086	东方金钰	民营企业	湖北省	七、工艺美术品的生产	1997
600681	万鸿集团	民营企业	湖北省	五、文化创意和设计服务	1993
600757	长江传媒	国有企业	湖北省	一、新闻出版发行服务	1996
000430	张家界	国有企业	湖南省	六、文化休闲娱乐服务	1996
000917	电广传媒	国有企业	湖南省	四、文化信息传输服务	1998
002261	拓维信息	民营企业	湖南省	四、文化信息传输服务	2008
300148	天舟文化	民营企业	湖南省	一、新闻出版发行服务	2010
600599	熊猫烟花	民营企业	湖南省	九、文化用品的生产	2001
601098	中南传媒	国有企业	湖南省	一、新闻出版发行服务	2010
601929	吉视传媒	国有企业	吉林省	二、广播电视电影服务	2012
000681	远东股份①	民营企业	江苏省	二、广播电视电影服务	1997
002081	金螳螂	民营企业	江苏省	五、文化创意和设计服务	2006
002315	焦点科技	民营企业	江苏省	四、文化信息传输服务	2009
002519	银河电子	民营企业	江苏省	十、文化专用设备的生产	2010
300192	科斯伍德	民营企业	江苏省	九、文化用品的生产	2011
300211	亿通科技	民营企业	江苏省	十、文化专用设备的生产	2011
600128	弘业股份	国有企业	江苏省	七、工艺美术品的生产	1997
600775	南京熊猫	国有企业	江苏省	九、文化用品的生产	1996

---

①　2011 年和 2012 年为"ST 远东"。

续表

证券代码	企业名称	所有制性质	注册地址	产业分类第二层	上市时间（年）
601928	凤凰传媒	国有企业	江苏省	一、新闻出版发行服务	2011
600071	凤凰光学	国有企业	江西省	九、文化用品的生产	1997
600373	中文传媒	民营企业	江西省	一、新闻出版发行服务	2002
600593	大连圣亚	国有企业	辽宁省	六、文化休闲娱乐服务	2002
601999	出版传媒	国有企业	辽宁省	一、新闻出版发行服务	2007
000815	*ST美利	国有企业	宁夏回族自治区	九、文化用品的生产	1998
000488	晨鸣纸业	国有企业	山东省	九、文化用品的生产	2000
002078	太阳纸业	民营企业	山东省	九、文化用品的生产	2006
002117	东港股份	中外合资企业	山东省	八、文化产品生产的辅助生产	2007
002241	歌尔声学	民营企业	山东省	九、文化用品的生产	2008
002376	新北洋	国有企业	山东省	十、文化专用设备的生产	2010
002521	齐峰股份	民营企业	山东省	九、文化用品的生产	2010
600076	青鸟华光	民营企业	山东省	十、文化专用设备的生产	1997
600308	华泰股份	民营企业	山东省	九、文化用品的生产	2000
600690	青岛海尔	集体企业	山东省	九、文化用品的生产	1993
600966	博汇纸业	民营企业	山东省	九、文化用品的生产	1992
000673	当代东方	民营企业	山西省	八、文化产品生产的辅助生产	1997
000610	西安旅游	国有企业	陕西省	六、文化休闲娱乐服务	1996
000812	陕西金叶	民营企业	陕西省	八、文化产品生产的辅助生产	1998
600706	曲江文旅	国有企业	陕西省	六、文化休闲娱乐服务	1996
600707	*ST彩虹	国有企业	陕西省	十、文化专用设备的生产	1996
600831	广电网络	集体企业	陕西省	二、广播电视电影服务	1994
002565	上海绿新	民营企业	上海市	八、文化产品生产的辅助生产	2011
002605	姚记扑克	民营企业	上海市	八、文化产品生产的辅助生产	2011
300017	网宿科技	民营企业	上海市	四、文化信息传输服务	2009
300059	东方财富	民营企业	上海市	四、文化信息传输服务	2010
300336	新文化	民营企业	上海市	二、广播电视电影服务	2012
600050	中国联通	国有企业	上海市	四、文化信息传输服务	2002
600088	中视传媒	国有企业	上海市	二、广播电视电影服务	1997
600210	紫江企业	民营企业	上海市	八、文化产品生产的辅助生产	1999
600612	老凤祥	国有企业	上海市	七、工艺美术品的生产	1992

续表

证券代码	企业名称	所有制性质	注册地址	产业分类第二层	上市时间（年）
600637	百视通	国有企业	上海市	四、文化信息传输服务	1993
600640	号百控股	国有企业	上海市	四、文化信息传输服务	1993
600651	飞乐音响	国有相对控股企业	上海市	九、文化用品的生产	1990
600655	豫园商城	民营企业	上海市	七、工艺美术品的生产	1992
600825	新华传媒	国有企业	上海市	一、新闻出版发行服务	1994
600832	东方明珠	国有企业	上海市	四、文化信息传输服务	1994
600836	界龙实业	民营企业	上海市	八、文化产品生产的辅助生产	1994
601519	大智慧	民营企业	上海市	四、文化信息传输服务	2011
000801	四川九洲	国有企业	四川省	十、文化专用设备的生产	1998
000888	峨眉山 A	国有企业	四川省	六、文化休闲娱乐服务	1997
300028	金亚科技	民营企业	四川省	十、文化专用设备的生产	2009
600793	ST 宜纸	国有企业	四川省	九、文化用品的生产	1997
600804	鹏博士	民营企业	四川省	四、文化信息传输服务	1994
600880	博瑞传播	国有企业	四川省	一、新闻出版发行服务	1995
600749	西藏旅游	民营企业	西藏自治区	六、文化休闲娱乐服务	1996
002033	丽江旅游	国有企业	云南省	六、文化休闲娱乐服务	2004
002059	云南旅游	国有企业	云南省	六、文化休闲娱乐服务	2006
000156	华数传媒	民营企业	浙江省	四、文化信息传输服务	2000
000909	数源科技	国有企业	浙江省	九、文化用品的生产	1999
002067	景兴纸业	民营企业	浙江省	九、文化用品的生产	2006
002095	生意宝	民营企业	浙江省	四、文化信息传输服务	2006
002103	广博股份	民营企业	浙江省	九、文化用品的生产	2007
002173	千足珍珠	民营企业	浙江省	七、工艺美术品的生产	2007
002247	帝龙新材	民营企业	浙江省	九、文化用品的生产	2008
002375	亚厦股份	民营企业	浙江省	五、文化创意和设计服务	2010
002415	海康威视	国有企业	浙江省	九、文化用品的生产	2010
002574	明牌珠宝	民营企业	浙江省	七、工艺美术品的生产	2011
002699	美盛文化	民营企业	浙江省	八、文化产品生产的辅助生产	2012
300027	华谊兄弟	民营企业	浙江省	二、广播电视电影服务	2009
300076	宁波 GQY	民营企业	浙江省	九、文化用品的生产	2010

续表

证券代码	企业名称	所有制性质	注册地址	产业分类第二层	上市时间（年）
300113	顺网科技	民营企业	浙江省	四、文化信息传输服务	2010
300133	华策影视	民营企业	浙江省	二、广播电视电影服务	2010
300144	宋城股份	民营企业	浙江省	六、文化休闲娱乐服务	2010
300250	初灵信息	民营企业	浙江省	十、文化专用设备的生产	2011
300270	中威电子	民营企业	浙江省	十、文化专用设备的生产	2011
300329	海伦钢琴	民营企业	浙江省	九、文化用品的生产	2012
600235	民丰特纸	国有企业	浙江省	九、文化用品的生产	2000
600633	浙报传媒	国有企业	浙江省	一、新闻出版发行服务	1993
000514	渝开发①	国有企业	重庆市	八、文化产品生产的辅助生产	1993
002558	世纪游轮	民营企业	重庆市	六、文化休闲娱乐服务	2011

---

①　《入选理由：渝开发 2008 年会展收入已超过房地产》。详见 http://finance.ifeng.com/roll/20090218/384504. shtml。

参考文献

［1］安同良、周绍东、皮建才：《R&D 补贴对中国企业自主创新的激励效应》，《经济研究》2009 年第 10 期。

［2］蔡昉：《人口转变、人口红利与刘易斯转折点》，《经济研究》2010 年第 4 期。

［3］蔡尚伟、刘锐：《论新中国文化经济及文化产业政策的演变》，《思想战线》2010 年第 1 期。

［4］陈少峰：《中国文化企业报告（2014）》，清华大学出版社 2014 年版。

［5］陈晓、李静：《地方政府财政行为在提升上市公司业绩中的作用探析》，《会计研究》2001 年第 12 期。

［6］陈志楣：《中国文化产业发展的财政支持研究》，经济科学出版社 2008 年版，第 44 页。

［7］丁一、吕学静：《提高退休年龄与开发高技能老年人才资源：作用机制及制度设计》，《经济学家》2013 年第 10 期。

［8］杜小伟：《促进文化产业发展的财税政策——理论基础及政策设计》，《会计之友》2013 年第 7 期。

［9］范莉莉、高喜超：《企业无形资产的系统评价方法——核心竞争力评价的新视角》，《系统管理学报》2010 年第 3 期。

［10］冯宗宪、王青、侯晓辉：《政府投入、市场化程度与中国工业企业的技术创新效率》，《数量经济技术经济研究》2011 年第 4 期。

［11］傅才武、陈庚：《技术变迁、行业概念更新与文化行业体制重建——关于建立中国大文化体制的理论反思》，《艺术百家》2013 年第 5 期。

［12］顾元媛：《寻租行为与 R&D 补贴效率损失》，《经济科学》2011 年第 5 期。

［13］郭剑花、杜兴强：《政治联系、预算软约束与政府补助的配置效

率——基于中国民营上市公司的经验研究》，《金融研究》2011 年第 2 期。

[14] 郭玉军、李华成：《国际文化产业财政资助法律制度及其对中国的启示》，《河南财经政法大学学报》2013 年第 6 期。

[15] 郭玉军、李华成：《欧美文化产业税收优惠法律制度及其对我国的启示》，《武汉大学学报》（哲学社会科学版）2012 年第 1 期。

[16] 胡川、车险峰、邓莹：《国有背景企业绩效与无形资产关系的比较研究》，《中南财经政法大学学报》2014 年第 1 期。

[17] 胡惠林：《中国文化产业发展战略论》，经济科学出版社 2014 年版。

[18] 胡凯、吴清、胡毓敏：《知识产权保护的技术创新效应——基于技术交易市场视角和省级面板数据的实证分析》，《财经研究》2012 年第 8 期。

[19] 黄洁莉、蒋占华、夏喆：《企业无形资产投入财务溢出效应研究》，《统计与决策》2013 年第 21 期。

[20] 黄蓉、赵黎鸣：《政府补助：保壳还是培优》，《暨南学报》2011 年第 1 期。

[21] 黄涛、陈良、王丽艳：《中国行业吸纳就业的投入产出分析》，《经济科学》2002 年第 1 期。

[22] 解维敏、唐清泉、陆姗姗：《政府 R&D 资助，企业 R&D 支出与自主创新》，《金融研究》2009 年第 6 期。

[23] 金元浦：《开创中国文化产业发展的新纪元》，《文艺研究》2001 年第 4 期。

[24] 兰相洁、于骁骁：《美国文化产业的税收支持政策及借鉴》，《中国财政》2012 年第 6 期。

[25] 李斌、彭星：《文化产业竞争力影响就业水平的 FDI 效应研究》，《东岳论丛》2011 年第 5 期。

[26] 梁云凤、孙亦军、雷梅青：《促进文化产业发展的财税政策》，《税务研究》2010 年第 7 期。

[27] 刘吉发、陈怀平：《关于文化产业发展的经济学分析》，《长安大学学报》（社会科学版）2005 年第 4 期。

[28] 刘继兵、王定超、夏玲：《政府补助对战略性新兴产业创新效率影响研究》，《科技进步与对策》2013 年第 23 期。

[29] 刘鹏、杜啸尘：《我国文化产业财政政策的历史演变及分析》，《地方财政研究》2014 年第 7 期。

[30] 刘吾康：《发展我国文化产业的财税政策研究》，《财政监督》2011 年第 6 期。

[31] 卢苇：《传播与文化产业上市公司无形资产分析》，《知识经济》2014 年第 6 期。

[32] 路春城、綦子琼：《促进我国文化产业发展的税收政策研究》，《山东经济》2008 年第 5 期。

[33] 吕久琴、郁丹丹：《政府科研创新补助与企业研发投入：挤出、替代还是激励？》，《中国科技论坛》2011 年第 8 期。

[34] 马德林：《中国企业：拿地还是创新？——基于上市公司无形资产信息披露》，《中国软科学》2012 年第 11 期。

[35] 马洪范：《文化观、文化发展与财税政策选择》，《地方财政研究》2012 年第 1 期。

[36] 马晓君：《中国传统文化视角下对无形资产定义及范畴的探讨》，《中国城市经济》2011 年第 11 期。

[37] 马衍伟：《税收政策促进文化产业发展的国际比较》，《涉外税务》2008 年第 9 期。

[38] 潘越、戴亦一、李财喜：《政治关联与财务困境公司的政府补助——来自中国 ST 公司的经验证据》，《南开管理评论》2009 年第 5 期。

[39] 齐勇锋：《中国文化发展战略与公共财政研究》，中国经济出版社2014 年版。

[40] 祁述裕：《建立文化法律体系是实现文化强国目标的保障》，《中国行政管理》2015 年第 2 期。

[41] 钱紫华、闫小培：《西方地理学界关于文化产业研究述评》，《人文地理》2010 年第 2 期。

[42] 曲顺兰、路春城：《促进文化产业发展的财税政策研究》，《财政经济评论》2010 年第 2 期。

[43] 任进：《五国政府机构设置近况及其特点分析》，《中国机构改革与管理》2012 年第 5 期。

[44] 申香华：《营利性组织财政补贴的成长性倾向及其反哺反应——基

于 2003—2006 年河南省上市公司的研究》，《经济经纬》2010 年第 5 期。

[45] 司占峰：《我国出版传媒企业无形资产确认、计量及其绩效相关性研究》，硕士学位论文，北京交通大学，2012 年。

[46] 宋静：《不同所有制结构中资本积累与就业的影响分析》，《经济问题》2013 年第 4 期。

[47] 孙维章、干胜道：《IT 行业中政府补助对研发与业绩的影响机制研究》，《经济问题》2014 年第 3 期。

[48] 汤湘希：《基于企业核心竞争力理论的无形资产经营》，《中国工业经济》2004 年第 1 期。

[49] 唐清泉、罗党论：《政府补贴动机及其效果的实证研究——来自中国上市公司的经验证据》，《金融研究》2007 年第 6 期。

[50] 王德高、陈思霞、卢盛峰：《促进中国文化产业发展的财政政策探析》，《学习与实践》2011 年第 6 期。

[51] 王海云、张书勤、高岫：《出版单位无形资产评估指标体系研究》，《出版发行研究》2007 年第 6 期。

[52] 王化成：《企业无形资产与未来业绩相关性研究——基于中国资本市场的经验证据》，《中国软科学》2005 年第 10 期。

[53] 王家新、宋文玉：《关于财政支持文化体制改革的思考》，载张晓明等主编《中国文化产业发展报告》，社会科学文献出版社 2004 年版。

[54] 王君彩、王淑芳：《企业研发投入与业绩的相关性——基于电子信息行业的实证分析》，《中央财经大学学报》2008 年第 12 期。

[55] 王苏：《文化产业国际税收竞争的态势分析与政策启示》，《涉外税务》2011 年第 2 期。

[56] 王遂昆、郝继伟：《政府补贴、税收与企业研发创新绩效关系研究——基于深圳中小板上市企业的经验证据》，《科技进步与对策》2014 年第 9 期。

[57] 魏鹏举：《公共财政扶持文化产业的合理性及政策选择》，《国外社会科学》2006 年第 1 期。

[58] 文芳：《控股股东与公司研发投资——来自我国上市公司的经验证据》，《软科学》2007 年第 6 期。

[59] 翁杰：《政府对农村转移劳动力人力资本投资的效果评估——来自浙江省杭州市制造业的调查》，《中国人口科学》2012 年第 6 期。

[60] 吴庆华：《国外文化产业财税政策借鉴与启示》，《财会月刊》2010 年第 5 期。

[61] 吴晓园、钟俊娟：《政府补贴与企业技术创新：文献综述》，《科技与产业》2010 年第 12 期。

[62] 肖建华：《发展我国文化产业的税收政策思考》，《税务研究》2010 年第 7 期。

[63] 辛文：《国外文化产业投融资体系简析》，《文化月刊》2010 年第 3 期。

[64] 熊澄宇：《英国创意产业发展的启示》，《求是》2012 年第 7 期。

[65] 杨京钟：《中国文化产业财税政策研究》，厦门大学出版社 2012 年版。

[66] 姚靠华、唐家财、蒋艳辉：《研发投入、研发项目进展与股价波动——基于创业板上市高新技术企业的实证研究》，《中国管理科学》2013 年第 S1 期。

[67] 叶菊华：《文化产业发展的财政扶持研究综述》，《财经界》2011 年第 8 期。

[68] 于永信：《政府研发投入对企业研发投入影响的实证研究——以山东省为例》，《东岳论丛》2009 年第 1 期。

[69] 袁红清、李荔波：《休闲娱乐行业外来女性非正规就业分析》，《管理世界》2013 年第 11 期。

[70] 苑浩：《全球文化产业发展的最新趋势及政策分析》，《国外社会科学》2006 年第 1 期。

[71] 臧志彭：《政府补助、公司性质与文化产业就业——基于 161 家文化上市公司面板数据的分析》，《中国人口科学》2014 年第 5 期。

[72] 张斌：《中国演艺企业无形资产评估指标体系研究》，《艺术百家》2013 年第 4 期。

[73] 张皓：《支持文化体制改革和文化产业发展的财税政策分析》，《税务研究》2010 年第 7 期。

[74] 张继袖、陆宇建：《控股股东、政府补助与盈余质量》，《财经问题研究》2007 年第 4 期。

[75] 张明娥:《完善我国文化产业财税政策的国际经验借鉴》,《涉外税务》2013 年第 4 期。

[76] 张晓明、胡惠林、章建刚:《2001—2002 年中国文化产业蓝皮书总报告》,社会科学文献出版社 2003 年版。

[77] 张晓明、史东辉:《中国文化企业发展报告 (2013—2014)》,社会科学文献出版社 2014 年版。

[78] 周霞:《我国上市公司的政府补助绩效评价——基于企业生命周期的视角》,《当代财经》2014 年第 2 期。

[79] 邹彩芬:《政府财税补贴政策对农业上市公司绩效影响实证分析》,《产业经济研究》2006 年第 3 期。

[80] [美] 迈克尔·波特:《竞争优势》,夏忠华译,中国财政经济出版社 1988 年版。

[81] Alistairs, "Arts & Business should be stripped of subsidy – Starr", The Stage, No. 30, 2010.

[82] Anderson, Michael H., "Intangible investment, debt financing and managerial incentives", *Journal of Economics and Business*, Vol. 51, No. 1, 1999, pp. 3 – 19.

[83] Arlemaen, "R&D Spillovers from Subsidized Firms that Fail: Tracing Knowledge by Following Employees Across Firms", *Research Policy*, No. 36, 2007, pp. 1443 – 1464.

[84] Bergstrom, F., "Capital Subsidies and the Performance of Firms", *Small Business Economics*, No. 14, 2000, pp. 183 – 193.

[85] Bertelli, Anthony M., Connolly, Jennifer M., Mason, Dyana P., "Politics, Management, and the Allocation of Arts Funding: Evidence from Public Support for the Arts in the UK", *International Journal of Cultural Policy*, Vol. 20, No. 3, 2014, pp. 341 – 359.

[86] Christopher, M. et al., "Government Inaction on Ratings and Government Subsidies to the US Film Industry Help Promote Youth Smoking", *PL o S Medicine*, Vol. 8, No. 8, 2011.

[87] Christopherson, S., Storper, M., "The City as Studio: The World as Back Lot: The Impact of Vertical Disintegration on the Location of The Motion Picture Industry", *Environment and Planning*, Vol. 4, No. 3,

1986, pp. 305 – 320.

[88] Craik, J. , "Dilemmas in Policy Support for the Arts and Cultural Sector", *Australian Journal of Public Administration*, Vol. 64, No. 4, 2005, pp. 6 – 19.

[89] Kloosterman, R. C. , " Recent Employment Trends in the Cultural Industries in Amsterdam, Rotterdam, the Hague and Utrecht: A first exploration", *Tijdschrift Voor Economische en Sociale Geografie*, Vol. 95, No. 2, 2004, pp. 243 – 252.

[90] Lee, Yoonshik, Yoon, Jong Hyun, "A Study on the Policy Change Processes of Culture and Arts Support System: Focusing on Strategic Policy Belief System of Advocacy Coalitions", *Korean Journal of Policy Analysis and Evaluation*, Vol. 23, No. 3, 2013, pp. 69 – 91.

[91] Maryann P. Feldman, Maryellen R. Kelley, "The Extant Assessment of Knowledge Spillovers: Government R&D Policy, Economic Incentives and Private Firm Behavior", *Research Policy*, No. 35, 2006, pp. 1509 – 1521.

[92] McKenzie, J. , Walls, W. D. , "Australian films at the Australian box office: Performance, Distribution, and Subsidies", *Journal of Cultural Economics*, Vol. 37, No. 2, 2013, pp. 247 – 269.

[93] Mo. , J. P. , T. Ahou, "Tools and Methods for Managing Intangible Assets of Virtual Enterprise", *Computers in Industry*, Vol. 51, No. 2, 2003, pp. 197 – 210.

[94] Mossig, I. , "Regional Employment Growth in the Cultural and Creative Industries in Germany 2003 – 2008", *European Planning Studies*, Vol. 19, No. 6, 2011, pp. 967 – 990.

[95] Myeong – Ho Lee, In Jeong Hwang, "Determinants of Corporate R&D Investment: An Empirical Study Comparing Koreas' IT Industry with Its Non – IT Industry", *ETRI Journal*, Vol. 25, No. 4, 2003, pp. 258 – 265.

[96] Power, D. , "The Nordic' Cultural Industries': A Cross – national Assessment of the Place of the Cultural Industries in Denmark, Finland, Norway and Sweden", *Geografiska Annaler: Series B, Human Geography*, Vol. 85, No. 3, 2003, pp. 167 – 180.

[97] Pratt, A. C. , "The Cultural Industries Production System: A Case

Study of Employment and Change in Britain, 1984 – 1991", *Environment and Planning*, Vol. 29, No. 11, 1997, pp. 1953 – 1974.

[98] Scott, A. J. , " The Cultural Economy of Cities", International Journal of Urban and Regional Research, Vol. 21, No. 2, 1997, pp. 323 – 339.

[99] Sun, Q. , Tong, W. H. S. , China Share Issue Privatization: The Extent of Its Success. , *Journal of Financial Economics*, 2003 (2), pp. 183 – 222.

[100] Zhang, H. M. , Li, L. S. , Zhou, D. Q. , " Political Connections, Government Subsidies and Firm Financial Performance: Evidence from Renewable Energy Manufacturing in China", *Renewable Energy*, Vol. 63, No. 3, 2014, pp. 330 – 336.